FRITZ HOFFMANN

OCKHAM-REZEPTION UND OCKHAM-KRITIK IM JAHRZEHNT NACH WILHELM VON OCKHAM IN OXFORD 1322–1332

ASCHENDORFF MÜNSTER

BEITRÄGE ZUR GESCHICHTE DER PHILOSOPHIE UND THEOLOGIE DES MITTELALTERS

Texte und Untersuchungen

Begründet von Clemens Baeumker
Fortgeführt von Martin Grabmann und Michael Schmaus

Im Auftrag der Görres-Gesellschaft
herausgegeben von Ludwig Hödl und Wolfgang Kluxen

Neue Folge
Band 50

Gedruckt mit Unterstützung
der Görres-Gesellschaft zur Pflege der Wissenschaft

Gesamtherstellung: Druckhaus Aschendorff, Münster, 1998

Gedruckt auf säurefreiem, alterungsbeständigem Papier ♾

ISBN 3-402-04001-8

Vorwort

Die Bedeutung Wilhelms von Ockham für die Geschichte der Philosophie und Theologie tritt noch überzeugender hervor, wenn das Geistesleben, das sich an der Universität Oxford in unmittelbarer zeitlicher Nähe zum Wirken des Venerabilis Inceptor abspielte, als Hintergrund der Untersuchung dient. Eine solche zeitliche Nähe haben die Jahre von etwa 1320 bis 1332. Für den Schlußteil dieses Zeitraumes liegt bereits meine vorausgegangene Monographie vor: Die „Conferentiae" des Robert Holcot O.P. und die akademischen Auseinandersetzungen an der Universität Oxford 1330 bis 1332. BGPhMA, N.F. Bd. 36. Die vorliegende Untersuchung ist nun dem Zeitraum von 1320–1330 gewidmet. Ich hoffe, daß sie einen Einblick in die lebendige Disputation gibt, die durch Ockham an der Universität Oxford ausgelöst wurde und noch Jahre nach seinem erzwungenen Fortgang weiterging.

Mein besonderer Dank gilt den Herausgebern der 'Baeumker-Beiträge', Herrn Professor Dr. Ludwig Hödl und Herrn Professor Dr. Dr. h.c. mult. Wolfgang Kluxen, für die Aufnahme meiner Arbeit in diese Reihe. Herrn Professor Hödl verdanke ich wichtige Hinweise für die Erstellung der Arbeit. Die Forschungen von Herrn Professor Kluxen zur Ethik des hl. Thomas sowie seines Schülers Christian Knudson zum Disput Ockham – Chatton haben das Konzept der Arbeit in wesentlichen Teilen bestimmt.

Dem Verlag Aschendorff unter der Leitung von Dr. Anton Wilhelm Hüffer danke ich für die bewährte und zuverlässige Betreuung von Satz und Druck.

Wie bei meinen früheren Veröffentlichungen übernahm die Görres-Gesellschaft die Finanzierung der Drucklegung. Dafür sage ich ihr und ihrem Präsidenten Professor Dr. Paul Mikat herzlichen Dank.

Zuverlässige Hilfe hatte ich bei der Herstellung des Manuskriptes und dem Lesen der Korrekturen an Frau Charlotte Queisser. Die technische Vorbereitung für den Satz besorgte Frau Jacobi. Die Koordination aller Vorarbeiten verdanke ich Frau Karin Kuhl. Für diese vielfältige und unentbehrliche Mitarbeit bin ich herzlich dankbar.

Erfurt, Juni 1998

Inhaltsverzeichnis

Quellen- und Literaturverzeichnis

1. Quellen

Adam de Wodeham
Lectura Secunda in Librum Primum Sententiarum.
Vol. I: Prologus et Distinctio I, ed. by Rega Wood, assist. by Gedeon Gál, O.F.M.
Vol. III: Distinctiones VIII–XXVI, ed. by Rega Wood, assist. by Gedeon Gál, O.F.M. St. Bonaventure, N.Y. 1990 (zitiert: ed. Wood/Gál).

Alexander von Hales
Summa Fratris Alexandri, ed. Quaracchi 1924–1948.

Anselm von Canterbury
Opera omnia, rec. F. S. Schmitt, Seccoviae 1938 seq.

Aristoteles
Opera Graece. Ex recensione J. Bekkeri ed. Academia Regia Borussica. Berolini 1831–1870.
De anima.
Ethica Nicomachea.
Ethica Eudemia.
De generatione et corruptione.
Metaphysica.
Analytica Posteriora, versio Jacobi (ed. Minio-Paluello/B. G. Dod).

Augustinus
De Genesi ad litteram, ed. v. Josef Zycha. Prag/Wien/Leipzig 1894 (CSEL 28,1).
De spiritu et anima (PL 40).
De Trinitate, ed. von W. J. Mountain/F. Glorie. Turnhout 1968 (CCL 50/50A; PL 42).

Averroes
In de anima Aristotelis (ed. F. S. Crawford).

Boethius
De topicis differentiis (PL 64).

Bonaventura

In IV Libros Sententiarum. Ad Claras Aquas 1934.

Crathorn (Wilhelm/Johannes)

(Vgl. Hoffmann, Fritz, Crathorn. Quästionen zum ersten Sentenzenbuch. BGPhMA, N.F. Bd. 29. Münster 1988).

Guillelmi de Ockham

Opera Philosophica et Theologia ad Fidem Codicum Manuscriptorum Edita. Cura Instituti Franciscani Universitatis S. Bonaventurae. St. Bonaventure, N.Y. 1967–1988.

Opera Philosophica Vol. I: Summa Logicae, ed. Philotheus Boehner, O.F.M./Gedeon Gál, O.F.M./Stephanus Brown. St. Bonaventure, N.Y. 1974 (zit.: OP).

Opera Theologica Vol. I–IV: Scriptum in Librum Primum Sententiarum. Ordinatio (zit.: OT).

Vol. I: Prologus et Distinctio Prima, ed. Gedeon Gál, O.F.M., adlab. Stephano Brown, O.F.M. St. Bonaventure, N.Y. 1967.

Vol. II: Distinctiones II–III, ed. Stephanus Brown, O.F.M., adlab. Gedeon Gál, O.F.M. St. Bonaventure, N.Y. 1970.

Vol. III: Distinctiones IV–XVIII, ed. Girardus I. Etzkorn. St. Bonaventure, N.Y. 1970.

Vol. IV: Distinctiones XIX–XLVIII, ed. Girardus I. Etzkorn/Franciscus E. Kelley, St. Bonaventure, N.Y. 1979.

Vol. V: Quaestiones in Librum Secundum Sententiarum. Reportatio, ed. Gedeon Gál, O.F.M./Rega Wood, St. Bonaventure, N.Y. 1980.

Vol. VIII: Quaestiones variae, ed. Girardus I. Etzkorn/Franciscus E. Kelley/Josephus C. Wey, C.S.B., St. Bonaventure, N.Y. 1984.

Vol. IX: Quodlibeta septem, ed. Joseph C. Wey, C.S.B. St. Bonaventure, N.Y. 1980.

Gál, Gedeon, O.F.M., Gualteri de Chatton et Guillelmi de Ockham controversia de natura conceptus universalis. FrS 27 (1967) 191–212; Textedition ebd. 199–212 (zitiert: ed. Gál).

Henrici de Gandavo

Opera Omnia, editions coordinated by R. Macken (De Wulf Mansion Centre. Ancient and Medieval Philosophy, Series 2.) Vol. XXVII. Leuven 1991.

Johannes a S. Thoma

Cursus philosophicus, t.I: Ars logica, ed. Reiser, Taurini 1930.

Johannes Duns Scotus

Opera omnia. Ex recensione Carolo Balic, Civitas vaticana 1950 seq.; ex rec. M. F. Garcia, O.F.M., Ad Claras Aquas 1912–1914; ex recensione L. Waddding (ed. Vivés) Parisiis 1891–1895.

Tractatus de Primo Principio, neu herausgegeben und übersetzt (und kommentiert) von Wolfgang Kluxen, Darmstadt [2]1987.

Johannes Lutterell
Libellus contra Doctrinam Guillelmi Occam.
Epistula de Visione Beatifica.
(ediert in: Hoffmann, Fritz, Die Schriften des Oxforder Kanzlers Johannes Lutterell (EThS 6). Leipzig 1959 (zitiert: Hoffmann, Schriften).

Klemens von Alexandrien
Stromata

Petrus Abaelardus
Dialectica, ed. Lambert Marie De Rijk. Assen 1956.

Petrus Aureoli
Scriptum super Primum librum Sententiarum, ed. Eligius M. Buytaert, O.F.M. (The Franciscan Institue St. Bonaventure N.Y.) Louvain/Paderborn 1953.

Petrus Lombardus
Libri IV Sententiarum. PP. Collegii S. Bonaventurae editi. Ad Claras Aquas 1916, [3]1971, 1981.

Robert Holcot
Hoffmann, Fritz, Die „Conferentiae" des Robert Holcot O.P. und die akademischen Auseinandersetzungen an der Universität Oxford 1330–1332. BGPhMA, N.F. Bd. 36. Münster 1993.
Opus quaestionum ac determinationum super libros Sententiarum. Sex articuli in libris Holkot recitati et per eum in scolis disputati per modum conferentiae (Ink. Lyon 1497).
Quaestiones Quodlibetales. Cambridge, Pembroke College 236, Nr.99, fol.221rb–vb. Oxford, Balliol College 246, Nr.9, fol.200vb–va (zitiert: P).
Quaestio quodl. „Utrum Theologia sit Scientia", ed. v. J. T. Muckle, C.S.B. MS 20 (1958) 127–153, 144–146.
Super IV libros Sententiarum. London, Royal British Museum 10 C VI (zitiert: RBM).
Molteni, Paolo, Robert Holcot O.P.–Dottrina della Grazia e della Giustificazione. Con due questioni quodlibetali inedite. Editrice Alzani, Pinerolo, o.J. (1967?).

Roger Bacon
Bridges, J. H., The Opus Maius of Roger Bacon, 3 Bde., London 1900.

Thomas von Aquin
Opera omnia iussu Leonis XIII edita, Romae 1882 seq.
In Aristotelis Librum de Anima Commentarium. Ed. 3, P. F. Angeli et Pirotta, O.P. Taurini/Romae 1948 (Marietti).
In octo Libros Aristotelis Physicorum Expositio, cura et studio P. M. Maggiólo, O.P. Taurini/Romae 1954 (Marietti).
Quaestiones disputatae ed. IX revisa, Taurini/Rom 1953 (Marietti).

Scriptum super Sententias Magistri Petri Lombardi Episcopi Parisiensis I-II, ed. Piere Mandonnet, Paris 1929.
Summa contra Gentes (ed. Marietti).
Summa Theologiae I et II, ed. Petri Caramello. Taurini/Rom 1952 (Marietti).

Thomas (Jacobus) Cajetan de Vio
Kommentar zur Summa Theologiae des hl. Thomas, ed. in der Editio Leonina der Werke des hl. Thomas von Aquin, Bde. 4–12, Rom 1888–1906.

Tertullian
De praescriptione haereticorum (PL 2).

Walter Chatton
Lectura in Librum Primum Sententiarum, ed. Girard I. Etzkorn. FrS 37 (1977) 38–65 (zitiert: ed. Etzkorn).
Fitzpatrick, Norbert A., O.F.M., Walter Chatton on the Univocity of Being. A Reaction to Peter Aureoli and William Ockham. FrS 31 (1971) 88–177. (ed. von Chatton, Sent. I, d.3, q.2; zitiert: ed. Fitzpatrick).
Gál, Gedeon, O.F.M., Gualteri de Chatton et Guillelmi de Ockham controversia de natura conceptus universalis. FrS 27 (1967) 191–212 (zitiert: ed. Gál).
Knudson, Christian, Chatton contra Ockham. Über Gegenstand und Einheit von Wissenschaft und Theologie. Lectura Gualteri de Chatton in Sententias Prologi Quaestio V in Edition und Darstellung von Christian Knudson (Wolfgang Kluxen gewidmet). Université de Copenhague, Cahiers de L'Institut du Moyen Âge Grec et Latin, 50. Copenhague 1985, 3–112 (zitiert: Chatton, Prol. Q.V, ed. Knudson).
Ders., Chatton, Reportatio, I, d.22 und 23, ed. von C. Knudson, Cahiers des L'Institut du Moyen Âge Grec et Latin, 14. Copenhague 1975.
Reina, M. E., La Prima Questione del Prologo del ‚Commento alla Sentenze' di Walter Chatton. Rivista Critica di storia della filosofia 25 (1970) 48–74; 290–314 (zitiert: ed. Reina).

2. *Literatur*

Albert, Karl, Meister Eckharts These vom Sein. Saarbrücken/Kastellan 1976.
Auer, Johann, Nominalismus, LThK 7 ([2]1962) 1020–1023.
Beierwaltes, Werner, Eriugena. Grundzüge seines Denkens. Frankfurt a.M. 1994.
Bernard, Johannes, Die apologetische Methode bei Klemens von Alexandrien. Leipzig 1968.
Blumenberg, Hans, Säkularisierung und Selbstbehauptung. Erweiterte u. überarb. Neuausgabe von „Die Legitimität der Neuzeit", 1. u. 2. Teil] Frankfurt a.M. [2]1983.
Bochenski, J. M., Formale Logik. Freiburg/München 1956.

Boehner, Philotheus, O.F.M.: Ockham. Philosophical Writings. Edinburgh/London 1957.

Ders., The realistic conceputalism of William Ockham. Traditio 4 (1946) 307–335.

Courtenay, William J., Adam Wodeham. An Introduction to his Life and Writings. Leiden 1978.

Denifle, H., O.P./Chatelain, Ae., Chartularium Universitatis Parisiensis II,1 (Paris 1891).

Dettloff, Werner, Rezension zu Hoffmann, Fritz, Die ‚Conferentiae' des Robert Holcot O.P. und die akademischen Auseinandersetzungen an der Universität Oxford 1330–1332. BPhMA, N.F. Bd. 36, Münster 1993, in: ThLZ 5 (1973) 380.

Fitzpatrick, Norbert A., O.F.M., Walter Chatton on the Univocity of Being. A Reaction to Peter Aureoli and William Ockham. FrS 31 (1971) 88–177. (ed. von Chatton, Sent. I, d.3, q.2; zitiert: ed. Fitzpatrick).

Flasch, Kurt, Das philosophische Denken im Mittelalter. Stuttgart 1987.

Gál, Gedeon, O.F.M., Gualteri de Chatton et Guillelmi de Ockham controversia de natura conceptus universalis. FrS 27 (1967) 191–212 (zitiert: ed. Gál).

Gerwing, Manfred, Vom Ende der Zeit. Der Traktat des Arnald von Villanova über die Ankunft des Antichrist. BGPhMA, N.F. Bd. 45. Münster 1996.

Geyer, Bernhard, Die patristische und scholastische Philosophie (F. Ueberweg, Grundriß der Geschichte der Philosophie II). Berlin [11]1928.

Gilson, Étienne, Johannes Duns Scotus. Einführung in die Grundgedanken seiner Lehre. Übers. von Dr. Werner Dettloff, Düsseldorf 1959.

Guelly, Robert, Philosophie et Théologie chez Guillaume d'Ockham. Louvain 1947.

Harnack, Adolf von, Marcion. Das Evangelium vom fremden Gott. Eine Monographie zur Geschichte der Grundlegung der Katholischen Kirche. Leipzig [2]1922. Photomechanischer Nachdruck, Darmstadt 1964.

Hochstetter, Erich, Studien zur Metaphysik und Erkenntnislehre Wilhelms von Ockham. Berlin/Leipzig 1927.

Ders., Nominalismus? FrS 9 (1949) 370–403.

Hoffmann, Fritz, Die „Conferentiae" des Robert Holcot O.P. und die akademischen Auseinandersetzungen an der Universität Oxford 1330–1332. BGPhMA, N.F. Bd. 36. Münster 1993 (zitiert: Holcot, Conferentiae, ed. Hoffmann).

Ders., Crathorn. Quästionen zum Ersten Sentenzenbuch. Einführung und Text. BGPhMA, N.F. Bd. 29. Münster 1989 (zitiert: Crathorn, Quästionen, ed. Hoffmann).

Ders., Die erste Kritik des Ockhamismus durch den Oxforder Kanzler Johannes Lutterell. Breslau 1941.

Ders., Nominalismus, in: HWP 6, hg. v. Joachim Ritter/Karlfried Gründer (1984) 874–884.

Ders., Der Satz als Zeichen der theologischen Aussage bei Holcot, Crathorn und Gregor von Rimini, in: MM 8, hg. v. A. Zimmermann. Berlin/New York 1971, 296–313.

Ders., Soteria als Theodrama, ThLZ 114 (1987) 241–250.

Ders., Die theologische Methode des Oxforder Dominikanerlehrers Robert Holcot. BGPhMA, N.F. Bd. 5. Münster 1972 (zitiert: Hoffmann, theologische Methode).

Ders., Rezension zu Kandler, Karl - Hermann, Christliches Denken im Mittelalter bis zur Mitte des 14. Jahrhunderts. Leipzig 1993, in: ThLZ 119 (1994) 666ff.

Ders., Rezension zu Philotheus Boehner, O.F.M.: Ockham. Philosophical Writings. Edinburgh/London 1957, in DLZ 81 (1960) 491–494.

Ders., Der Wandel in der scholastischen Argumentation vom 13. zum 14. Jahrhundert, aufgezeigt an zwei Beispielen: Robert Holcot und William (Johannes?) Crathorn, MM 23, hg. v. A. Zimmermann. Berlin/New York 1995, 301–322.

Kandler, Karl - Hermann, Christliches Denken im Mittelalter bis zur Mitte des 14. Jahrhunderts. Leipzig 1993.

Kluxen, Wolfgang, Philosophische Ethik bei Thomas von Aquin. Mainz 1964.

Knudson, Christian, Walter Chattons Kritik an Wilhelm von Ockhams Wissenschaftslehre. Bonn 1976 (zitiert: Knudson, Diss.).

Ders., Chatton contra Ockham. Über Gegenstand und Einheit von Wissenschaft und Theologie. Lectura Gualteri de Chatton in Sententias Prologi Quaestio V in Edition und Darstellung von Christian Knudson (Wolfgang Kluxen gewidmet). Université de Copenhague, Cahiers de L'Institut du Moyen Âge Grec et Latin, 50. Copenhague 1985, 3–112 (zitiert: Chatton, Prol. Q.V, ed. Knudson).

Ders., Chatton, Reportatio, I, d.22 und 23, ed. von C. Knudson, Cahiers des L'Institut du Moyen Âge Grec et Latin, 14. Copenhague 1975.

Koch, Josef, Durandus de S. Porciano O.P. Forschungen zum Streit um Thomas von Aquin zu Beginn des 14. Jahrhunderts. 1. Teil: Literaturgeschichtliche Grundlegung. BGPhMA Bd. 26. Münster 1927.

Koch, Josef u.a. (Hg.), Meister Eckhardt. Die deutschen und lateinischen Werke. Sermones, Stuttgart 1956.

Ders., Neue Aktenstücke zu dem gegen Wilhelm von Ockham in Avignon geführten Prozeß. RThAM 7 (1935) 353–380; 8 (1936) 79–93; 168–197.

Ders., Der Prozeß gegen den Magister Johannes de Polliaco und seine Vorgeschichte (1312–1321). RThAM 5 (1933) 391–422.

Ders., Der Prozeß gegen die Postille Olivis zur Apokalypse. RThAM 5 (1933) 302–315.

Ders., Scholastik, RGG 5 ([3]1961) 1494–1498.

Ley, H., Zur Geschichte des Materialismus im Mittelalter. Berlin (Ost) 1957.

Lonergan, S.J., Bernard J. F., Methode in der Theologie (Titel der Originalausgabe: Method in Theology), übers. u. hg. von Johannes Bernard (+). Leipzig 1991.

Maier, Anneliese, Studien zur Naturphilosophie der Spätscholastik. Bd. III: An der Grenze von Scholastik und Naturwissenschaft. Rom [2]1952.

Marquard, Odo, Neuzeit vor der Neuzeit? Zur Entdramatisierung der Mittelalter-Neuzeit-Zäsur. In: Philosophie im Mittelalter, hg. v. Jan P. Beckmann u.a. Hamburg 1987 (Ehrengabe Wolfgang Kluxen), 369–373.

Naduvilekut, James, Soteria als Gottesdrama im Werk Hans Urs von Baltharsars. St. Ottilien 1987.

Oberman, Heiko A., The Shape of Medieval Thought: The Birthpangs in the Modern Era, in: Trinkaus/Oberman, The Pursuit of Holiness in Late Medieval and Renaissance Religion. Papers from the University of Michigan Conference. Leiden 1974, 3–25.

Pinborg, Jan, Logik und Semantik im Mittelalter. Stuttgart/Bad Cannstatt 1972.

Prantl, Carl, Geschichte der Logik im Abendlande. Berlin 1955 (Photomechanischer ND der Ausgabe von 1855).

Riesenhuber, Klaus, Malum (Patristik und Mittelalter) in: HWP 5, 669–681.

Reina, M. E., La Prima Questione del Prologo del ‚Commento alla Sentenze' di Walter Chatton. Rivista Critica di storia della filosofia 25 (1970) 48–74; 290–314 (zitiert: ed. Reina).

Rijk, Lambert Marie de, Die mittelalterlichen Traktate de Modo Opponendi et Respondendi. BGPhMA, N.F. 17. Münster 1980.

Schepers, Heinrich, Holkot contra dicta Crathorn. I. Quellenkritik und biographische Auswertung der Bakkalareatsschriften zweier Oxforder Dominikaner des XIV. Jahrhunderts, PhJ 77 (1970) 320–357. II. Das „Significatum per propositionem". Aufbau und Kritik einer nominalistischen Theorie über den Gegenstand des Wissens, PhJ 79 (1972) 106–136.

Schottlaender, R., Malum (Altertum), in: HWP 5 (hg. v. Joachim Ritter/Karlfried Gründer u.a. Basel 1971ff.) 656–665.

Smalley, Beryl, English Friars and Antiquity in the Early Fourtheenth Century. Oxford 1960.

Tachau, Katherine H., The Problem of the ‚Species in Medio' at Oxford in the Generation after Ockham. MS 44 (1982) 394–443.

Trinkaus, Charles, The religious thought of the italian humanists, and the reformers: Anticipation or Autonomy?, in: Trinaus/Oberman, The Pursuit of Holiness in Late Medieval and Renaissance Religion. Papers from the University of Michigan Conference. Leiden 1974, 339–366.

Trinkaus, Charles/Oberman, Heiko A. (ed.), The Pursuit of Holiness in Late Medieval and Renaissance Religion. Papers from the University of Michigan Conference. Leiden 1974.

Vries, Josef de, S.J., Das esse commune bei Thomas von Aquin, in: Schol 39 (1964) 163–177.

Ders., Forschungsgeschichte der Mythologie. München/Freiburg 1961.

White, Graham, Luther as Nominalist (Luther–Agricola–Gesellschaft Bd. 30). Helsinki 1994.

Wilks-Dolnikowski, Edith, Thomas Bradwardine. A View of Time and a Vision of Eternity in the Fourteenth Century Thought. Leiden/New York/Köln 1995.

Wöhler, Hans - Ulrich, Wilhelm von Ockham. Kurze Zusammenfassung zu Aristoteles' Büchern über Naturphilosophie (Summulae in libros Physicorum). Aus dem Lateinischen herausgegeben und übersetzt von Hans-Ulrich Wöhler, Leipzig 1983.

Wood, Rega, Göttliches Gebot und Gutheit Gottes nach Wilhelm von Ockham. In: PhJ 101 (1994) 38–54 (zitiert: Wood, Göttliches Gebot).

I. Teil

Die Quellen

Einleitung

Die mediävistische Forschung widmet sich - seit einigen Jahrzehnten - in immer stärkerem Maße der Spätscholastik. Als hervorragendstes Beispiel dafür verweise ich auf die kritische Edition der Werke des Franziskanertheologen *Wilhelm von Ockham* durch das Franciscan Institute an der Universität St. Bonaventure (St. Bonaventure, N.Y., U.S.A.)[1]. Diese Edition wird von einer Auswahl von Untersuchungen und Textveröffentlichungen begleitet, die hier an gegebener Stelle herangezogen werden. Über *Ockham* und den ihm folgenden Moderni werden aber die Magister der Hochscholastik nicht vernachlässigt. Bereits laufende Editionen werden fortgesetzt, neue in Angriff genommen. Hierfür dürfte zur Zeit das markanteste Zeugnis die große kritische Edition der Werke des *Heinrich von Gent* sein.[2] Die modernen Editoren zeichnen sich nicht nur durch einen sorgsamen Umgang mit den (handschriftlichen) Quellen aus, sondern auch durch eine Vorliebe für das Detail. Beides ist Voraussetzung für eine zusammenfassende Gesamtschau auf eine Epoche. Viel liebevolle Einzelforschung ist notwendig, bevor man an heute so beliebte zeitgeschichtliche Synthesen gehen darf.

Diesem Motiv folgend soll sich in der folgenden Untersuchung die Aufmerksamkeit auf einige ausgewählte Magister und deren manchmal umstrittenen Theorien richten. Wir begrenzen die Untersuchung auf eine abgesteckte Zeitspanne, der in der Geschichte der spätscho-

[1] Guillelmi de Ockham, Opera Philosophica et Theologia ad Fidem Codicum Manuscriptorum Edita. Cura Instituti Franciscani Universitatis S. Bonaventurae. St. Bonaventure, N.Y. 1967–1988. Die Opera Politica werden hier nicht aufgelistet.

[2] Henrici de Gandavo Opera Omnia, editions coordinated by R. Macken (De Wulf Mansion Centre. Ancient and Medieval Philosophy, Series 2). Der jüngst edierte Band XXVII bietet Art. XXXI–XXXIV der Summa (Quaestiones ordinariae), ed. R. Macken, Introductio generalis von Ludwig Hödl. Leuven 1991.

lastischen Philosophie und Theologie eine besondere Bedeutung zukommt, das Jahrzehnt, das mit dem Wirken *Ockhams* in Oxford begann.

Es liegt heute bereits genügend Material vor, um eine solche Darstellung auf der Grundlage zuverlässiger Editionen und Monographien zu versuchen. Frühere Arbeiten führten mich bereits auf dieses Gebiet.[3] Ich hoffe heute manches daran weiterführen, ergänzen und korrigieren zu können. Den bereits vorgestellten Magistern *Robert Holcot* und *William (Johannes) Crathorn* füge ich drei weitere hinzu: *Adam de Wodeham, Walter Chatton* und *Johannes Reading,* dem kein eigener Abschnitt gewidmet ist; doch beschäftigt er uns im Kapitel über die species recht ausführlich. Die Begründung dieser Auswahl ergibt sich aus dem Zusammenhang meiner Ausführungen. Doch motivierte mich auch die Absicht, die Fülle des Stoffes zugunsten von Einzeluntersuchungen einzuschränken. Das in den Anmerkungen vorgelegte Quellenmaterial soll dem Leser die Möglichkeit zur Ergänzung und zur Kritik eröffnen.

Wie heute standen damals bereits *Ockhams* Thesen zur Diskussion. Ein grundsätzlicher Kritiker war *Walter Chatton.* Doch auch die Verteidiger *Ockhams,* wie bereits *Adam de Wodeham,* folgten ihm nicht kritiklos. Ihre Kritik war zugleich eine Weiterentwicklung seiner Lehre. Beide Phänomene sind ein gewichtiges Zeugnis für *Ockhams* überragende Autorität.

Das frühe 14. Jahrhundert brachte eine Wende in die Philosophie und Theologie des Mittelalters. Dies machte sich nicht nur in der Argumentationsweise bemerkbar, sondern auch in der Auswahl der Gegenstände, in den Zielsetzungen, in der Vorliebe für neue Erkenntnisse auf nichttheologischem Gebiet und ihre Einbeziehung in die Theologie. Dieser Umgang der Theologen mit nichttheologischen Materialien hat zwei Gründe: einen tieferen, sachlichen, und einen mehr äußerlichen, der einer Tendenz des Zeitgeistes nachgibt. Der

[3] Fritz Hoffmann, Die Schriften des Oxforder Kanzlers Johannes Lutterell (EThS 6). Leipzig 1959 (zitiert: Hoffmann, Schriften).
Ders., Die theologische Methode des Oxforder Dominikanerlehrers Robert Holcot. BGPhMA, N.F. Bd. 5. Münster 1972 (zitiert: Hoffmann, theologische Methode).
Ders., Crathorn. Quästionen zum Ersten Sentenzenbuch. Einführung und Text. BGPhMA, N.F. Bd. 29. Münster 1989 (zitiert: Crathorn, Quästionen, ed. Hoffmann).
Ders., Die „Conferentiae" des Robert Holcot O.P. und die akademischen Auseinandersetzungen an der Universität Oxford 1330–1332. BGPhMA, N.F. Bd. 36. Münster 1993 (zitiert: Holcot, Conferentiae, ed. Hoffmann).

sachliche Grund besteht in der Affinität mancher profaner Erkenntnisse mit theologischen Wahrheiten wie etwa in der Schöpfungslehre oder der Eucharistielehre mit den Erkenntnissen über Wesenheit, Mengen und Größe der Körper. Die theologische Erörterung der Erkenntnis Gottes durch das Geschöpf fordert geradezu die Logik und die Erkenntnislehre als eine Art von Propädeutik heraus. In der Behandlung dieser Thematik wächst im 14. Jahrhundert der Umfang des ersten Buches der Sentenzenkommentare. Der zweite, mehr von außen kommende Grund liegt in einem Zug der Zeit, sich nichttheologischer Argumentationsweisen in der Theologie zu bedienen.[4] Das krasseste Beispiel dürfte die Anwendung des arithmetischen Kalküls auf Probleme der Theologie sein, wo eigentlich quantitative Beziehungen kaum eine Rolle spielen. Man hilft sich, indem man die Fragen so formuliert, daß die neue Methode auf sie anwendbar wird. Das berüchtigste Beispiel dafür sind die „Calculatores" des 14. Jahrhunderts: Vorgänge wie peccatum actuale, peccatum habituale und Sündenvergebung werden nach ihren Relationen untereinander befragt, wobei man mit Hilfe der Berechnung der Proportionen ihr gegenseitiges Verhältnis zu bestimmen versucht. Oder man ging daran, die genaue Geschwindigkeit zu berechnen, mit der die augmentatio der caritas infusa vor sich ging. Spätere Zeiten haben solche Methodik mit beißendem Spott belegt. In einem weiteren Sinn haben jedoch jene Vorgänge für die Frage nach dem Einfluß der Methode auf die Sachproblematik eine hermeneutische Bedeutung. Man sollte sie im Blick behalten, um die Theologen des 14. Jahrhunderts zu verstehen und angemessen zu beurteilen.

Unser Urteil sollte vor allem differenzierter werden. Aus diesem Grunde habe ich die kurzen Hinweise auf uns heute fremde Beweisführungen und Methodiken der Theologie des 14. Jahrhunderts vorgestellt. Aus dem gleichen Motiv soll hier nicht thematisch vorgegangen werden, sondern in der Weise, daß wir den einzelnen Magistern folgen und hinschauen, wie sie die strittigen Fragen zu lösen versuchen. In der Zielsetzung dieser Arbeit liegt es, daß wir mit *Wilhelm von Ockham* beginnen.

1. Wilhelm von Ockham († 1349)

In dem Jahrzehnt nach 1322 hat *Ockhams* Lehre einen gravierenden Einfluß auf die Weiterentwicklung der Theologie in Oxford in

[4] Vgl. Anneliese Maier, Studien zur Naturphilosophie der Spätscholastik. Bd. III: An der Grenze von Scholastik und Naturwissenschaft. Rom ²1952, 258–261.

den beiden Weisen der Rezeption und der Kritik. Besondere Aufmerksamkeit verdient seine Gotteslehre, die heute wieder zum Kriterium seiner Theologie geworden ist. Die Diskussion entbrennt an der Frage, ob Gott einem Geschöpf gebieten könne, ihn zu hassen. *Ockham* gibt darauf eine bejahende Antwort, was auch heute noch ein Anlaß ist, dem *Venerabilis Inceptor* einen krassen Moralpositivismus vorzuwerfen.[5] Diese Aussage über den Gotteshaß erscheint ja nur als die äußerste Konsequenz einer Moral, deren Gebote allein aus dem Willen Gottes hervorgehen. Sie hat in dieser zugespitzten und isolierten Form *Ockham* bereits die Kritik seiner Zeitgenossen eingebracht.[6]

Da der Gottesbegriff den Kern eines jeden theologischen Entwurfes bildet, scheint es angebracht, in der Theologie *Ockhams* an diesem Punkte anzusetzen, steht doch in der konkreten Frage des göttlichen Gebotes, ihn zu hassen, der Gottesbegriff als solcher auf dem Spiel. Ich möchte in einigen Leitsätzen *Ockhams* Gotteslehre aufzeigen und folge dabei einem ausführlichen Artikel von *Rega Wood*[7], die als Miteditorin der Werke *Ockhams* im Franciscan Institute der St. Bonaventure University (U.S.A.) in der Kenntnis der ockhamistischen Theologie bestens ausgewiesen ist.

(1) Am Anfang aller weiteren Diskussion ist festzustellen, daß *Ockham* die Grenze der göttlichen Allmacht übereinstimmend mit der scholastischen Tradition im Widerspruchsprinzip und im Widerspruch zum Bösen sieht. Gott kann nichts wirken, was einen Widerspruch in sich schließt oder – das fügt *Ockham* ausdrücklich hinzu – was schuldhaft böse ist.[8] Dieser Zusatz ist von besonderer Bedeutung

[5] So gegenwärtig bei Stephan Strehle, Calvinism, Federalism and Scholasticism. Bern/Frankfurt a.M. u.a. 1988. 1; 47–49; 51; 54–55; 61–63; 80–81. Zitiert von Rega Wood, Göttliches Gebot und Gutheit Gottes nach Wilhelm von Ockham. In: PhJ 101 (1994) 38–54; 38 (zitiert: Wood, Göttliches Gebot).

[6] So schon Ockhams Ankläger in Avignon, Johannes Lutterell. Vgl. Hoffmann, Schriften, 58–60: „Quod odire Deum potest esse actus rectus et praecipi a Deo." Zu diesem wie zu anderen Streitpunkten hat auch die von Papst Johannes XXII. eingesetzte Kommission Stellung genommen. Vgl. Josef Koch, Neue Aktenstücke zu dem gegen Wilhelm Ockham in Avignon geführten Prozeß. RThAM 7 (1935) 353–380; 8 (1936) 79–93; 168–197.

[7] Wood, Göttliches Gebot (vgl. Anm. 5).

[8] Wilhelm von Ockham, Quaestiones in Librum Secundum Sententiarum. Reportatio, ed. Gedeon Gál, O.F.M./Rega Wood, St. Bonaventure, N.Y. 1980. Sent. II, q.15 (OT V, 342,19–21): „Et tunc omne quod non includit contradictionem nec malum culpae, potest fieri a solo Deo ..."; vgl. Wood, Göttliches Gebot, 48.

für das Problem des Gotteshasses, seiner sittlichen Qualität. Aus dem ersten Leitsatz folgt der zweite:

(2) Weil Gott nichts Böses will, kann er auch nichts Böses gebieten.[9] Diese Aussage ist bereits ein erster Beweggrund, *Ockhams* Thesen über den Gotteshaß differenzierter zu beurteilen. *Ockham* präzisiert nun in folgender Weise:

(3) Was Gott auch immer verursacht, das geschieht auf ein gutes Ziel hin; dies gilt auch für den Gotteshaß. Eine Begründung dieser Aussage fügt *Ockham* sogleich hinzu: Gott kann durch keine Bosheit eines Geschöpfes getroffen werden.[10] *Ockham* hat aber ein noch gewichtigeres Motiv für die „absolute" Freiheit Gottes. Es wird ausgelöst durch die Frage:

(4) Wie paßt zu Gottes Gutheit die Lehre vom Gotteshaß der Dämonen und Verdammten, für den Gott die Totalursache ist im Hinblick auf den Willensvollzug? Hier verdient der in Anmerkung beigefügte Text eine besondere Beachtung, weil *Ockham* dort den Begriff 'absolutum' (und zwar zweimal im gleichen Zusammenhang) für den Willensvollzug des Geschöpfes verwendet: Gott ist Totalursache für das, „quidquid absolutum est in actu nolendi et odiendi Deum." Auch kann der so verhärtete Wille Kraft seines eigenen Vermögens (de potentia sua absoluta) nicht den entgegengesetzten Akt vollziehen.[11] Hier erhebt sich allerdings der Zweifel, ob ein solcher total von Gott verursachter Willensakt noch als ein dem Geschöpf eigener Akt bezeichnet werden kann. Auch *Robert Holcot* hat diese Schwierigkeit auf-

[9] Ockham, Scriptum in Librum Primum Sententiarum. Ordinatio. Vol. IV: Distinctiones XIX–XLVIII, ed. Girardus I. Etzkorn/Franciscus E. Kelley, St. Bonaventure, N.Y. 1979. Sent. I, d. 47 (OT IV, 680,18–20): „Deus non potest velle malum, quia tunc posset esse malus; igitur non potest praecipere malum." Vgl. Wood, Göttliches Gebot, 48; 50.

[10] Ockham, Sent. II, q. 15 (OT V, 353,19–354,1): „Ad aliud dico quod si odium Dei causatur a solo Deo, semper erit propter bonum finem, quia Deo ex odio creaturae in nullo damnificabitur." Vgl. Wood, Göttliches Gebot, 48.

[11] Ockham, ebd. (OT V, 341,20–342,7): „Eodem modo potest assignari ratio obstinationis malorum per hoc, quod Deus causat tanquam totalis causa, quidquid absolutum est in actu nolendi et odiendi Deum. Et ille actus non compatitur secum actum diligendi Deum nec aliquem actum bonum propter repugnantiam formalem inter illos actus. Et stante illo actu et conservato a Deo totaliter non potest voluntas creata in oppositum de potentia sua absoluta. Et ideo quamdiu stat iste actus, est voluntas obstinata, sic quod non potest oppositum velle."

gegriffen.[12] Er wendet aber ein: Ein von Gott bewirkter Willensakt kann nicht als freie Zustimmung des Geschöpfes angesehen werden. *Ockham* unterscheidet hier im Einwirken Gottes auf den Willen des Geschöpfes zwischen Zwang und Notwendigkeit. Der Wille wird nicht einem Zwang entgegen seiner Natur unterworfen (non cogitur), jedoch einer unausweichlichen Notwendigkeit (vgl. u.S. 30, Anm. 39). Diese Aussagen stehen natürlich in engstem Zusammenhang mit der Frage des Gotteshasses der Dämonen und Verdammten. *Ockham* antwortet differenziert.

Der in Anmerkung[13], beigefügte Text kann uns die Richtung zu einer Lösung weisen. *Ockham* unterscheidet dort sehr genau zwischen dem Vollzug des Aktes und seiner Sündhaftigkeit. Das erste verursacht Gott, das zweite will Gott nicht. Und zur Verdeutlichung fügt *Ockham* hinzu: Das Geschöpf sündigt, weil es zum Gegenteil verpflichtet ist. Gott hingegen will das peccatum des Geschöpfes nur, wenn dieses das peccatum will; Gottes Wille ist also als voluntas condicionata zu verstehen. Gott will (eigentlich), daß sein Geschöpf die Sünde nicht will. Solche moraltheologische und psychologische Unterscheidungen sind für die Magister in Oxford zwischen 1322 und 1332 gebräuchlich.[14]

Im Zusammenhang mit der Entfaltung dieser vier Leitgedanken oder Leitsätze tritt häufig das Begriffspaar potentia Dei absoluta – potentia Dei ordinata auf. Dazu sollen hier einleitend und grundle-

[12] Vgl. Hoffmann, „Die theologische Methode", 183ff.; Robert Holcot, Opus quaestionum ac determinationum super libros Sententiarum. Sex articuli in libris Holkot recitati et per eum in scolis disputati per modum conferentiae, I, q.1 (Ink. Lyon 1497, fol.a III va 49–52): „Dico tamen quod omnem assensum vel dissensum potest Deus producere sine intellectu creato; sed illa res, quae est modo assensus, si sic produceretur, non foret assensus."

[13] Vgl. dazu den Text aus der Quaestio „Utrum voluntas possit habere actum virtuosum respectu alicuius obiecti, respectu cuius est error in intellectu"; Ockham, Quaestiones variae, ed. Girardus I. Etzkorn/Franciscus E. Kelley/Josephus C. Wey, C.S.B., St. Bonaventure, N.Y. 1984 (OT VIII, 435,593–436,601): „Nunc autem quamvis Deus velit actum peccati esse, tamen Deus vult voluntatem creatam nolle illum actum peccati, vel saltem non velle. Et per consequens voluntas creata volendo illum actum Deus vult, peccat obligatur ad oppositum. Tamen nec etiam Deus vult istum actum absolute, sed tantum voluntate consequente sive condicionata, quia Deus vult illum actum esse, si creatura velit; sed vult creaturam non velle illum actum, si placeat sibi."

[14] In meiner Holcot-Studie („Die theologische Methode") habe ich wiederholt darauf verwiesen; vgl. Sachregister, u.a. Stichwort „psychologisch"; ferner 178f.; 189.

gend einige Hinweise gegeben werden, in denen wir ebenfalls von dem zitierten Artikel von *Rega Wood* ausgehen. Wir werden im weiteren Verlauf dieser Untersuchung noch darauf zurückkommen.

(5) Potentia Dei absoluta und ordinata sind nicht als zwei in sich verschiedene Kräfte des göttlichen Wirkens zu verstehen.[15]

Es gibt nur eine einzige göttliche Allmacht, die mit dem göttlichen Wesen identisch ist. Gott wirkt alles durch diese eine göttliche Allmacht. Nicht jedoch wirkt er einiges mit der potentia absoluta, anderes mit der potentia ordinata. Gottes Wirken innerhalb der von ihm gesetzten Ordnung ist nicht als Einschränkung seiner absoluten Allmacht zu verstehen. Gottes Macht vermag aber mehr zu wirken, als er tatsächlich wirken will. Es gibt kaum einen Magister der Scholastik, bei dem diese Formel nicht gebräuchlich ist.

An dieser Stelle soll daran erinnert werden, daß bereits *Alexander von Hales*, der Lehrer des heiligen *Bonaventura*, die Einteilung der göttlichen Macht in potentia absoluta und ordinata vertrat. Im Traktat über Gottes Macht lehrte er, diese habe an sich keine Grenzen, nur ihre Auswirkung.[16] Schon bei ihm finden wir den Satz: „De potentia absoluta, <Deus> posset damnare Petrum et salvare Judam, de potentia vere ordinata secundum praeordinationem et retributionem secundum merita non posset.“[17]

(6) Schauen wir wieder auf *Ockham*. Gottes absolute Macht wirkt niemals gegen die potentia ordinata, so daß die erste die zweite durchbricht oder aufhebt.[18] Wenn Gott auch Kraft seiner potentia

[15] Ockham, Summa Logicae, ed. Philotheus Boehner, O.F.M./Gedeon Gál, O.F.M./Stephanus Brown. St. Bonaventure, N.Y. 1974. Pars III-4, c.6 (OP I, 779,232–780,3): „Item talis propositio ‚Deus per suam potentiam absolutam potest aliquem acceptare sine gratia, sed non per suam potentiam ordinatam‘ multiplex est. Unus sensus est quod Deus per suam potentiam, quae est absoluta et non ordinata, potest acceptare aliquem sine gratia, et per unam aliam potentiam, quae est ordinata et non absoluta, non potest acceptare eum, quasi essent duae potentiae in Deo, per quarum unam posset hoc et non per aliam. Et iste sensus est falsus. Aliter accipitur improprie, ut ponatur ista propositio pro isto oratione: Deus potest acceptare aliquem sine gratia informante, quia hoc non includit contradictionem, et tamen ordinavit quod hoc nunquam est facturus. Et iste sensus est verus.“

[16] Vgl. Alexander von Hales, Summa Fratris Alexandri (ed. Quaracchi 1924–1948) I, n.142; t.I, 221.

[17] Ebd. I, n.141; t.I, 220.

[18] Ockham, Quodlibeta septem, ed. Joseph C. Wey, C.S.B. St. Bonaventure, N.Y. 1980. Quodl. VI, q.1 (OT IX, 585,14–586,30): „Circa primum dico quod quaedam potest Deus facere de potentia ordinata et aliqua de potentia absoluta. Haec distinctio non est sic intelligenda quod in Deo sunt reali-

absoluta ganz anderes wirken kann, als er es in der von ihm gegebenen Ordnung gesetzt hat, so wird er doch nie gegen diese gesetzte Ordnung wirken.

Die beiden letzten Leitgedanken führen uns zu einem besonderen Merkmal der Gotteslehre *Ockhams* und sind andererseits unmittelbar aus diesem hervorgegangen. *Ockham* sieht nämlich den letzten Beweggrund für Gottes Wirken im göttlichen Willen.[19] *Ockhams* subtile Ausführungen finden wir in der Quaestio: „Ob der Heilige Geist frei hervorgebracht wird."[20] Das Problem dieser Frage geht *Ockham* von verschiedenen Seiten an. Er beginnt mit einer Analyse des Freiheitsbegriffes, die mit einer Abwägung der Begriffe ‚natürlich', ‚notwendig', ‚kontingent' eingeleitet wird. Nach *Johannes Duns Scotus*, gegen den hier *Ockham* polemisiert, wobei er den Lehrunterschied zu diesem in seinem Orden bereits hochgeschätzten Ordensbruder (und auch zu anderen Magistern) als lediglich verbaler Art hinstellen möchte[21], kann der Wille nicht das Erst-Wirkende sein, weil er nicht naturaliter wirkt, auch dann, wenn sich mit seinem Wirken eine Notwendigkeit verbindet. Dies Letzte ist (fast) allgemeine Überzeugung

ter duae potentiae, quarum una sit ordinata et alia absoluta, quia unica potentia est in Deo ad extra, quae omni modo est ipse Deus. Nec sic est intelligenda quod aliqua potest Deus ordinate facere, et aliqua potest absolute et non ordinate, quia Deus nihil potest facere inordinate.
Sed est sic intelligenda quod ‚posse aliquid quandoque accipitur secundum leges ordinatas et institutas a Deo, et illa dicitur Deus posse facere de potentia ordinata. Aliter accipitur ‚posse' pro posse facere omne illud, quod non includit contradictionem fieri, sive Deus ordinaverit se hoc facturum sive non, quia multum potest Deus facere, quae non vult facere, secundum Magistrum Sententiarum, lib. I, d.43 (n.9)."
Vgl. auch Anm. 15 Ende: „Deus potest acceptare aliquem sine gratia informante ... et tamen ordinavit quod hoc numquam est facturus."

[19] Ockham, Sent. I, Distinctiones IV–XVIII, ed. Girardus I. Etzkorn. St. Bonaventure, N.Y. 1970, d.10, q.2 (OT III, 339,1–7): „Contra secundum primo quod voluntas non potest esse agens omnino primum, videtur esse falsum, quia secundum beatum Augustinum voluntas divina est prima causa omnium. Similiter probatum est prius, quod voluntas divina et intellectus et essentia divina nullo modo distinguuntur. Igitur si Deus est agens primum, voluntas erit agens primum."
Vgl. Augustinus, De Trinitate, ed. von W. J. Mountain/F. Glorie. Turnhout 1968 (CCL 50/50A). Trin. III, c.4, n.9 (PL 42, 873; CCL 50,136).
Zu der Nicht-Unterschiedenheit von Wille, Intellekt und Wesenheit in Gott vgl. Ockham, Sent. I, d.7, q.2 (OT III, 136–147).

[20] Ockham, aO (OT III, 330).

[21] Ockham, aO (OT III, 335,7f.): „Sed salva reverentia quorumcumque magis videtur hic esse difficultas de verbis quam de re."

in der Scholastik. Wir würden heute formulieren: Der entschieden gute Wille erstrebt das Gute mit moralischer Notwendigkeit. Diese Art der Notwendigkeit ist jedoch keine Naturnotwendigkeit. Nun ist aber alles naturhaft Wirkende entweder ein Erst-Wirkendes oder wird von einem solchen bewirkt. Darum kann der Wille niemals als ein Erst-Wirkendes verstanden werden.[22]

Ockhams Gegenargument wurde schon kurz eingeführt (s.o. Anm. 19). Er stützt sich zuerst einmal auf die Autorität des hl. *Augustinus*: Der göttliche Wille ist die Erstursache für alles. Nun wird *Ockham* nicht müde, die Einheit von Intellekt, Wille und Wesenheit in Gott zu betonen. Daraus ergibt sich: Wenn Gott das Erst-Wirkende ist, dann ist dies Erst-Wirkende der Wille in Gott (vgl. Anm. 19). Diese Antwort liegt in der Konsequenz von *Ockhams* Gotteslehre. Wir müssen darauf noch einmal zurückkommen.

Anders als *Scotus* antwortet *Ockham* auf die Frage, ob mit der Freiheit (des Willens) sich die Notwendigkeit verbinden kann. Mit den

[22] Ebd. (OT III, 333,14–23): „Aliter dicit Doctor...:,Unde qualiter voluntas, licet sit necessrio agens, non tamen naturaliter agens ...' declarat sic: ,Omne, inquit, naturale agens vel est omnio primum, vel si est posterius, est ab aliquo priori naturaliter determinatum ad agendum. Sed voluntas numquam potest esse agens omnino primum. Sed nec potest esse determinata naturaliter ab alio agente superiori, quia ipsamet est tale activum, quod se ipsam determinat ad agendum.'"
Vgl. Johannes Duns Scotus, Opera omnia. Ex recensione Carolo Balic, Civitas vaticana 1950 seq.; ex rec. M. F. Garcia, O.F.M., Ad Claras Aquas 1912–1914; ex recensione L. Waddding (ed. Vivés) Parisiis 1891–1895. Quodl. 16, n.15 (ed. Wadding XII, 457).
Wer Scotus einen voluntaristischen Gottesbegriff anlastet, sollte bei Ockham lernen, der–auf eine kurze Formel gebracht–gerade gegen Scotus den göttlichen Willen als das Erst-Bewegende herausstellt. Scotus sieht in der göttlichen Wesenheit das Erst-Bewegende: „Primum motivum motione naturali est essentia divina, ut est primum obiectum intellectus sui ..." (Quodl. 14, n.14 (Op. Oxon. XXVI,52a).
Vgl. dazu: Étienne Gilson, Johannes Duns Scotus. Einführung in die Grundgedanken seiner Lehre. Übers. von Dr. Werner Dettloff, Düsseldorf 1959, 596f. Wer der sublimen Seinsphilosophie des Scotus nachspüren will, der studiere dessen ,Tractatus de Primo Principio', neu herausgegeben und übersetzt (und kommentiert) von Wolfgang Kluxen, Darmstadt [2]1987. Schon der Begriff der,Ordnung', der den Traktat wie ein roter Faden durchzieht, schließt jede Art von Voluntarismus aus. Und ein Satz aus Kapitel III, in dem Scotus nach dem Kommentar von Kluxen „zum eigentlichen Thema der Untersuchung kommt" (aO, 163), sei hier als Beleg zitiert: „Sexta conclusio: Necessitas essendi ex se uni soli naturae convenit" (aO, 42).

,Autoren' hält *Ockham* an dem Gegensatz von Freiheit und Natur fest: Die Freiheit ist wesentlich unterschieden von einem naturhaften Wirkprinzip. *Ockham* fährt fort: Mit der so verstandenen Freiheit verbinde sich eine gewisse Zufälligkeit oder Nicht-Unterscheidung (quaedam contingentia vel indifferentia). Daraus folge, daß Freiheit nicht zusammen mit Notwendigkeit bestehen kann.[23] Da aber der Hervorgang des Heiligen Geistes – innerhalb dieses Themas diskutiert *Ockham* die hier anfallenden Fragen – sowohl frei wie notwendig (nicht-kontingent) ist, das Zusammen von beiden sich aber weder durch die Vernunft noch aus den Begriffszeichen erklären lasse, will *Ockham* seine Ausführungen nur auf Autoritäten stützen.[24]

An den Ausführungen *Ockhams* sind in diesem Zusammenhang zwei Punkte von besonderer Bedeutung: sein Umgang mit dem Begriff der Freiheit und sein Weg, den Gegensatz von Freiheit (des Willens) und Notwendigkeit zu lösen. Freiheit wird (nur) im Zusammenhang von Kontingenz und Indifferenz bestimmt, jedenfalls in einer Argumentation, die sich auf der Ebene der Vernunft bewegt. Rein rational gesehen gehören Wille, Freiheit, Indifferenz, Kontingenz zusammen, ebenso die Ausdrücke ,frei' und ,aus eigenem Antrieb' (libere – sponte). Nun beziehen aber alle Autoren den Hervorgang des Heiligen Geistes in irgendeiner Weise auf den Willen und sagen zugleich, daß er notwendig sei. Eine solche Entscheidung kann nur im Glauben und in der Tradition der früheren Autoren getroffen werden.[25] In einem abschließenden Abschnitt faßt *Ockham* diese Unterscheidungen nochmals zusammen und stellt seine Opinio klar

[23] Ockham, Sent. I, d.10, q.2 (OT III, 335,16–20): „Arguendo contra praedictam opinionem primo ostendam quod secundum usum auctorum libertas, secundum quod distinguitur contra principium naturale activum, est quaedam contingentia vel indifferentia, ex quo sequitur quod libertas non stat cum necessitate."

[24] Ebd. (OT III, 335,34f.): „Primum non potest ratione probari, sicut nec significata vocabulorum. Et ideo arguam per auctoritates."

[25] AO (OT III, 340,12–23): „Ideo dico ad istam quaestionem quod proprie accipiendo ‚libertatem' vel ‚libere', non aliter producitur libere Spiritus Sanctus quam Filius, quia illud proprie fit libere quod fit sponte. Unde libertas et spontaneitas videntur non posse distingui. Et ideo sicut non debet concedi quod Pater sponte producit Spiritum Sanctum vel Filium, ita nec libere producit Spiritum Sanctum. Verumtamen ista responsio per rationem probari non potest, quia hoc esset probare significatum vocabuli. Manifestum est enim quod omnes concedunt quod Spiritus Sanctus producitur necessario et quod producitur aliquo modo mediante voluntate, vel saltem eius productio aliquo modo pertinet ad voluntatem."

heraus. Sie gipfelt in der Feststellung, daß Freiheit und Notwendigkeit für die Vernunfterkenntnis nicht miteinander vereinbar sind.[26]

(7) Wer *Ockhams* Argumentation, von der wir hier nur die zum Verständnis notwendigsten Ausschnitte wiedergegeben haben, wiederholt gelesen hat[27], den mutet sie an wie ein subtiles Begriffsspiel, in dem sich der *Venerabilis Inceptor* selbst in die schwierige Materie hineinbewegt, hineinarbeitet. *Rega Wood* hat aus ihrer Sachkenntnis darauf hingewiesen, daß zum rechten Verständnis auch die Entwicklung im Lehren und Leben dieses Autors berücksichtigt werden muß.[28] Wir wissen heute, daß *Ockham* gewisse scharfe, ja theologisch mißverständliche Formulierungen zum Beginn seiner Lehrtätigkeit vorgetragen hat, vielleicht aus dem Grunde, um zur Diskussion zu reizen[29], ein in den akademischen Auseinandersetzungen seiner Zeit übliches Vorgehen. Sein Vorhaben, später solche Formulierungen zu eliminieren oder wenigstens zu glätten, konnte er nur noch für das Buch I seines Sentenzenkommentars verwirklichen. Möglicherweise sind so in Buch II, von dem wir nur die Reportatio haben, die harten Formeln über den Gotteshaß stehen geblieben. *Rega Wood* charakterisiert den Ausspruch, daß ein Geschöpf auch Gott hassen kann, wenn Gott es gebietet (Sent. II) als eine rasch hingeworfene Bemerkung eines Autors, dem nicht bewußt war, was er in einem früheren Werk behauptete (Sent. I). Zwar hat *Ockham*, wie schon gezeigt, seine frühere Aussage über die Möglichkeit des Gotteshasses gemildert, jedoch die Schwierigkeit nicht ganz gelöst. Seine Argumentation in dieser Frage zeigt eine gewisse Zurückhaltung und Unschlüssigkeit, was für *Ockham*[30] eigentlich nicht charakteristisch ist.

[26] Ebd. (OT III, 341,6–12): „Si autem intelligatur quod ‚liberum' sit idem quod ‚contingens' vel ‚indifferens', sicut mihi videtur esse de intentione auctorum, sic dico quod si voluntas aliquid velit necessario, non vult illud libere. Et ideo sic Spiritus Sanctus non producitur libere, sicut nec contingenter. Et isto modo libertas non stat cum necessitate respectu eiusdem; sed quidquid necessario producitur, non libere producitur. Et ideo non video, ... nisi aliter imponendo vocabula ad significandum."

[27] Schon Philotheus Boehner richtete an die Ockham-Forscher vor vielen Jahren die Mahnung: „The venerabilis Inceptor must be ruminated." Ph. Boehner, O.F.M.: Ockham. Philosophical Writings. Edinburgh/London 1957, V. Vgl. meine Rezension in DLZ 81 (1960) 491–494.

[28] Wood, Göttliches Gebot, 51.

[29] Vgl. Holcot, Conferentiae (ed. Hoffmann) 3; 50; vgl. Lambert Marie de Rijk, Die mittelalterlichen Traktate de Modo Opponendi et Respondendi. BGPhMA, N.F. 17. Münster 1980, 287–353; bes. 352f (zitiert: De Rijk, mittelalterliche Traktate).

[30] Wood, Göttliches Gebot, 51.

(8) Diese letzte Bemerkung bekundet den sicheren Instinkt der Autorin für die Geschlossenheit und innere Konsequenz der Theologie *Ockhams.* Da steht die Aussage über die Möglichkeit, daß Gott selbst den Gotteshaß verursachen könne, wie ein erratischer Block im Gesamtgefüge dieses theologischen Entwurfes. Neben diesem methodologischen Bedenken ist ein schwerwiegendes inhaltliches Motiv zu beachten. Die Aussage über die Möglichkeit des Gotteshasses scheint doch so ganz und gar im Widerspruch zum Geist der franziskanischen Theologie zu stehen, die den Menschen in der Relation eines geschöpflichen Ebenbildes zu seinem Schöpfer sieht, der in Huld und Großmut die liebende Hingabe des Geschöpfes annimmt und sie in seiner schenkenden Gegenliebe über alles Maß übersteigt.[31] Diese beiden Argumente rechtfertigen eine nochmalige subtile Textanalyse, auch wenn einzelnes schon gesagt wurde und hier wiederholt wird. Dabei soll gerade von dem umstrittenen Text in Sent. II ausgegangen werden.

In Quaestio XV des zweiten Buches seines Sentenzenkommentars geht *Ockham* die Frage an, in welcher Weise die Ursächlichkeit Gottes zum bösen oder guten Willen des Geschöpfes gedacht werden kann. In zugespitzter Weise zeigt sich dieses Problem im Schicksal der Verdammten, deren Wille im Bösen verhärtet ist, und im Zustand der Seligen, die aus der Gottesliebe nicht herausfallen können. Beidemal ist Gott die alleinige Ursache des Willensaktes, sei es der Liebe, sei es des Hasses. Wie er allein den Willensakt verursacht, so erhält er ihn auch allein. Und solange Gott den Willensakt des Seligen erhält, kann dieser sich nicht von der Liebe zu Gott abwenden und sündigen, weil zwischen Gottesliebe und der Sünde ein innerer (‚formalis') Widerspruch besteht. An dieser Stelle gebraucht *Ockham* eine bemerkenswerte Formulierung. Der Wille, so sagt er, kann seine Zielsetzung nicht umkehren, auch nicht im Hinblick auf sein (Willens-)Vermögen an sich. *Ockham* nennt dieses Vermögen: Potentia absoluta voluntatis. Er fügt hinzu, daß dieses unveränderliche Wollen nicht Zwang genannt werden darf. Wenn es auch nicht vom Willen verursacht wird, so wird es ihm doch nicht aufgezwungen. Vielmehr will und liebt der Wille als solcher (‚formaliter')[32]. Diese gerafften Formulierungen sind

[31] Ebd. 52f.

[32] Ockham, Sent. II, q.15 (OT V, 341,7–19): „Ex istis potest assignari ratio confirmationis beatorum et obstinationis malorum. Nam in beatis causatur tam actus videndi Deum quam diligendi eum a solo Deo tanquam a totali causa et nullo modo ab intellectu vel voluntate sicut a causis partialibus. Et iste actus dilectionis formaliter opponitur omni actui peccati; et quia sunt formaliter oppositi, nullo modo compatiuntur se in eodem. Et ideo quam-

wie ein Schlüssel zum Verständnis der Position *Ockhams.* Die Ursächlichkeit Gottes beim Willensakt des Geschöpfes wird zunächst einmal genau präzisiert. Wir gebrauchen diesen Ausdruck im scholastischen Sinn, wo er soviel wie ‚eingegrenzt' bedeutet. Demnach bewirkt Gott das Wollen als solches. Dafür gebraucht *Ockham* den Ausdruck ‚absoluter Wille', ‚absolutes Vermögen' (voluntas absoluta, potentia absoluta). Hier zeigt sich eine wichtige Parallele zu dem Begriff der potentia Dei absoluta. Das Adjektiv ‚absoluta' erhält eine Bedeutung, die dem deutschen Beiwort ‚an sich' oder ‚als solches' entspricht. *Ockham* wendet dieses Adjektiv also auch auf die Geschöpfe an. Das sollte uns in der Analyse des Ausdruckes von der potentia Dei absoluta kritisch machen. Er bedeutet einfach: ‚Gottes Allmacht an sich' und darf nicht, wie schon gesagt und wie es sich jetzt aus sprachlogischer Sicht bestätigt, in Richtung einer doppelten Allmacht in Gott ausgelegt werden, potentia Dei absoluta – ordinata. In scholastischer Begrifflichkeit ausgedrückt unterscheidet *Ockham* also zwischen dem Willen an sich und seiner Qualität. Diese Unterscheidung liegt wohl in der Richtung seiner Seinslehre, die man schon sehr viel früher als eine ‚Metaphysik der einzelnen Dinge' bezeichnet hat. Hier dient sie nun einem theologischen Ziel, nämlich Gott von dem Verdacht eines tyrannischen Herrschers zu bewahren, dessen Wille alleiniger Grund, alleinige Richtschnur seines Wirkens ist. Dieses Motiv *Ockhams* geht noch deutlicher aus seinen Ausführungen über Gottes Einwirken auf den Willen der Verdammten hervor. Gott verursacht als Ganz- und Alleinursache den Willensakt des Gotteshasses – *Ockham* fügt hinzu: im Hinblick auf den Willensakt als solchen (quidquid absolutum est in actu ...). In diesen Ausführungen wiederholt *Ockham* das Adjektiv ‚absolut': der so verhärtete Wille kann nicht einen gegenteiligen Akt aus dem eigenen Vermögen selbst (de potentia sua absoluta) vollziehen; er ist vielmehr, solange dieser Akt besteht, in ihm verhärtet.[33]

diu iste actus conservatur a Deo–sicut ab ipso causatur – tamdiu est confirmatus, ita quod nullo modo, etiam de potentia absoluta voluntatis creatae, potest in actum peccati; quia non potest in actum peccati, nisi posset impedire actum dilectionis, propter repugnantiam formalem inter illos actus. Sed ex hoc non dicitur voluntas cogi, quia voluntas formaliter vult et diligit illo actu, licet non causetur ab eo."

[33] Ebd. (OT V, 341,30–342,7): „Eodem modo potest assignari ratio obstinationis malorum per hoc quod Deus causat tanquam totalis causa, quidquid absolutum est in actu nolendi et odiendi Deum. Et ille actus non compatitur secum actum diligendi Deum nec aliquem actum bonum propter repugnantiam formalem inter illos actus. Et stante illo actu et conservato a Deo totaliter non potest voluntas creata in oppositum de potentia sua abso-

Daß Gott den Akt des Gotteshasses in einem Geschöpf verursachen kann, ohne dadurch im Widerspruch zur Gutheit seines Wesens zu handeln, begründet *Ockham* mit der Unterscheidung zwischen dem Willensakt als solchem einerseits und seiner Entartung und Bosheit andererseits. Da beide als ‚absoluta' unabhängig voneinander sind, kann Gott das eine ohne das andere verursachen.[34]

In den folgenden Abschnitten zieht *Ockham* die Linien von den grundlegenden Aussagen zu weiteren Konsequenzen. Ich verweise hier nur auf einige typische Sätze: Gott wirkt bei jedem geschöpflichen Handeln als Teilursache mit, kann aber jede Teilursache als Ganzursache ersetzen.[35] In dieser Argumentation bedient sich *Ockham* des Modells, in dem Gottes Ursächlichkeit als Teilursache, im Sinne des Mitwirkens bei jedem geschöpflichen Tun verstanden wird. Gott ist frei in seiner Mitwirkung bei den Geschöpfen; er kann beim Akt des Gotteshasses eines Geschöpfes in diesem Akt als solchem (de voluntate sua – ‚sua' bezieht sich auf den geschöpflichen Willen) mitwirken, er kann aber auch bei einem anderen Geschöpf, etwa bei den gefallenen Engeln, seine Mitwirkung als Teilursache versagen, wenn dessen Wille einen guten Akt setzen möchte. Dadurch wird dieser Wille im Bösen verhärtet. Gott wird durch solches Nicht-Mitwirken nicht schuldig, da er nicht wie die Geschöpfe dem Gesetz unterworfen ist. *Ockham* drückt dies in seiner Weise so aus: „Der Mensch sündigt, wenn er nicht tut, was er tun soll, oder wenn er tut, was er nicht tun soll. Er wird in diesem Sinne ein Schuldner (debitor). Gott aber ist an

luta. Et ideo quamdiu stat iste actus, est voluntas obstinata, sic quod non potest oppositum velle."

[34] Ebd. (OT V, 341,8–18): „Et quod Deus possit causare actum odiendi Deum quantum ad omne absolutum in actu in voluntate creata probatur, quia Deus potest omne absolutum causare sine omni alio, quod non est idem cum illo absoluto. Sed actus odiendi Deum quantum ad omne absolutum in eo non est idem cum deformitate et malitia in actu; igitur Deus potest causare, quidquid absolutum est in actu odiendi Deum vel nolendi, non causando aliquam deformitatem vel malitiam in actu, igitur etc."

[35] Ebd. (OT V, 343,8–15): „Aliter potest dici et reddi causa obstinationis malorum, et hoc supposito quod Deus concurrat in omni actione creaturae, ad minus sicut causa partialis. Tunc potest dici quod Deus concurrit cum voluntate creata ad causandum actum odii Dei, et non vult concurrere cum angelo malo ad causandum actum bonum, puta dilectionem, quia sic concurrit ad unum et non ad alium. Ideo damnatus potest dici obstinatus, quia non potest elicere aliquem actum bonum."

niemand gebunden noch jemand verpflichtet wie ein Schuldner (debitor) ...".[36]

Wir wollen uns hier auf Einzelheiten der Argumentation *Ockhams* nur einlassen, soweit sie für den Kern des Problems Bedeutung haben. Diesen geht *Ockham* aber ausdrücklich in den ‚Dubia' an.[37] Dabei steht im Mittelpunkt die Frage nach dem Verständnis der Ursächlichkeit Gottes beim Willensakt des Geschöpfes. *Ockham* gelangt zu folgenden Ergebnissen: [1.] Der Willensakt des Geschöpfes hat mehrere Teilursachen, zu denen neben dem Willen des Geschöpfes und der Gegenwart eines Objektes auch der Wille Gottes gehört. Zwar kann ein Wirken des Geschöpfes üblicher Weise nur dann eintreten, wenn alle daran beteiligten Ursachen zusammen wirksam werden. Jedoch ist die göttliche Teilursache von solcher Art, daß sie auch Ganzursache für ein Wirken von Teilursachen sein kann und als solche die Teilursachen ersetzt.[38]

[2.] *Ockham* hält es für wichtig festzustellen, daß sich solches Einwirken Gottes nicht gegen die Natur des geschöpflichen Willens vollzieht. Er gebraucht dafür das Begriffspaar ‚Zwang' und ‚Notwendigkeit'. Gottes Wille, der den geschöpflichen Geist im Guten absolut festigt oder im Bösen verhärtet, legt dem Willen keinen Zwang gegen dessen Natur auf, wohl aber eine Notwendigkeit, so und nicht anders zu wirken. Einfacher ausgedrückt: Ob der geschöpfliche Geist Gott liebt oder haßt, in jedem Fall handelt er seiner Natur entsprechend. Wird durch göttliche Verursachung die Gottesliebe oder der Gotteshaß für den Willen des Geschöpfes zur Notwendigkeit, so darf dies nicht als Zwang gegen seine Natur verstanden werden. Schon *Thomas*

[36] Ebd. (OT V, 343,16–22): „Si dicas quod tunc Deus peccat et est malus, quia non vult concurrere ad actum bonum, respondeo: nunquam homo peccat nisi quia tenetur facere quod non facit vel quia facit, quod non debet facere. Per istam rationem fit homo debitor; Deus autem nulli tenetur nec obligatur tanquam debitor, et ideo non potest facere, quod non debet facere nec non facere, quod debet facere."

[37] Ebd. (OT V, 346,14–350,2).

[38] Ebd. (OT V, 350,8–19): „... dico quod si causae sint approximatae debito modo et effectus ponitur, non requiritur necessario actio omnium causarum. Quia una est partialis, quae potest esse totalis respectu cuiuslibet producibilis ab alia causa partiali, et quando illa est causa totalis de facto, tunc non requiritur actio alterius causae. Sic est de voluntate nostra et Deo. Licet enim voluntas nostra vel angeli, ut est activa et passiva, sit debito modo approximata et etiam Deus, non sequitur propter hoc quod voluntas habeat actionem in volitione causata in voluntate, quia illa potest causari totaliter a Deo. Et si sic de facto causetur, tunc voluntas creata nullam actionem habet respectu illius volitionis."

von Aquin kennt diese Unterscheidung zwischen cogi und necessitari und stellt fest: „Non omne necessarium est violentum.“[39]

[3.] Die eigentliche Kernfrage besteht allerdings darin, ob sich beim Gotteshaß der Umstand des Böse-Seins vom Willensakt als solchem trennen läßt. *Ockham* zählt solche Handlungen auf, die mit dem Böse-Sein unmittelbar verknüpft sind wie Haß, Diebstahl, Ehebruch und ähnliches. In *Ockhams* Einschätzung dieses Problems sind zwei Eigenschaften an diesen Handlungen festzustellen. Ihr Böse-Sein entsteht aus dem Widerspruch zum göttlichen Gebot. Die Handlung als solche – *Ockham* gebraucht dafür wie auch an anderen Stellen das Adjektiv ‚absolutum‘ – kann ohne Verknüpfung mit dem Böse-Sein von Gott bewirkt oder als tugendhaft und verdienstlich geboten werden. In diesem Falle ist sie nicht mehr die mit dem Böse-Sein verbundene Handlung Haß, Ehebruch, Diebstahl und darf auch nicht als solche bezeichnet werden.[40] Besonders betont wird der Umstand des

[39] Vgl. ebd. (OT V, 351,7–352,2): „... dico quod voluntas non cogitur in recipiendo illum actum causatum a solo Deo, tamen bene necessitatur. Primum probatur, quia tunc proprie aliquid cogitur, quando facit vel patitur contra naturalem inclinationem suam. Exemplum de gravi si moveatur sursum. Nunc voluntas non recipit illum actum contra naturalem inclinationem suam, quia posset naturaliter illum causare, saltem partialiter, et tunc eum reciperet naturaliter, igitur et modo naturaliter recipit. ... Secundum probatur, quia tunc agens vel patiens necessitatur, quando non est in potestate sua agere vel non agere, pati vel non pati, recipere vel non recipere. Sed non est in potestate voluntatis illum actum causatum a solo Deo recipere vel non recipere, igitur necessitatur. Patet igitur quod non cogitur voluntas recipiendo illum actum, sed necessitatur.“ Vgl. Thomas von Aquin, Quaestiones disputatae de Malo, q.6, a.un. (Marietti, ed. IX revisa, Taurini/Rom 1953, 558): „Dicendum quod quidam posuerunt quod voluntas hominis ex necessitate movetur ad aliquid eligendam, nec tamen ponebant quod voluntas cogeretur. Non enim omne necessarium est violentum, sed solum id, cuius principium est extra. Unde et motus naturales inveniuntur aliqui necessarii, non tamen violenti. Violentum enim repugnat naturali sicut et voluntario, quia utriusque principium est intra, violenti autem principium est extra.“

[40] Ockham, ebd. (OT V, 352,3–353,2): „Ad aliud dico quod licet odium, furari, adulterari et similia habeant malam circumstantiam annexam de communi lege, quatenus fiunt ab aliquo, qui ex praecepto divino obligatur ad contrarium, tamen quantum ad omne absolutum in illis actibus possunt fieri a Deo sine omni circumstantia mala annexa. Et etiam meritorie possunt fieri a viator, si caderent sub praecepto divino, sicut nunc de facto eorum opposita cadunt sub praecepto. ... Sed si sic fierent a viatore meritorie, tunc non dicerentur nec nominantur furtum, adulterium, odium etc., quia ista nomina significant tales actus non absolute, sed connotando vel

göttlichen Gebotes. Dieses bestimmt den moralischen Charakter einer Handlung. Böse ist eine Handlung, zu deren Gegenteil man verpflichtet ist. Der menschliche Wille ist aber kraft göttlichen Gebotes verpflichtet, Gott zu lieben. Und er ist dazu verpflichtet, so lange dieses Gebot besteht. Darum ist der Gotteshaß in der jetzt bestehenden Ordnung böse und niemals gut.[41] Diese Aussagen *Ockhams* sind aber kein hinreichender Grund für den Vorwurf einer Relativierung der Moralgesetze, denn Gott kann als der absolut Gute nichts Böses bewirken oder gebieten (vgl. Anm. 9). Ferner: *Ockham* legt großen Wert auf die Bedeutung der recta ratio für das Urteil über eine moralische Handlung: Jedes rechte Wollen steht in Übereinstimmung mit der recta ratio. Zwar erkennt der Mensch nicht immer den Grund, warum er in einer getroffenen Entscheidung der recta ratio folgt. Erkennt er jedoch, daß Gottes Wille etwas gebietet, dann befiehlt ihm die recta ratio, was er zu wollen hat.[42] Gott zu lieben ist aber ein Fundamentalgebot der recta ratio.

Daß auch von seiten Gottes die Freiheit seiner Allmacht die Moralgesetze nicht relativiert, zeigt der Text, der sich an das in der vorletzten Anmerkung (41) gebrachte Zitat anschließt: Gott kann den Gotteshaß verursachen, weil dieser als ‚absolutum' nicht mit dem Merkmal des Böse-Seins behaftet ist. Jedoch ist hier zu beachten, daß auch das andere Motiv in *Ockhams* Argumentation auftritt: Gott schuldet niemand etwas, weil er niemandes Schuldner ist.[43] Von entscheiden-

dando intelligere quod faciens tales actus per praeceptum divinum obligatur ad oppositum. Et ideo quantum ad totum significatum quid nominis talium nominum significant circumstantias malas. Et quantum ad hoc intelligunt Sancti et philosophi quod ista statim nominata convoluta sunt cum malitia. Si autem caderent ..."

[41] Ebd. (OT V, 353,3–11): „Ad aliud dico quod aliquis actus ab una causa potest fieri bene, et si fieret ab alia, non posset fieri nisi male. Et tota ratio est quia una causa obligatur ad actum oppositum et alia non. Sic est in proposito: voluntas creata obligatur ex praecepto Dei ad diligendum Deum, et ideo stante illo praecepto non potest bene odire Deum nec causare actum odiendi, sed necessario male causat malitia moris. Et hoc quia obligatur ex praecepto Dei ad actum oppositum. Nec stante primo praecepto potest sibi Deus oppositum praecipere."

[42] Vgl. Ockham, Sent. I, d.41, q.unica (OT IV, 610,1–5): „... potest dici quod omnis voluntas recta est conformis rationi rectae, sed non semper est conformis rationi rectae praeviae, quae ostendat causam, quare voluntas debet hoc velle. Sed eo ipso quod voluntas divina hoc vult, ratio recta dictat quod est volendum."

[43] Vgl. Ockham, Sent. II, q.15 (OT V, 353,11–18): „Sed Deus ad nullum actum causandum obligatur, ideo quemlibet actum absolutum potest sine

der Bedeutung ist, wie *Ockham* hier die Freiheit Gottes (non obligatur) ausdrücklich auf den ‚actus absolutus' einschränkt. Gott kann also auch nach *Ockham* nicht den Gotteshaß als solchen (cum malitia annexa) gebieten oder gar bewirken.

Das eigentliche Motiv, das *Ockham* zu diesen subtilen Erörterungen führt, besteht ja in der Frage der Mitwirkung oder Verursachung, die beim Akt der Sünde von Gott ausgeht. Diese Frage zieht sich durch die gesamte christliche Theologie. Ausgelöst wird sie durch den Grund-Satz, daß Gott alles verursacht, alles bewirkt, daß sich nichts Geschöpfliches seinem Wirken entziehen kann. Besonders bedrängend wird diese Frage angesichts des Gotteshasses. *Ockhams* Lösungsargument haben wir kennengelernt. Naheliegend ist ein Vergleich mit *Thomas von Aquin*, der das Problem der Ursächlichkeit Gottes beim sündhaften Handeln des Menschen auch in der Quaestio De Malo angeht. In der Frage der indifferenten Handlungen[44] entscheidet *Thomas* zunächst, daß nicht alle menschlichen Handlungen indifferent sind, sondern daß es solche gibt, die in sich gut oder böse sind.[45] Doch auch bei diesen ist zwischen der Handlung als solcher und ihrer moralischen Qualität zu unterscheiden. *Thomas* bemerkt dazu, daß die Handlung als solche noch keine Bedeutung im Sinne von moralisch gut oder böse hat.[46] In der folgenden Quaestio stellt *Thomas* dann direkt die Frage nach der Ursächlichkeit Gottes beim Akt der Sünde.[47] Seine Antwort lautet: „Die Handlung der Sünde ist von Gott, nicht aber die Sünde."[48] Beide Stellen sprechen für eine Unterscheidung zwischen dem (sündigen) Handeln und dem Handeln als solchem, die in etwa der Unterscheidung *Ockhams* zwischen dem actus cum malitia annexa und dem actus absolutus entspricht.

omni malo culpae causare et eius oppositum. Et ideo sicut potest causare totaliter actum diligendi sine bonitate sive malitia morali, quia bonitas moralis vel malitia connotant quod agens obligatur ad illum actum vel eius oppositum, ita potest causare totaliter actum odiendi Deum sine omni malitia morali propter eandem causam, quia Deus ad nullum actum causandum obligatur."

44 Thomas von Aquin, De malo, q.2, a.4: „Utrum omnis actus sit indifferens."

45 Ebd.: „Et ideo dicendum est: actus aliquos humanos esse secundum se bonos vel malos, et non omnes esse indifferentes ..."

46 Ebd. (Fortsetzung des zitierten Textes): „... nisi forte secundum quod considerantur in suo genere tantum ...; ita potest dici quod actus humanus inquantum est actus nondum habet rationem boni vel mali moralis, nisi aliquid addatur ad speciem contrahens ..."

47 AO, q.3, a.2: „Utrum actio peccati sit a Deo."

48 Ebd.: „Et propter hoc dicitur quod actio peccati est a Deo, sed peccatum non est a Deo."

Nach *Thomas* wirkt Gott mit bei der sündhaften Handlung (dem Wortlaut nach bewirkt Gott diese), nicht aber bei der Sünde als solcher; diese ist nicht von Gott. Nach *Ockham* verursacht Gott den actus absolutus, nicht aber die malitia annexa. Wir werden noch sehen, wie bedeutsam diese Fragen für die christliche Schöpfungstheologie sind.[49]

Hier sei aber nochmals darauf hingewiesen, daß es für *Ockham* keine böse Substanz gibt und keine in ihrer Substanz böse Tätigkeit. Gott hat nur Gutes bewirkt und kann nur Gutes bewirken.[50]

Die Gutheit eines geschöpflichen Aktes kann in seinem Wesen auch durch keine böse Handlung des Geschöpfes depraviert werden. *Ockham* gebraucht radikale, extremistische Formulierungen, um dies herauszustellen, so die Aussage, daß zwischen dem Akt der Gottesschau und dem Akt der Sünde ihrer Substanz nach kein Unterschied in ihrer (inneren) Form besteht. Allerdings stehen die Begriffe ‚Akt der Gottesschau' und ‚Akt der Sünde' im Widerspruch zueinander und schließen sich gegenseitig aus. Jedoch besteht kein Gegensatz zwischen dem, was unter diesen Begriffen enthalten ist.[51]

Ockham veranschaulicht diese Aussage mit einem Beispiel, das aber selbst nur von dem genannten Grundsatz her zu verstehen ist, wonach das Wesen oder die Substanz einer Wirklichkeit oder eines Aktes nicht durch die Aussage verändert oder überhaupt getroffen werden kann: ‚Seiendes' und ‚Nicht-Seiendes' unterscheiden sich nur in den für sie gebrauchten Begriffen; was unter dem Begriff ‚Nicht-Seiendes' enthalten ist, steht in keinem Widerspruch zu dem, was unter dem Begriff ‚Seiendes' enthalten ist. Zum Verständnis ergänze man: In beiden Aussagen richtet sich die Aussageabsicht auf Seiendes, das in sich zu sich selbst nicht im Widerspruch stehen kann.[52]

Ockhams Argumentation zielt darauf, die innere Gutheit eines Dinges und eines Aktes als in sich bestehend zu erweisen. Ihr gegenüber sind alle anderen Umstände, die das menschliche Handeln zum Heil

[49] Vgl. Sachregister: Schöpfungslehre.

[50] Vgl. den Text in Anm. 9f.

[51] Ockham, Quaest. var., q.6, a.11: Dubitationes additae (OT VIII, 317,677–684): „Ad aliud dubium potest consequenter dici quod inter actum beatificum et actum peccati alicuius non est repugnantia formalis quantum ad substantiam actuum, puta inter fruitionem respectu Dei et velle occidere hominem, sed inter istas conceptus ‚actus beatificus' et ‚actus peccati' est repugnantia. Et sic aliquando inter conceptus est repugnantia et non inter contenta sub illis."

[52] Ebd. (OT VIII, 317,677–684): „Et ponitur exemplum de conceptu entis et non-entis, quia nihil conntinetur sub ‚non-ente', quod repugnat enti."

führen, von außen kommende Ursachen. Diese Argumentation setzt *Ockham* in einem weiteren Beispiel fort. Zwischen dem Akt der Annahme eines Geschöpfes von Gott und der Nichtannahme besteht hinsichtlich der Substanz der Akte kein Gegensatz. Dennoch sind die Aussagen über Annahme und Nicht-Annahme gegensätzlich. Der Grund dafür liegt aber nicht in der je verschiedenen Substanz der Akte, sondern in der göttlichen Anordnung, die es so angeordnet hat, also in einer von außen kommenden Ursache.[53]

Dies gilt auch für den verdienstlichen und verwerflichen Akt. Gott hat die Verdienstlichkeit eines Werkes an die Einwohnung der Caritas geknüpft. Wo diese verloren geht durch die Sünde, kann es zu keinem verdienstlichen Akt mehr kommen. Noch einmal betont *Ockham*, daß die Ursache dafür nicht im Wesen des Aktes liegt.[54] Damit wird aber nicht der Wesensunterschied zwischen Gottesliebe und Sünde aufgehoben oder allein auf göttliche Anordnung zurückgeführt. An einer Stelle in der folgenden Quaestio spricht *Ockham* in aller Klarheit aus, daß sich Gottesliebe und Gotteshaß ‚formaliter' widersprechen, weil es entgegengesetzte Akte sind.[55] Die Bedeutung menschlichen Handelns zu Gott hin (meritorium) ist an die Einwohnung der göttlichen Gnade geknüpft; diese ändert aber nicht die Substanz des Aktes, die immer gut ist, weil sie zu den von Gott geschaffenen Dingen der

[53] Ebd. (OT VIII, 316,656–665): „Nunc autem videtur esse repugnantia formalis inter ista duo complexa: ‚a est accceptus a Deo', ‚a non est acceptus a Deo' simul et semel. Et ideo non obstante quod non semper sit repugnantia inter substantias talium actuum, tamen inter complexa sequentia ex positione talium actuum simul in effectu ex ordinatione Dei, qui sic ordinavit quod per unum actum esset acceptus et per alium non acceptus, est repugnantia. Sed inter istos actus complexos non est repugnantia formalis, sed ista repugnantia magis videtur reduci ad ordinationem causae extrinsecae sic statuentis quam ad substantiam actuum ..."

[54] Ebd. (OT VIII, 316,666–317,676): „Et si quaeras, si non sit repugnantia formalis inter substantias actuum generaliter meritoriorum et demeritoriorum, quare non possunt isti actus simul esse? Respondeo: Potest dici quod secundum rei veritatem ad actum meritorium eliciendum requiritur caritas tanquam causa partialis illius actus. Sed semper per actum peccati corrumpitur caritas, non propter repugnantiam formalem inter illa, sed propter demeritum, quia quando aliquis peccat mortaliter, demeretur conservationem caritatis, et per consequens non potest elici actus meritorius destructa caritate, quantumcumque substantia alicuius actus meritorii et actus peccati non opponantur."

[55] AO, q.7, a.4 (OT VIII, 391,349–352): „Si quaeras, utrum conversio ad Deum actu caritativo et aversio ab eo actu odiendi Deum opponitur formaliter, dico quod sic, quia diligere Deum super omnia et odire Deum sunt actus contrarii."

Schöpfung gehört, die als Werk Gottes nur gut sein kann, weil Gott nur Gutes schaffen kann. Dies ist ein Grund-Satz im Denken *Ockhams*, von dem aus die Bezeichnung der Mitursachen beim verdienstlichen Handeln wie z.B. der Gnade als ‚von außen kommend' verstanden werden müssen. Er wirkt schon in die natürliche Ethik hinein durch die hervorstechende Rolle des Aussage- und Bezeichnungsmodus.[56] Tatsächlich steht *Ockham* damit in der Tradition des *Aristoteles*[57], wenn auch manche radikale Formulierung wie die über den Gotteshaß die Theologen anderer Richtung schockiert haben. Solche Konsequenzen, die besonders in der Anklageschrift des Oxforder Kanzlers *Johannes Lutterell*[58], aber auch in den im Avignoner Prozeß eingebrachten Gutachten[59] zum Ausdruck kamen, mögen *Ockham* überrascht und zu einer korrigierenden Modifikation seiner Aussagen bewogen haben. Schließlich enthalten die Texte auch Zeugnisse einer gewissen Zurückhaltung und Unschlüssigkeit *Ockhams* in den über diese Thematik aufgestellten Formulierungen, worauf *Rega Wood* hingewiesen hat.[60]

1.1 Was ist das ‚Malum'? Exkurs

Im Hintergrund der zitierten Aussagen *Ockhams* steht die Frage nach dem Malum, die sowohl die Philosophen als auch die Theologen seit der Zeit der Antike tief bewegt hat. Was ist das Malum ontologisch gesehen? Welche Bedeutung hat es für den Stand des Menschen in der menschlichen Gesellschaft, im Sein überhaupt und schließlich vor Gott? Gerade jene Theologen an der Universität zu Oxford, denen wir hier nachspüren, haben in ihren Schriften seitenlange Erörterungen über Fragen der moralischen Verpflichtung. Wir wollen einen zusammengefaßten Rückblick auf Quellen oder Vorläufer in der Geschichte der Philosophie halten.

Von den Philosophen der Antike[61] ziehen die Theologen der Scholastik am häufigsten *Aristoteles* zu Rate. Von zwei Prinzipien werden

[56] Vgl. oben Anm. 40.

[57] Vgl. Wood, Göttliches Gebot, 38: „Die Begründung der ethischen Theorie Ockhams ist zutiefst aristotelisch."

[58] Vgl. o. Anm. 6.

[59] Vgl. ebd.

[60] Vgl. Wood, Göttliches Gebot, 51; vgl. auch o. „Quellen" S. 25.

[61] Die beste zusammenfassende Information über die Aussagen zum Begriff und Problem des Malum in der antiken Philosophie kann m.E. dem Artikel von R. Schottlaender, Malum (Altertum), in: HWP 5 (hg. v. Joachim Ritter/Karlfried Gründer u.a. Basel 1971ff.) 656–665, entnommen werden.

seine Lehren zur Ethik gelenkt. Das von *Platon* überkommene Prinzip, daß die Tugend in der rechten Mitte zwischen zwei Extremen besteht, wird von *Aristoteles* übernommen.[62] Die Extreme bezeichnet er als Übel, das jeweils in einer Übertreibung oder in einem Mangel besteht. Das zweite, im Hinblick auf seine Wirkungsgeschichte noch wichtigere Prinzip muß zwar negativ formuliert werden, ist aber von positiver Realität. Es besteht in der Ablehnung einer Entität des Bösen. – In der Eudemischen Ethik lehnt er auch die Entität des Guten – an – sich ab.[63] Über den ontologischen Status des Bösen handelt *Aristoteles* in der Metaphysik in einem Abschnitt über die Frage nach den Elementen[64] und Quellen des Seins und der Seinserkenntnis. Die Annahme einer Entität des Bösen führt nach *Aristoteles* zu mehreren Ungereimtheiten und Widersprüchen, darunter auch zu der Konsequenz, das Böse sei die Quelle des Guten.

Der damit inaugurierte Begriff der Privatio, der das Böse als einen Mangel am Sein bezeichnet, durch den dem Sein etwas ihm Geschuldetes zu seiner Sinnerfüllung Gehöriges fehlt, wird im christlichen Raum von *Augustinus* aufgegriffen und entfaltet. Er hat an vielen Stellen in seinen Werken über die Natur des Bösen gehandelt und ihm an keiner Stelle ein eigenes Sein zugesprochen. „Jedes Seiende, die Materie eingeschlossen, ist daher an sich selbst positiv bestimmt und im Maß dieser Teilhabe am Sein gut. ... Das Malum besteht so in der Nichtigkeit des Mangels oder der Privatio, deren Negativität der Reflex des von ihrem Träger wesenhaft benötigten, doch nicht verwirklichten Guten ist."[65] *Augustinus* hat ja diese eigenständige und profilierte Darstellung in der Auseinandersetzung mit dem Manichäismus gegeben, in dem das Böse bekanntlich eine eigene Seinshaftigkeit erhielt. Dieses Motiv der Abgrenzung zur Gnosis hatte seine Jahrhunderte währende Nachwirkung, besonders in der scholastischen Theologie.

Hier begrenzen wir unser Interesse auf die Ausagen über den Seins-Stand des Malum, näherhin auf die Formel: Malum als Privation des Seins.

[62] Aristoteles, Opera Graece. Ex recensione J. Bekkeri ed. Academia Regia Borussica. Berolini 1831–1870. Ethica Nicomachea II, c.9 (1109 a 20–23).

[63] Ders., Opera Graece. Ex recensione J. Bekkeri ed. Academia Regia Borussica. Berolini 1831–1870. Ethica Eudemia (1218 a 1–b 10).

[64] Ders., Opera Graece. Ex recensione J. Bekkeri ed. Academia Regia Borussica. Berolini 1831–1870. Metaphysica N, c.5 (1091 b 30–1092 a 8).

[65] Klaus Riesenhuber, Malum (Patristik und Mittelalter) in: HWP 5, 669–681; 672. Dort auch die Hinweise auf die entsprechenden Stellen im Werk des hl. Augustinus.

Anselm von Canterbury nahm den Privatio-Begriff des hl. *Augustinus* auf und bezog schon die Rolle des Gewissens, der Einsicht und der Freiheit ein.[66] Damit entfaltete und verfeinerte er die Diskussion um das Malum und bereitete so die in die Tiefe gehende Erörterung bei *Thomas von Aquin* vor. Wiederholt greift *Thomas* den Begriff der Privatio auf, um die Eigenart des Malum zu definieren. Alles Seiende strebt nach dem Guten.[67] Diesen Grundsatz, den *Aristoteles* an den Anfang der Nikomachischen Ethik stellt, interpretiert *Thomas* im Hinblick auf die Natur und deren Vollendung, die jedes Wesen erstrebt und in der es die Erfüllung seines Seins erhält. Das Sein ist nämlich die Verwirklichung eines jeden Dinges.[68] Indem ein Ding ist, wozu es seinem Wesen nach angelegt ist, verwirklicht es das Sein. Im Gegensatz dazu stört das Malum, dem ein Wesen zuneigt, dessen Sinn- und Zielrichtung, depraviert also sein Streben und führt zur Nichtung seines Seins.

Jedoch ist nicht jede Seinsnichtung ein Malum. *Thomas* unterscheidet zwischen Negatio und Privatio. Die bloße Verneinung eines Seins, das der Natur eines Wesens nicht geschuldet ist, kann nicht als Malum angesehen werden.[69] Das Verständnis des Malum als Privatio am Sein führt bei *Thomas* aber nicht zu einer Relativierung des Bösen. Obwohl das Böse als Mangel nur an Teilgütern (ens particulare) und ihren gegenseitigem Relationen auftreten kann[70], so hat doch das Urteil über die Gutheit eines Seienden von diesem selbst und seiner <rech-

66 Vgl. ebd., 675.

67 Aristoteles, Eth. Nic. I, c.1 (1094 a 3).

68 Thomas von Aquin, Summa Theologiae I et II, ed. Petri Caramello. Taurini/Rom 1952 (Marietti). S.Th. I, q.5, a.1: „Manifestum est autem quod unumquodque est appetibile, secundum quod est perfectum; nam omnia appetunt suam perfectionem. Intantum est autem perfectum unumquodque, inquantum est actu. Unde manifestum est quod intantum est aliquid bonum, inquantum est ens; esse enim est actualitas omnis rei."

69 AO, q.48, a.5 ad 1: „Dicendum quod, quia malum privatio est boni et non negatio pura ... non omnis defectus boni est malum, sed defectus boni, quod natum est et debet haberi. Defectus enim visionis non est malum in lapide, sed in animali, quia contra rationem lapidis est quod visum habet."

70 Ders., Summa contra Gentes III, c.107 (ed. Marietti 357f.): „Oportet igitur quod, si aliquid secundum suam naturam dicitur malum, quod hoc non sit quasi simpliciter malum, sed quia est malum huic vel quantum ad hoc, sicut venenum non est simpliciter malum, sed huic, cui est nocivum. Unde quod est uni venenum, est alteri cibus. Hoc autem contingit ex eo quod bonum particulare, quod est proprium huius, est contrarium bono particulari, quod est proprium alterius, sicut calor, qui est bonum ignis, est contrarium frigori, quod est bonum aquae, et destruit ipsum."

ten> Einordnung in ein Ganzes, in dem jedes Einzelne seinen zubestimmten Platz hat, auszugehen.[71] Für *Thomas* ist die Ordnung des Seins ein hohes Schöpfungsgut. Sieht man die Schöpfung nur von den sich widerstreitenden partikulären Gegensätzen her und sucht man auf diese Weise ein letztes Prinzip für das Urteil über gut und böse, so gerät man in den Irrtum der Manichäer[72], zwei höchste, sich gegenseitig widersprechende Prinzipien zu lehren. *Thomas* spricht auch von einem in sich Bösen im Unterschied zu dem an sich Indifferenten, das zu tun oder zu unterlassen durch ein positives Gebot befohlen ist.[73] In sich böse ist eine Handlung, die bei einem Geschöpf die Sinnrichtung seines Daseins oder die Hinordnung auf die anderen Geschöpfe zerstört und damit die Ordnung des Kosmos nichtet. Die Natur eines Wesens als solche kann niemals als böse bezeichnet werden. Dasselbe gilt von der Natur einer menschlichen Handlung.

[71] Ders., S.Th. I, q.49, a.3: „Judicium autem de bonitate alicuius rei non est accipiendum secundum ordinem ad aliquid particulare, sed secundum seipsum et secundum ordinem ad totum universum, in quo quaelibet res suum locum ordinatissime tenet ..."

[72] Thomas sieht, wie aus den hier zitierten Texten zu erkennen ist, die Wurzel des manichäischen Dualismus in dem Irrweg, von dem ‚partikulären' Malum auf ein oberstes Prinzip des Bösen zu schließen. Vgl. S.Th. I, q.49, a.3: „Qui autem posuerunt duo prima principia, unum bonum et alium malum, ex eadem ratione in hunc errorem inciderunt, ex qua et aliae extraneae positiones antiquorum ortum habuerunt, quia scilicet non consideraverunt causam universalem totius entis, sed particulares tantum causas particularium effectum. Propter hoc enim, si aliquid invenerunt esse nocivum alicui rei per virtutem suae naturae, aestimaverunt naturam illius rei esse malam, puta si quis dicat, naturam ignis esse malam quia combussit domum alicuius pauperis. ... Similiter etiam quia invenerunt duorum particularium effectuum contrariorum duas causas particulares contrarias, nesciverunt reducere causas particulares contrarias in causam universalem communem."

[73] Mit Bonaventura (In IV Libros Sententiarum. Ad Claras Aquas 1934. Sent. II, d.39, a.1, q.3) und Alexander von Hales (S.Th. II-II, n.388) unterscheidet Thomas von Aquin bei den menschlichen Handlungen zwischen solchen, die ihrer Natur nach gut oder schlecht sind und solchen, die moralisch indifferent sind, wobei er jedoch die Rolle des irrigen Gewissens anders beurteilt. Vgl. Thomas von Aquin, S.Th. I-II, q.19, a.5: „Circa quod aliqui distinxerunt tria genera actuum; quidam enim sunt boni ex genere; quidam sunt indifferentes; quidam sunt mali ex genere. ... Et si ratio vel conscientia dicat alicui quod id, quod est in se indifferens, ut levare festucam de terra, sit prohibitum vel praeceptum, erit ratio vel conscientia errans."

Die gesamte Tradition der christlichen Ethik einschließlich *Ockhams* Lehre kennt kein in sich Böses, das den Grund für seine Bosheit in seiner Natur selbst trägt. Eine solche Lehre wäre ein Abgleiten in den Manichäismus. Allerdings ist nicht zu übersehen, daß sich in der ersten Hälfte des vierzehnten Jahrhunderts Stimmen zu Wort melden, die auf die alten Fragen neue Antworten geben möchten. *Wilhelm von Ockham* stellt hier wohl den markantesten Einschnitt dar. Von ihm aus werden wir auf die weitere Entwicklung in Oxford zwischen 1322 bis etwa 1332 blicken, für die er in einem tieferen Sinne des Wortes der „*Venerabilis Inceptor*" ist. Darum war es notwendig, zuerst einmal einige der ureigensten Motive seiner Theologie vorzuführen. Wir werden an gegebener Stelle noch öfter auf *Ockham* zurückblicken, wenn wir uns nun Magistern des nach ihm folgenden Jahrzehnts in Oxford zuwenden.

2. *Oxforder Magister im Jahrzehnt nach Ockham*

2.1 *Adam de Wodeham*

Ockhams Lehre über die göttliche Macht und ihr Verhältnis zum gnadenvollen Handeln mit dem Menschen wird mit theologischer Schlüssigkeit und logischer Stringenz von *Adam de Wodeham* weiterentwickelt. Unter dreifachem Hinblick geht *Wodeham* die Problematik an: Das Verhältnis zwischen Gottes Zuwendung zur einzelnen Kreatur und der Unveränderlichkeit des göttlichen Wesens wird relevant. Die Freiheit und Allmacht Gottes schließt die Möglichkeit, ja Tatsächlichkeit der göttlichen Liebe zum Geschöpf in statu naturae ein. Der (in der Spätscholastik immer mehr an Gewicht gewinnende) Zeit-Faktor wird ins Spiel gebracht. *Wodeham* entwickelt seine eigene Lehre in einer ausgiebigen Diskussion mit *Duns Scotus*, *Ockham* und *Petrus Aureoli*, besonders mit *Walter Chatton*, den er wie bei vielen Gelegenheiten auch hier scharf kritisiert. Als Quelle bietet sich Distinctio XVII der Lectura Secunda an[74], in der *Wodeham* in vier Quaestionen der hier anfallenden Problematik bis ins einzelne nachgeht.

Schon die Überschriften dieser Quaestionen kennzeichnen den Argumentationsweg, an dessen Ende die Sentenz steht, daß Gott auf Grund seiner absoluten Macht ein Geschöpf auch ohne einen Gnadenhabitus zur ewigen Gemeinschaft mit ihm annehmen könne.

[74] Adam de Wodeham, Lectura Secunda in Librum Primum Sententiarum. III, ed. by Rega Wood, assist. by Gedeon Gál, O.F.M. St. Bonaventure, N.Y. 1990, 204–260 (zitiert: ed. Wood/Gál).

Erstens müsse man hinschauen, ob jemand von Gott angenommen und von ihm geliebt sein könne, ohne daß ihm eine übernatürliche Form innewohnt.[75] Zweitens ob aus einem Sünder ein Nicht-Sünder, ein von Gott Angenommener werden kann, ohne daß ihm eine solche Form eingegossen wird.[76] Drittens ob es eine übernatürliche Form in der Seele des Pilgers gibt, die diese so gestaltet, daß sie die göttliche Annahme (notwendig) nach sich zieht.[77] Die vierte und letzte Quaestio zielt auf die ‚klassische' Lehre über die Notwendigkeit des Gnadenhabitus für das verdienstliche Werk: Viertens muß man sehen, ob tatsächlich und nach der allgemeinen Ordnung der verdienstliche Akt die caritas creata voraussetzt.[78] In dieser Quaestio zeigt sich, wie konsequent *Wodeham* die Lehre über die Allmacht Gottes von *Ockham* aufgenommen und weiterentwickelt hat. Im folgenden möchte ich dem Leser nicht den verschlungenen Weg der Begründungen und Gegengründe zumuten, den *Wodeham* in der Disputation mit seinen Autoritäten und Gegnern beschreitet. Vielmehr will ich versuchen, die entscheidenden Einsichten und Ergebnisse hervorzuheben, aus denen *Wodehams* Stellung hervorgeht.

Mit ausführlichen Zitaten aus dem Sentenzenkommentar des *Petrus Aureoli* geht *Wodeham* auf den Zeitfaktor ein, den jener ins Spiel bringt und der bereits in der Gnadenlehre des hl. *Thomas* auftaucht.[79] *Aureoli* wird 1318 als Magister regens an der Universität Paris verzeichnet.[80] Das erste Buch seines Sentenzenkommentars, aus dem *Wodeham* zi-

[75] Ebd. (ed. Wood/Gál III, 205): „In ista quaestione essent primo videnda: Primum, an aliquis possit esse acceptus Deo et carus sine omni forma supernaturali inhaerente."

[76] Ebd.: „Secundo, an de peccatore possit fieri non peccator vel acceptus Deo sine huiusmodi forma sibi infusa."

[77] Ebd.: „Et tertio an aliqua sit forma supernaturalis in anima viatoris, qua informante ipsam, anima talis non possit simul non acceptari." Zur Verdeutlichung setze ich den Text am Eingang der Quaestio hinzu (ed. Wood/Gál III, 242,5–7): „Tertio circa hanc materiam restat inquirere, utrum simul stent quod caritas, quae est qualitas quaedam supernaturalis, informet animam viatoris, et tamen quod Deus non acceptat eum ad vitam aeternam."

[78] (Fortsetzung der Anm. 75–77) „Quarto an de facto et de lege communi, omni actui meritorio caritas creata praesupponatur."

[79] S.u. Anm. 168.

[80] H. Denifle, O.P./Ae. Chatelain, Chartularium Universitatis Parisiensis II,1 (Paris 1891) 227f., n.776.

tiert, entstand 1316-1317.[81] *Aureoli* klärt zuerst den Begriff: Was heißt, daß jemand Gott lieb oder angenehm ist? Oder im Hinblick auf das folgende freier übersetzt: in Gottes Liebe, in seiner Gnade ist? Es bedeutet nichts anderes, als daß Gottes Wohlgefallen auf ihn herabkommt, so daß er nun von Gott geliebt und mit Wohlgefallen angenommen werden kann.[82] Dies aber erfordert in der Seele des so Begnadeten eine ‚Form', mittels der er angenommen wird.[83] *Aureoli* lehrt also die Notwendigkeit der Gnade als eine forma supernaturalis, jedoch klingt in seinen begrifflichen Formulierungen ein – nennen wir es – personales Verständnis der Gnade durch: Gnade als ein Wirken Gottes, in dem die Seele von Gott geliebt und angenommen wird. Auch der Begriff der acceptatio spielt hinein, der in der franziskanischen Gnadentheologie von *Duns Scotus* an eine wachsende Bedeutung gewinnt.

Die Notwendigkeit der Gnade als einer forma supernaturalis wird nun von *Aureoli* nicht psychologisch mit der Habitus-Lehre begründet, sondern mit dem Zeitbegriff, näherhin mit dem Korrespondieren von Zeit und Ewigkeit, das im Gnadenwirken Gottes ausgelöst wird. Der Akt der göttlichen Liebe und Annahme, in dem Gott einer Seele seine Gnade schenkt, ist als solcher unveränderlich und ewig. Doch sehen wir, daß Gott den einen annimmt, den anderen nicht; daß er im Zeitlauf dieselbe Seele jetzt nicht liebt, später aber liebt und begnadet. Warum liebt er nun diese Seele?

Er findet nun in ihr etwas vor, auf das seine ewige und unveränderliche Liebe sich richtet und an dem die Seele wie an einer Form innerlichst teilhat. Es kann nicht Gott selbst sein, weil er nicht einem anderen Wesen als Form innewohnen kann. Also muß es etwas Geschaffenes sein, jedoch <fügt *Wodeham* hinzu> keine Substanz, son-

[81] Vgl. Petrus Aureoli, Scriptum super Primum librum Sententiarum, ed. Eligius M. Buytaert, O.F.M. (The Franciscan Institue St. Bonaventure N.Y.) Louvain/Paderborn 1953. Introduction, XV.

[82] Wodeham, Sent. I, d.17, q.1 (ed. Wood/Gál III, 205,5–8): „... animam esse caram Deo sive gratam non sit aliud ‚nisi divinam complacentiam cadere super eam, ita ut sit dilecta et commplasens et acceptabilis ipsi Deo' ..." Zitat aus Petrus Aureoli, Scriptum super I Sent., d.17, a.2 (ed. Romae 1596, 408 BC–409 BC). Die Zitate aus dem Sentenzenkommentar des Petrus Aureoli entnehme ich der Edition der Lectura Secunda Wodehams von Rega Wood und Gedeon Gál.

[83] (Fortsetzung Anm. 82) „... oportebit necessario ponere in anima aliquam formam, mediante qua acceptetur." (Hier gibt Wodeham den Text bei Aureoli inhaltlich wieder.)

dern eine akzidentelle Form[84], die forma supernaturalis der Gnade, die *Aureoli* als unbedingt notwendig für das Heil ansieht.

Wodeham antwortet darauf sehr ausführlich und wägt *Aureolis* Argument sorgfältig ab. Klar abgelehnt wird freilich das oben zitierte Argument *Aureolis* mit zwei Gründen: Würde Gottes ewiger und unveränderlicher Gnadenakt in der zu begnadenden Seele eine Form voraussetzen, so müßte diese von Gott geschaffen und eingegeben werden. Mit dieser Konsequenz gelangt man entweder in einen regressus in infinitum oder zu der Forderung des freien Gnadenwirkens der göttlichen Allmacht.[85] Entweder würde nämlich die von Gott eingegebene Form eine gleiche voraussetzen und diese wieder eine weitere und so in infinitum, da Gottes ewiger Gnadenakt ohne eine solche bereits in der Seele vorfindliche Form nicht wirken kann oder diese Form muß (am Anfang), da die Seele noch in puris naturalibus oder im Stand der schuldhaften Abwendung von Gott ist, durch Gottes frei verfügende Allmacht der Seele geschenkt werden.

Wodeham folgt in seiner Disputation mit *Aureoli* Schritt für Schritt den Argumenten *Ockhams*, in dessen Sentenzenkommentar wir ausgiebige Zitate aus *Aureoli* finden.[86] Übereinstimmend mit *Ockham* ist auch das Argument *Wodehams*, daß sich der Akt der Gottesliebe, den

[84] Aureoli, zit. bei Wodeham, Sent. I, d.17, q.1 (ed. Wood/Gál III, 205,8–11): „Cuius probatio est: ‚Nullus est enim actus immutabilis et aeternus transit de novo super aliquid obiectum, nisi quia eius obiectum aeternum et immutabile formaliter participatur de novo ab isto obiecto materiali, super quod noviter transit ...‘ (ebd. 206, 20–28) ‚Sed actus dilectionis et acceptationis divinae, qui immutabilbis est et aeternus, nunc acceptat unum, nunc alium, nunc non diligit animam, nunc diligit eam dilectione caritativa, de qua loquimur.‘ ... Igitur necessario ab anima participatur ‚formaliter et inhaerenter aliquod obiectum immutabile et aeternum divinae dilectionis. Illud autem non potest esse divina essentia, quia nulli formaliter inhaeret. Igitur est creatura.‘ Et non substantia, certum est, igitur est forma accidentalis.“

[85] Wodeham, ebd. (ed. Wood/Gál III, 211,4–212,15): „... tangit primum argumentum Petri Aureoli ..., quia actus aeternus et immutabilis non possit transire de novo etc. Sed hoc non impedit, quia hoc deduceret ad processum in infinitum in talibus formis. Quare enim vult Deus obiectum illud aeternum et immutabile participari ab isto formaliter et inhaerenter, scilicet quare ‚vult Deus de novo sibi talem habitum dare?‘ (Aureoli) Aut vult hoc immediate absque aliquo alio habitu sibi praevolito ... Et eadem ratione posset de potentia absoluta acceptare ad vitam aeternam sicut ad primum donum sibi conferendam. Aut non, sed quia aliquod obiectum aliud est primo participans et alius habitus sibi datur, et sic procedetur in infinitum.“

[86] Vgl. Ockham, Sent. I, d.17, q.1 (OT III, 441ff.).

ein Geschöpf rein natürlich vor Eingießung der heiligmachenden Gnade hervorbringen kann, in seiner Natur nicht von dem gleichen Akt unterscheidet, der im Stand der Gnade vollzogen wird. In beiden Fällen ist mit dem geschöpflichen Handeln kein Böse-Sein verknüpft. Beidemal liegt die Verdienstlichkeit nicht im Werk selbst, sondern in der freien Annahme Gottes. Darum kann der Akt der Gottesliebe außerhalb der Gnade von Gott kraft seiner absoluten Allmacht wie der gnadenhafte Akt angenommen werden.[87] Im Unterschied zur thomistischen Gnadenlehre verliert der ontologische Einfluß der Gnade auf den Heils-Stand des Menschen an Bedeutung gegenüber dem freien, gnädigen Handeln Gottes. Das Argument der freien Allmacht Gottes stützt *Wodeham* auf eine in der scholastischen Tradition verankerte Überzeugung, daß Gott mehr und anderes wirken könne, als er tatsächlich in seiner Schöpfung gewirkt hat.[88]

Thomas von Aquin hat darüber sehr ausführlich in De Potentia gehandelt und sich dabei solcher Begriffe bedient, die in gewisser Analogie zu den Formulierungen *Ockhams* und *Wodehams* über die absolu-

[87] Wodeham, Sent. I, d.17, q.1 (ed. Wood/Gál III, 209,60–74): „... quandocumque sunt plures actus in potestate alicuius, quorum neuter ex natura sua est dignus vita aeterna, si uterque est bonus, qualiter potest esse bonus ex naturalibus, et nullam habens circumstantiam malam, qua ratione potest unus illorum esse mertorius vitae aeternae, et reliquus de potentia absoluta Dei. Sed actus cum tali forma supernaturali et actus diligendi Deum super omnia sine tali forma sic se habent quod neuter istorum ex natura sua est meritorius vitae aeternae, sed quia Deus contingenter acceptat. ... Igitur qua ratione potest unus illorum esse meritorius vitae aeternae, et alter poterit de potentia Dei absoluta. Item quando sunt aliqui actus eiusdem rationis, quorum nullus habet aliquam circumstantiam malam, si Deus potest acceptare unum illorum tamquam meritorium vitae aeternae, et reliquum. Sed actus elicitus post caritatem infusam et ante sunt eiusdem rationis, et elicitum post caritatem infusam acceptat Deus tanquam meritorium vitae aeternae. Igitur de potentia absoluta poterit alium sic acceptare." Wodeham zitiert hier fast wörtlich aus Ockham, Sent. I, d.17, q.1 (OT III, 452f.).

[88] Wodeham, aO, q.2 (ed. Wood/Gál III, 232,130–142): „Et ita sine infusione gratiae posset <Deus> de omnipotentia sua tollere tam iniustitiam habitualem quam istum reatum sine gratiae collatione inhaerentis, igitur et ad vitam acternam acceptare. ... Et haec omnia confirmo, quia nisi haec posset Deus de omnipotentia sua, ... frustra ... distinguerent doctores de potentia Dei absoluta et ordinata, nisi scilicet aliter possit facere et disponere de rebus, quam actu faciet vel facere disposuerit de facto."

te Allmacht Gottes stehen.[89] Auch *Thomas* spricht von einem absolut freien Willen Gottes, der anderes bewirken kann, als er tatsächlich wirkte.[90] Dabei gebraucht er den Ausdruck ,absolut' adverbial. In beachtlicher Weise zieht *Thomas* bei dieser Frage sprachtheoretische Argumente heran. Zunächst fährt er an der zitierten Stelle fort mit dem Hinweis, daß diese absolute Freiheit ihre Grenze am Widerspruchsprinzip hat. Gott kann nicht wirken, was in sich widerspruchsvoll ist. Diese Aussage entspricht scholastischer Tradition. Dann folgen sprachlogische Argumente: Unter dieser Voraussetzung (suppositio) ist die Aussage wahr, daß Gott nichts anderes wirken kann, als er wirkte. Zwei sprachlogische Kunstgriffe verwendet *Thomas* im Laufe des Beweises, den Ausdruck der Supposition und die Unterscheidung ,sensu diviso – composito.'[91]

Der göttliche Wille wird aber nicht nur durch das Widerspruchsprinzip qualifiziert, sondern auch durch seine Verbindung mit dem göttlichen Vorherwissen. Die gleiche Thematik greift später *Robert Holcot* auf und sucht ihr mit einer logizistischen Lösung beizukommen.[92] Man wird sagen dürfen, daß bei *Thomas* die Abstimmung des göttlichen Willens und seiner absoluten Freiheit mit dem göttlichen Vorherwissen und der göttlichen Weisheit von einer tiefen theologischen und philosophischen Einsicht motiviert und mit sprachtheoretischer Kunstfertigkeit ausformuliert ist. Dafür gibt es in den Responsiones zu den Gegenargumenten des zitierten Artikels mehrfach Beispiele. In der Antwort zum ersten Einwand weist *Thomas* auf das unterschiedliche Verständnis hin, das die Aussage: ,Gott kann nicht wirken, was er nicht vorherweiß' erhält, wenn ich sie auf den Begriff ,kann' oder auf den Begriff ,wirken' beziehe. Gottes Wirken-Können ist unbegrenzt. Alles aber, was Gott wirkt, wird von seiner Allwissenheit umgriffen.[93] Man beachte aber die sprachtheoretische Ausformulierung dieser Einsicht!

[89] Vgl. Thomas von Aquin, Quaestiones disputatae de Potentia, ed. IX revisa. Taurini/Romae 1953 (Marietti). Q.1, a.5: „Utrum Deus possit facere quae non facit, et dimittere quae facit."

[90] Ebd.: „Patet ergo quod absolute Deus potest facere alia quam quae fecit ..."

[91] Ebd. (Fortsetzung von Anm. 90: „ ... Sed quia ipse non potest facere quod contradictoria sint simul vera, ex suppositione potest dici, quod Deus non potest alia facere quam quae fecit. Supposito enim quod ipse non velit alia facere vel quod praescrivit se non alia facturum, non potest alia facere ut intelligatur composite, non divisim."

[92] Vgl. Hoffmann, theologische Methode, Kap. VI: Futura contingentia, 297–379, bes. 312–315; 346–358.

[93] Thomas von Aquin, De pot., q.1, a.5: „Ad primum ergo dicendum quod haec locutio, ‚Deus non potest facere nisi quod praescit se facturum', est

Und weiter! Gottes Allwissenheit erstreckt sich nicht nur auf das Wirkliche, sondern auch auf alles, was verwirklicht werden und somit von Gott gewußt werden kann (wörtlich: ,wißbar ist').[94] Dieser Unterscheidung in der Allwissenheit Gottes entspricht in gewisser Weise die Unterscheidung zwischen absoluter und hingeordneter Macht Gottes. Letztere bezeichnet *Thomas* als ,potentia regulata', aber auch als potentia ordinata. Eine solche Unterscheidung führt *Thomas* auf die menschliche Überlegung zurück[95], da es ja in Gott nur eine potentia gibt.

Diese Berufung auf die Rolle der menschlichen Überlegung wird in einem folgenden Artikel der gleichen Quaestio weitergeführt, wo *Thomas* den Ausdruck ,potentia Dei' sprachlich analysiert. Der Begriff ,potentia' bezeichnet bei Gott an und für sich seine unbegrenzte, durch nichts geminderte Macht. Wenn wir aber fragen, was Gott möglich sei, dann bezeichnen wir im Sprachgebrauch etwas als eine Minderung der Macht, was tatsächlich deren Vervollkommnung bedeutet, so wenn wir sagen, Gott könne nicht umhergehen oder bewegt werden, weil Bewegung in diesem Sinne eine körperliche Eigenschaft ist[96], die von Gott ausgesagt eine Minderung bedeutet. Dieser Text

duplex: quia exceptio potest referri ad potentiam, quae importatur per ly ‚potest', vel ad actum, qui importatur per ly ‚facere'. Si primo modo, tunc locutio est falsa. Plura enim potest facere quam praesciat se facturum. ... Si autem secundo modo, sic locutio est vera. Et est sensus, quod non potest esse quod aliquid fiat a Deo et non sit a Deus praescitum."

94 Ebd. ad 3: „Sapientia autem divina non est determinata ad unum, sed se habet ad multa scienda ..."

95 Ebd. ad 5: „... quod absolutum et regulatum non attribuuntur divinae potentiae nisi ex nostra consideratione, quae potentiae Dei in se consideratae, quae absoluta dicitur, aliquid attribuit, quod non attribuit ei, secundum quod ad sapientiam comparatur, prout dicitur ordinata."
Noch in zwei folgenden Responsiones geht Thomas von der Unterscheidung absolute – ordinate aus und zeigt die Zuordnung von Verwirklichung und Möglichkeit in Gottes Macht und Weisheit.
Ebd. ad 8: „... quod divina bonitas potest se communicare ordinate non solum isto modo, quo res operatur, sed multis aliis."; ebd. ad 9: „... licet Deus non velit facere, nisi quae fecit, potest tamen alia velle et ideo absolute loquendo potest alia facere."

96 AO, a.6: „Ex parte vero potentiae dicitur Deum non posse aliquid, dupliciter: uno modo ratione ipsius potentiae, alio modo ratione possibilis. Potentia siquidem eius quantum in se est, cum sit infinita, in nullo deficiens invenitur, quod ad potentiam pertinent. Sed quaedam sunt, quae secundum nomen potentiam important, quae secundum rem sunt potentiae defectus; sicut multae negationes sunt, quae in affirmationibus includuntur, ut cum dicitur posse deficere, videtur secundum modum loquendi quaedam po-

verdient in zweifacher Hinsicht unsere Aufmerksamkeit. *Thomas* spricht von der göttlichen Macht an sich, die er ‚unendlich' nennt. Die Affinität zu *Ockhams* Verständnis von der potentia Dei absoluta ist offenbar. Sodann führt eine Linie von der Anwendung sprachtheoretischer Argumente (‚modus loquendi') durch *Thomas* zu jener durchgängigen Verwendung der formalen Logik in der theologischen Argumentation bei *Ockham* und den ihm folgenden Magistern in Oxford: *Wodeham, Crathorn, Holcot.* Allerdings kommt es bei diesen Theologen zu einem Übergewicht der Argumente, die von der Logik her eingebracht werden. So setzt z.B. *Wodeham* in seiner Auseinandersetzung mit *Walter Chatton* diesem wiederholt methodische, d.h. logische Beweise entgegen, die auf den Vorwurf der Unkenntnis und des Mißbrauchs der Logik hinauslaufen.[97]

Doch über diesem Anwachsen der Bedeutung von Logik und sprachtheoretischer Analyse für die theologische Argumentation darf ein anderes Feld nicht übersehen werden, das schwer zu beschreiben ist, weil es dafür m.W. bisher noch keine fachtheologische Klassifikation gibt. Wer viel mit Texten aus den Schriften der hier zur Sprache gebrachten Magister umgeht, der wird deren auffallendes Interesse für anthropologische und psychologische Fragen feststellen, die allerorts in die Theologie hineingeflochten werden. Ich greife hier erst einmal einzelne Sätze heraus, in denen *Wodeham* seinen theologischen Argumenten anthropologische Motive zugrunde legt.

Distinctio XVII, Quaestio 2 fragt *Wodeham*, ob aus einem Sünder auch ohne Eingießung der Gnade ein Nicht-Sünder werden kann.[98] *Wodeham* zitiert zuerst das Gegenargument: „Es scheint, daß dies auch durch keinerlei Macht (oder: aus keinerlei Möglichkeit) geschehen kann."[99] Dem widerspricht er mit einem Vergleich von göttlichen und menschlichen Weisen des Handelns. Um diesen Vergleich schärfer zu profilieren, übersetze ich das Zitat in veränderter Satzfolge: „Wie der

tentiam importari, cum magis potentiae defectus importetur. ... Et propter hoc dicimus, Deum non posse deficere, et per consequens non posse moveri (quia motus et defectus quamdam imperfectionem important) et per consequens non posse eum ambulare nec alios actus corporeos exercere. ..."

[97] Wodeham, Lectura Secunda, d.17, q.1, §5 (ed. Wood/Gál III, 218,115–119): „Iste procedit ac si loqueretur stolidis, qui nihil perpenderent, quid esset datum vel qualiter argutum esset, sed tantum haberent aures intentas ad absurdum illatum, quasi dictum istius alterius includerit contradictionem. Et ideo, salva reverentia, nimis nititur, quantum videtur, ad apparentiam sophisticam hic et alibi contra istum, et non ad rem nisi raro."

[98] Wodeham, aO, q.2 (ed. Wood/Gál III, 223).

[99] Ebd. (ed. Wood/Gál III, 223,9): „Videtur primo quod non de quacumque etiam potentia."

Mensch einem anderen eine Kränkung verzeihen kann, ohne daß sich dieser wandelt, sondern nur auf den bittenden Einspruch eines Dritten, so kann Gott nicht weniger jemandem, der gegen ihn verstieß, auf die Bitte anderer den Verstoß verzeihen, ohne daß dieser sich gewandelt hätte. Menschen handeln aber oft so, daß sie für einen Übeltäter Fürsprache einlegen, ohne daß dieser darum weiß und ohne daß er sich wandelt. Also steht eine Vergebung der Sünde auf diesem Wege auch in Gottes Macht."[100]

In Quaestio 4 derselben Distinctio stoßen wir auf einen Abschnitt, in dem *Wodeham* die natürlichen Tugenden in eine Übereinstimmung mit den theologischen Tugenden bringt, der das Axiom ‚Gnade vollendet die Natur' zugrunde liegt und die das natürliche Wirken der seelischen Kräfte in das Gnadengeschehen einbezieht. *Wodeham* bekennt sich zunächst zu dem auf dem Konzil zu Vienne verkündeten Lehrsatz der Kirche, daß ohne die caritas creata der Mensch kein verdienstliches Werk vollbringen kann.[101] Dabei geht er ausführlich auf die Lehre des *Petrus Lombardus* ein, der die dem Menschen eingegossene Gnade gleichsetzt mit dem Heiligen Geist.[102] *Wodeham* stellt sich aber ausdrücklich auf den Boden der Konzilsentscheidung. Er hält dem *Lombarden* auch zugute, daß er jene Aussage nicht gemacht hätte, wenn ihr die Entscheidung der Kirche vorausgegangen wäre.[103] Im Zusammenhang dieses auf *Petrus Lombardus* zurückgreifenden Textes stehen zwei Aussagen, in denen der theologische Standpunkt

[100] Ebd. (ed. Wood/Gál III, 223,20–224,2): „Contra: non minus posset Deus alicui a quo offenditur remittere offensam sine illius mutatione ad instantiam alicuius alterius, quam homo possit hoc facere. Sed homines frequenter ad instantias et preces aliorum remittunt offensam et culpam alicui qui deliquit, ipso etiam ignorante et in nullo subiective mutato. Igitur sic posset Deus."

[101] AO, q.4 (ed. Wood/Gál III, 248,3–21): „... veritas quaesiti determinata fuit ab Ecclesia in Concilio Viennensi, et ponitur Extra, De Summa Trinitate et Fide Catholica in principio VII Decretalium <Constitutiones Clementis V, lib.I, tit.1, c.unicum; ed. Friedberg II, 1134>, quasi sub his verbis: ‚Quantum ad effectum Baptismi in parvulis ...'. Sic igitur sentit Ecclesia ..., quod caritas creata debet poni in anima, ipsam vere informans. Et ideo consequenter dicendum quod talis qualitas de facto requiritur et praesupponitur causaliter ... actui meritorio cuicumque, licet aliter esse posset de potentia Dei absoluta. ..."

[102] Petrus Lombardus, Libri IV Sententiarum. PP. Collegii S. Bonaventurae editi. Ad Claras Aquas 1916. Sent. I, d.17, c.6.

[103] Wodeham, Lect. sec., d.17, q.4 (ed. Wood/Gál III, 249,54–55): „... nec credo quod (Magister) illud dixisset, si suam opinionem determinatio Ecclesiae praecessisset."

Wodehams wiederum deutlich wird. Für *Wodeham* sind es folgende Faktoren, die das Heil des einzelnen Menschen verursachen: der Beistand des Heiligen Geistes, die eingegossene Gnade (nach *Wodeham* freilich de potentia Dei ordinata), die eingegossenen Tugenden, die natürlichen Tugenden. An erster Stelle wird die Einwirkung des Heiligen Geistes genannt, wohl motiviert durch die Autorität des *Petrus Lombardus.* In einer inneren Konsequenz zu dieser Theologie erweist *Wodeham* wenig später die freie Annahme des Sünders durch Gott als fundamentalen Akt der göttlichen Liebe, in dem das Gegenüber von potentia Dei ordinata und absoluta überstiegen wird. Die vier genannten Faktoren, die das Heil bewirken, stehen bei *Wodeham* in einem Verhältnis innerer Zuordnung zueinander. Mit der eingegossenen Gnade verleiht Gott Tugenden wie Glaube, Hoffnung, Gerechtigkeit, die an den Habitus der natürlichen Tugenden jeweils anknüpfen. Denn die Akte der natürlichen Liebe (Gerechtigkeit, Hoffnung) verursachen einen natürlichen Habitus, der dem übernatürlichen entspricht und mit diesem zusammen die das Heil schenkenden Akte bewirkt. *Wodeham* bezeichnet das Zusammenwirken der natürlichen Tugenden mit den übernatürlichen einschließlich des jeweils entsprechenden Habitus als ‚conprincipiare'.[104] Die Aussage des *Petrus Lombardus,* in der dieser die eingegossene Liebe mit dem Heiligen Geist gleichsetzt, ist für *Wodeham* kein Streitpunkt mehr, nachdem die Lehrautorität der Kirche eine Entscheidung gegeben hat. Wer aber dennoch die Autorität des *Lombarden* nicht übergehen möchte, dem gibt *Wodeham* zwei Argumente in die Hand. Das erste stützt sich auf die Topik des *Boethius,* wonach die Autorität (hier: des *Lombarden*) erweiternde Erklärungen über das göttliche Gnadenwirken nicht ausschließt, nämlich daß Gott außer der ungeschaffenen Gnade (dem Heiligen Geist) noch die geschaffene Gnade als Mitprinzip seines Heilswirkens am Menschen gibt.[105] Da weder die Vernunft noch die

[104] Ebd. (ed. Wood/Gál III, 248,22–249,4): „Istam etiam conclusionem suadeo sic, quod scilicet praeter assistentiam specialem Spiritus Sancti ... sit ponere caritatem creatam a Deo infundi de facto aeque bene sicut fidem vel spem vel iustitiam, et sic de virtutibus aliis. Quia actus caritatis vel dilectionis naturalis non minus relinquunt habitum naturaliter causabilem, cui correspondere posset habitus supernaturalis, qui posset conprincipiare tales actus, quam actus fidei vel spei vel alterius virtutis. Igitur nisi Scriptura obviaret vel evidens ratio, quare Deus non infunderet habitum supernaturalem correspondentem habitui caritatis adquisitae, non plus deberet hoc negari quam quod det fidem, spem vel iustitiam vel alias virtutes supernaturales correspondentes naturaliter adquisitis."

[105] Ebd. (ed. Wood/Gál III, 249,37–48): „Auctoritas etiam non obviat nisi Magistri ... Nec obstat quod multae auctoritates Sanctorum ... dicunt plane

Autorität das Gegenteil lehren, hat es also seinen Sinn, eine Gnade anzunehmen, die der Seele eine Form gibt, wie Glaube und Hoffnung als übernatürliche Gaben angesehen werden, welche der Seele eine Form geben, über den erworbenen Glauben und die erworbene Hoffnung hinaus.[106] In diesen Sätzen zeigt sich programmatisch *Wodehams* Lehre über das Wirken der göttlichen Gnade in der Seele. Mit Hilfe logischer Argumente (Topik) gleicht er den Gegensatz zwischen der Lehre *Anselms* und dem kirchlichen Lehramt aus, so daß sich die Entscheidung des Konzils von Vienne als theo-logische Weiterführung der Theologie *Anselms* darstellt. Beachtenswert ist in dem in der Anmerkung zitierten Text die Motivierung mit den in der scholastischen Tradition tief verwurzelten Leitbegriffen ‚ratio' und ‚autoritas'.

Nach diesem logischen Argument bringt *Wodeham* ein theologisches, um die Autorität des *Lombardus* zu salvieren: Der Magister spricht von jener Caritas, ohne die niemand Gott lieb und von ihm angenommen sein kann, und ohne die der Mensch kein verdienstliches Werk vollbringen noch Gott oder den Nächsten verdienstlich lieben kann. Diese Caritas ist allein der göttliche Wille, der in größter Freiheit ein Geschöpf zum ewigen Leben annimmt. Sie ist ‚per appropriationem' der Heilige Geist, obwohl das gnadenvolle Handeln am Geschöpf in Milde, Freigiebigkeit, Güte von allen drei göttlichen Per-

quod Spiritus Sanctus est caritas formaliter sive qua, causaliter scilicet, diligimus Deum et proximum. ... Sed hoc non impedit, quin praeter caritatem increatam nobis collatam in conprincipium actionum nostrarum conferatur nobis caritas creata tamquam aliud conprincipium. Locus enim ab auctoritate non tenet negative." Vgl. auch ebd. 249,57–60. Zu „locus ab auctoritate" vgl. Boethius, De topicis differentiis, III (PL 64, 1199 CD); Petrus Abaelardus, Dialectica, ed. L. M. De Rijk, Assen 1956, Tractatus Tertius: Topica, 438,26–29: „Maxima propositio: quod sapientium confirmat auctoritas, esse constet. At vero hoc argumentum, licet ab omnibus impromptu teneatur, nulla tamen necessitate firmum est, sed maxime in probabilitate consistit."; Wilhelm von Ockham, Summa Logicae, Pars III–3, c.7 (OP I, 614,105–115): „Alia regula est: quod sapiens dicit, est verum. ... Sciendum est quod ista regula non est generalis nisi de auctore, qui errare non potest vel qui in dicto suo a tali instruitur. Et ideo de homine, loquente praecise ex iudicio suae rationis, non est regula intelligenda sed praecise de Deo et de illis, qui instructi a Deo loquebantur. ... Intelligendum est etiam quod regula debet intelligi, quando aliquid dicitur assertive, non recitative tantum, nec ut reprobetur."

[106] Wodeham, Lect. sec., d.17, q.4 (ed. Wood/Gál III, 249,49–51): „Igitur cum nec ratio nec auctoritas doceat oppositum, rationale est quod ponatur gratia informans animam; sicut fides et spes, praeter fidem vel spem adquisitam, ponitur donum supernaturale informans animam."

sonen ausgeht.[107] In dieser Gleichsetzung der Caritas mit Gott selbst wird erstens die Spannung zwischen potentia Dei absoluta und ordinata aufgehoben. Das von Gott angenommene und geliebte Geschöpf kann auf keine Weise (auch nicht de potentia absoluta) aus dieser Liebe entlassen werden. Dies wäre ein innerer Widerspruch außer in dem Fall, wenn das Geschöpf selbst der göttlichen Liebe ein Hindernis entgegensetzt.[108] Zweitens gibt *Wodeham* den quasi-ontologischen Faktoren wie gratia informans, virtutes infusae supernaturales eine personale Note. Ich verweise auf zwei Aussagen: Gott kann von jeder Gnadengabe absehen, wenn er in seiner Liebe einem Geschöpf die ewige Seligkeit schenken will; denn nicht die verliehene Gnade ist Ursache der Gottesliebe, sondern diese ist die Ursache dafür, daß Gott seine Gnade schenkt.[109] So wiederholt *Wodeham* auch seine Aussage über das de potentia Dei absoluta Mögliche[110], ganz in der Konsequenz seines theologischen Entwurfes. Bei *Wodeham* ist jedoch jene Dialektik von potentia Dei absoluta und ordinata nicht Symptom einer Willkürherrschaft Gottes. Im Gegenteil: Gottes Allmacht ist eine Allmacht der Barmherzigkeit, für die es keine Schranke durch ein noch so großes Malum gibt. Nichts Geschaffenes kann die Freiheit des göttlichen Wirkens einschränken. Es hat allerdings seine Grenzen am

[107] Ebd. (ed. Wood/Gál III, 250,62–73): „Vel aliter potest dici ... quod Magister loquitur de ista caritate, sine qua nullus potest esse carus et acceptus Deo ad vitam aeternam de quacumque potentia et sine qua etiam de potentia absoluta Dei nullus potest opus aliquod meritorium facere, nec Deum aut proximum meritorie diligere. Illa, inquam, caritas etiam secundum veritatem est sola gratuita Dei voluntas liberrime acceptans aliquem tamquam dignum vita aeterna. Et ideo per appropriationem caritas ista est Spiritus Sanctus sic acceptans; non proprie, quia secundum veritatem sic acceptat Pater et Filius sicut Spiritus Sanctus. Sed nomina omnia sonantia in clementiam, liberalitatem et bonitatem, quae indifferenter conveniunt tribus personis, appropriantur Spiritui Sancto, sicut et quaedam alia personae Patris et quaedam Filio. Et tunc hoc nomen ‚caritas' principaliter stabit pro Spiritu Sancto sic acceptante."

[108] Ebd. (ed. Wood/Gál III, 250,75f.): „Sed iste esse carum consignificabit istum habiturum vitam aeternam, nisi de novo ponat obicem."

[109] Ebd. (ed. Wood/Gál III, 250,89–91): „Igitur nulla est forma possibilis naturalis aut supernaturalis citra beatificam visionem, quin ista posita in anima ille possit non esse carus et acceptus Deo ad vitam aeternam." AO, q.3, §2 (ed. Wood/Gál III, 245,46–48): „Et omnia ista falsa credo esse: ‚ideo <Deus> dilgit animam, quia caritatem', sed magis dicendum est, si debeamus causaliter loqui, ‚quia diligit et semper dilexit animam, ideo disposuit caritatem conferre', et non e converso causaliter."

[110] AO, q.4 (ed. Wood/Gál III, 250,80ff.): „Sed hoc potest Deus disponere absque omni forma supernaturali actualiter perficiente istum ..."

Widerspruchsprinzip, wie wir schon sahen. *Wodeham* nennt noch eine andere: Gottes Macht kann aus etwas Geschaffenem nicht ein Ungeschaffenes machen.[111] Neben dieser starken Hervorhebung von Liebe und Barmherzigkeit in der Allmacht Gottes soll noch an das andere, eben genannte Motiv erinnert werden. *Wodeham* beschreibt die übernatürlichen Tugenden als gnadenhafte Erhöhung der natürlichen. Schon diese beiden Motive dürften verbieten, die potentia Dei absoluta bei *Wodeham* als einen Ausdruck von Willkürherrschaft Gottes auszulegen.

2.2 *Walter Chatton*

Der von *Wodeham* am häufigsten zitierte und oft angegriffene Autor ist *Walter Chatton*, sein Socius an der Universität Oxford.[112] *Wodeham* wirft ihm Unkenntnis der Logik[113], auch Mißverstehen der Lehre des *Aristoteles* vor. Es wird also vorwiegend mit Argumenten der Methodik gefochten, ein typisches Merkmal für die Wende, die sich in der Argumentationsweise damals besonders in England vollzog. Doch die Vorwürfe, die *Wodeham* auf dem Gebiet der Erkenntnistheorie gegen *Chatton* richtet, sind unsachlich und mögen z.T. durch die Disputationslust motiviert sein, die unter den jungen Bakkalaren zum Stil der Universitätsgelehrsamkeit gehörte. Dabei legte man es darauf an, den Opponenten zu reizen, um ihn aus einer wohlüberlegten Zurückhaltung und Sachlichkeit hervorzulocken. *L. M. De Rijk* hat dafür Beispiele vorgelegt.[114] *Wodehams* Vorwurf gegen *Chatton* besagt, letzter

[111] Vgl. aO, q.2, §3 (ed. Wood/Gál III, 228,19–29): „... Immo, quod plus est, dico quod nec de possibili posset homo tantum peccare, quin Deus posset remittere totum sine omni dono supernaturali formaliter inhaerente sibi. Deus enim per nullas leges praeordinatas privavit se sua misericordi omnipotentia, quin plene et libere possit adhuc de quibuscumque futuris ita ad omnem partem contradictionis ordinare sicut potuit ab aeterno, licet non valeat incipere ordinare. Sed potest modo contingentissime et liberrime ab aeterno ordinasse de qualibet parte contradictionis futurorum causabilium, sicut sibi placeret, licet hoc solo privetur Deus – sicut recte dixit Agathon secundum Philosohpum, VI Physicorum [recte: Eth. Nic. VI, c.2, 1139 b 10–11; sic in ed. Wood] ‚ingenita posse facere quae utique sunt facta.'"

[112] Zum Leben und Wirken Walter Chattons vgl. William J. Courtenay, Adam Wodeham. An Introduction to his Life and Writings. Leiden 1978, 66–74.

[113] Wodeham, Lect. sec., d.17, q.1 (ed. Wood/Gál III, 218,115–119). Text vgl. Anm. 97.

[114] Vgl. De Rijk, mittelalterliche Traktate, 352f.: „... si respondens succumbat, debet audacter provocare opponentem ad iram, dicendo argumentum eius ridiculosum esse et non esse dignum repetitione nec aliqua bona solutione, et ideo propter eius vilitatem non est repetendum nec solvendum.“ In

verstehe nichts von der Logik.[115] Dieser auch bei der Gnadenlehre erhobene Vorwurf lenkt unsere Aufmerksamkeit auf eine lange und ausführliche Kontroverse, die *Chatton* und *Ockham* über den Gegenstand und das Vorgehen der Wissenschaft geführt haben und in der sich *Chatton* als ebenbürtiger Logiker erweist. *Christian Knudson* hat uns darüber in seiner sorgfältigen Dissertation[116] unterrichtet und seine Ausführungen mit Texteditionen belegt.[117]

Chattons Stellung zu *Ockham* kann nicht ohne einen Blick auf das Leben und Wirken beider in Oxford gewürdigt werden. Darum stellt *Knudson* seiner Dissertation auch eine Lebensbeschreibung *Chattons* voran.[118] Im Blick auf seine Tätigkeit in Oxford ist *Ockhams* Wirken dort am Beginn der zwanziger Jahre des 14. Jahrhunderts einzubeziehen. Beide Gelehrte lasen etwa zur selben Zeit über die Sentenzen des *Petrus Lombardus* und konnten angesichts der geistigen Kommunikation an der mittelalterlichen Universität ihre gegensätzlichen Lehren und Meinungen unmittelbar in den Vorlesungen und Disputationen gegenüberstellen.[119] Im Unterschied zu *Ockham* wirkte *Chatton* ein ganzes Jahrzehnt an der Universität zu Oxford und begegnete dort einer beträchtlichen Anzahl von ,Socii', so u.a. auch *Robert Holcot.*[120] *Chatton* galt unter den Universitätslehrern als ein auf Ausgleich bedachter Kollege und stand in hohem Ansehen. Eine Bestätigung da-

den ,Conferentiae' des Robert Holcot finden wir einen Passus gleichen Sinnes (ed. Hoffmann, 72,15ff.): „Ista scripsi cum taedio et cum verecundia recito. ... Nihil tamen video in istis, quod quemcumque puerum deberet movere nisi fortassis ad risum."

[115] Vgl. u. S. 46.

[116] Christian Knudson, Walter Chattons Kritik an Wilhelm von Ockhams Wissenschaftslehre. Bonn 1976 (zitiert: Knudson, Diss.). Die von Wolfgang Kluxen betreute Arbeit verdiente stärkere Beachtung.

[117] Chatton contra Ockham. Über Gegenstand und Einheit von Wissenschaft und Theologie. Lectura Gualteri de Chatton in Sententias Prologi Quaestio V in Edition und Darstellung von Christian Knudson (Wolfgang Kluxen gewidmet). Université de Copenhague, Cahiers de L'Institut du Moyen Âge Grec et Latin, 50. Copenhague 1985, 3–112 (zitiert: Chatton, Prol. Q.V, ed. Knudson). Chatton, Reportatio, I, d.22 und 23, ed. von C. Knudson, Cahiers de L'Institut du Moyen Âge Grec et Latin, 14. Copenhague 1975, 14–26. Zu anderen Editionen vgl. o. Chatton, Prol. Q.V (ed. Knudson, 10).

[118] Vgl. Knudson, Diss., 14. Zum Leben und Wirken Chatttons vgl. auch Courtenay, Wodeham, 66–74.

[119] Davon gibt Knudsons Dissertation und seine Edition ,Chatton contra Ockham' (vgl. Anm. 116 f. passim) Zeugnis.

[120] Vgl. Holcot, Conferentiae (ed. Hoffmann 42f.); vgl. o. Anm. 3.

für sehe ich in der Art und Weise, wie *Chatton* die Kontroverse mit *Ockham* über dessen Fictum-Theorie geführt hat, auf die *Knudson* ausführlich eingegangen ist.[121]

Ockham vertrat in seinen Vorlesungen zu den Sentenzen die Lehre, daß der Allgemeinbegriff überhaupt keine subjektive Realität besitzt, weder im Verstande, noch in der Außenwelt, sondern nur ein ‚Fictum' sei.[122] *Chatton* hat sich mit dieser Fictum-Theorie ausführlich auseinandergesetzt.[123] Im Ergebnis dieser Gegenargumentation stellt *Chatton* das ‚Fictum' *Ockhams* als überflüssig heraus, da der Erkenntnisakt als solcher all das zu leisten vermag (Intellectio-Theorie), was *Ockham* dem Fictum zuschreibt.[124] Von größtem Interesse ist für uns hier, wie *Ockham* darauf reagiert hat. Nach *Knudsons* mit Quellenhinweisen und Zitaten belegter Darstellung geschah dies in drei Schritten. (1.) Die Intellectio-Theorie wird als probabel anerkannt. (2.) *Ockham* überläßt dem Leser die Entscheidung zwischen beiden Theorien. (3.) Schließlich entscheidet er sich für die Intellectio-Theorie und verwirft die Fictum-Theorie. Er bedient sich dabei derselben Argumente, die *Chatton* dagegen formuliert hatte. Die Quaestio, in der *Ockham* seine Argumentation vorträgt, steht in seinem Quodlibet IV und ist hauptsächlich der Zurückweisung der Fictum-Theorie gewidmet.[125]

Auf diesen von *Chatton* beeinflußten Wechsel *Ockhams* von der Fictum-Theorie zur Intellectio-Theorie hat schon *Gedeon Gál* in seinem

[121] Vgl. Knudson, Diss., 19, 38–41.

[122] Ockham, Scriptum in Primum Librum Sententiarum. Distinctiones II–III, ed. Stephanus Brown, O.F.M., adlab. Gedeon Gál, O.F.M. St. Bonaventure, N.Y. 1970. Sent. I, d.2, q.8 (OT II, 271,14–272,6): „Ideo potest dici probabiliter, quod universale non est aliquid reale habens esse subiectivum, nec in anima nec extra animam, sed tantum habet esse obiectivum in anima, et est quoddam fictum habens esse tale in esse obiectivo quale habet res extra in esse subiectivo. Et hoc per istum modum quod intellectus videns aliquam rem extra animam fingit consimilem rem in mente, ita quod si haberet virtutem productivam sicut habet virtutem fictivam, talem rem in esse subiectivo – numero distinctam a priori – produceret extra." Ich habe den Ockham-Text etwas ausführlicher zitiert, damit Chattons Argument besser verstehbar wird.

[123] Vgl. Chatton, Reportatio I, d.1, q.2. In: Gedeon Gál, O.F.M., Gualteri de Chatton et Guillelmi de Ockham controversia de natura conceptus universalis. FrS 27 (1967) 191–212; Textedition ebd. 199–212 (zitiert: ed. Gál).

[124] Ich verweise auf die sorgfältige, mit Quellennachweisen versehene Darstellung Knudsons; vgl. Knudson, Diss., 39–41.

[125] In der Edition von St. Bonaventure ist es nicht q.19, sondern q.35: „Utrum intentiones primae et secundae realiter distinguantur." (OT IX, 469–474).

Artikel[126] „*Gualteri de Chatton* et *Guillelmi de Ockham* Controversia de Natura Conceptus Universalis" hingewiesen: „*Ockham* itaque, ut hucusque vidimus, opinione de ficto magis magisque neglecta ad positionem *Gualteri de Chatton* appropinquat. In Quodlibet IV, q.19 eam finaliter suam et certam, doctrinam vero de ficto reicit atque impugnat."[127] In dem Artikel analysiert *Gál* die Argumentation *Chattons*. Anschließend bringt er eine Edition der Quaestio, in der *Chatton* dieses Thema behandelt.[128] *Knudson* kommt das Verdienst zu, die ganze Entwicklung der erkenntnistheoretischen Diskussion *Chattons* mit *Ockham* vorgeführt zu haben.

Ockham geht also auf die Argumente *Chattons* ein. Der Text der hier zitierten Quaestio ist ein Zeugnis für den sachlichen Umgang der beiden Gelehrten miteinander. Zugleich ist zu beachten, daß *Ockham* seine Grundposition in der Erkenntnistheorie nicht ändert: Gegenstand der Wissenschaft ist das Subjekt einer Konklusion. *Chattons* Beweisführung steuert auf das Ziel, die res ipsa als das Significatum und damit als Gegenstand des wissenschaftlichen Beweises zu erweisen.[129] Diese gegensätzlichen Positionen haben eine weitere Disputation ausgelöst, in der *Chatton* der Theorie *Ockhams* von einem Eigenbereich der Begrifflichkeit seine Theorie der Assimilation der Realwelt in den Intellekt gegenüberstellt. Die Unterscheidung von Begriffswelt und Realwelt wird dabei nicht nur durch ontologische Argumente angegangen, sondern auch durch die beiden unterschiedlichen Arten logischer Analyse: extensionell und intensionell, je nachdem die Erkenntnis auf Gestalt und Wesen des Objektes oder auf den Aussage-Modus zielt. Man mag erwidern, daß ja in der klassischen Logik das eine nicht ohne das andere ist. Gewiß! Aber gerade darum war diese Diskussion zwischen *Chatton* und *Ockham* überhaupt möglich und bewegte sich nicht aneinander vorbei, wenn auch das Insolubile einer abwechselnden intensionellen und extensionellen Logik auf gleichem Gebiet schließlich hervortrat.

Doch noch einmal zurück zu *Chattons* Argumentation über das Subjekt von Wissen und Wissenschaft.[130] Sie tritt auf dem Hintergrund der

[126] FrS 27 (1967) 191–212.

[127] Ebd. 197.

[128] Chatton, Rep., I, d.3, q.2 (ed. Gál, 199–212).

[129] Vgl. Chatton, Prol. Q. V (ed. Knudson, 25,24–27): „Tertio quia conclusio non est obiectum scitum, sed res significata per eam, nec propositiones syllogismi, demonstrationes non significant conclusionem vel partem conclusionis, sed rem extra, ergo res extra magis deberet dici subiectum scientiae."

[130] Vgl. Anm. 129.

umfangreichen Ausführungen *Ockhams* deutlich hervor, die *Knudson* auch in seiner Edition zitiert: Die Zitate sind der Quaestio IX von *Ockhams* Prolog zum Sentenzenkommentar entnommen. Ich zitiere hier nur zwei markante Stellen. „Es gehört nicht zum Sinn (ratio) eines Subjektes, Eigenschaften (passiones) der Anlage nach (virtualiter) in sich zu enthalten." „Subjekt der Wissenschaft ist allein das, was Subjekt einer Aussage in einem eigentlich wissenschaftlichen Satz ist, so daß ‚Subjekt der Wissenschaft' gleichbedeutend mit ‚Subjekt einer wissenschaftlichen Konklusion (conclusionis scientiae) ist."[131]

Der erste Satz, das Subjekt enthalte die Eigenschaften (passiones) nicht virtuell in sich, ist von der extensionellen Logik *Ockhams* her zu verstehen. Dieses Verständnis erhält seine Bestätigung durch den zweiten Satz: Subjekt der Wissenschaft ist das Subjekt einer wissenschaftlichen Konklusion. *Chattons* Stellungnahme zu diesen Aussagen *Ockhams*, die wir der Edition *Knudsons* entnehmen, ist keineswegs naiv ‚realistisch', sondern bewegt sich auf der Ebene der Aussagetechnik. Die res extra bewirkt nicht jene ihr entsprechende Eigenschaft (passio) in der Weise einer causa efficiens, aber sie ist von solcher Natur, daß von dieser selbst (res ipsa) ein Wesensbegriff erstellt werden kann. In zwei Formulierungen umschreibt *Chatton* diese Position und zieht den Schluß, daß die passio virtualiter in der res extra enthalten ist, womit nicht gesagt wird, daß sie von dieser bewirkt wird.[132] *Knudson* hat diesen Disput *Chattons* mit *Ockham* mit minutiöser Genauigkeit dargestellt und dabei dem Ausdruck ‚virtuell' besondere Aufmerk-

[131] Ockham, Scriptum in Librum Primum Sententiarum. Ordinatio. Prologus et Distinctio Prima, ed. Gedeon Gál, O.F.M., adlab. Stephano Brown, O.F.M. St. Bonaventure, N.Y. 1967. Sent. I, Prol., q.9 (OT I, 246,5): „... non est de ratione subiecti continere virtualiter passiones..."; ebd. (OT I, 247,12–248,2, vgl. auch 244,21–245,2): „Ideo dico quod de ratione subiecti scientiae non est aliud nisi quod subiciatur respectu praedicati in propositione scita scientia proprie dicta, ita quod universaliter idem et sub eadem ratione est subiectum scientiae et subiectum conclusionis scitae."

[132] Vgl. Chattton, Prol. Q.V (ed. Knudson, 24,18–28): „Ex isto arguo contra secundam conclusionem, quia aliud est continere virtualiter passionem sic, quod efficiat eam, ut existat, et aliud, ut sit illud, pro quo posito passio seu conceptus qualitativus est demonstrabilis de suo conceptu simplici quidditativo et quo circumscripto non sit. Posito ergo, quod res extra non efficiat passionem extra, tamen res extra est talis naturae, quod illa posita passio nata est sibi inharere et ipsa circumscripta passio non est nata recipi. Vel sic: licet subiectum extra non efficiat passionem, tamen ipsum est talis naturae, quod ipso posito passio nata est sic poni et ipso non posito non sit. Ergo aliquo modo virtualiter continet passionem, quomodo alia res non continet eam, quia ipso posito ponitur subiectum passionis."

samkeit gewidmet.[133] Doch schon in dem hier zitierten Text zeigt sich, wie *Chatton* das vorliegende Problem von der ontologischen Ebene herunterholt („quod efficiat ut existat"), um es auf der aussagenlogischen („pro quo passio ... est demonstrabilis") zu disputieren. Dieser Disput wurde, wie schon erwähnt, in den parallel verlaufenden Vorlesungen ausgetragen.

Der Umgang *Chattons* mit dem Begriff ‚virtuell', ‚virtuelles Enthaltensein' (‚virtualis continentia')[134] möge uns an ein formales Prinzip scholastischer Argumentations- und Disputiertechnik erinnern. Wenn wir den oft bis zur Ermüdung ausgedehnten Disputationen begegnen, so liegt der Grund darin, dem Begriff die in Wirklichkeit vom Autor gemeinte und gegebene Bedeutung herauszuarbeiten. Unter diesem formalen Gesichtspunkt ist ein scholastischer Traktat stets in sein literar-historisches Umfeld zu stellen. Er ist ebenso wichtig für den neuzeitlichen Autor bei der Darstellung und kritischen Analyse eines solchen scholastischen Traktates.

Wie bei den anderen Magistern habe ich auch bei *Chatton* nur einzelne Lehren und Meinungen im Rahmen des Gesamtthemas, d.h. mit Rückbeziehung auf *Ockham*, vorgestellt. Die Arbeit von *Knudson* ist so umfangreich und tiefgründig, daß sie durch erweiternde Darstellungen nicht ersetzt werden kann. Für eine Thematik möchte ich doch noch kurz auf seine Monographie verweisen. Während *Ockham* für die Theologie mehrere Subjekte und eine mehr oder minder große Zahl von Habitus annimmt[135], spricht *Chatton* nur von einem Subjekt, nämlich Gott, und von einem theologischen Habitus, weil es nur eine ratio subiecti für die theologische Argumentation gibt.[136] Dies gilt auch dann, wenn Dinge einbezogen werden, die nicht unmittelbar zum Glauben gehören; denn Subjekt und ratio subiecti der Theologie ist immer Gott.[137]

Der Unterschied zwischen beiden Magistern besteht wie auf sachlichem so auch auf methodischem Gebiet. *Chatton* versucht, über den Gegensatz Brücken zu schlagen, indem er *Ockhams* Argumentation Schritt für Schritt nachging, auch wo er sich ihr nicht anzuschließen vermochte.

[133] Vgl. ebd. (ed. Knudson; vgl. Anm. 117), III Darstellung, 77ff.; Knudson, Diss., 116–127.

[134] Vgl. Knudson, Diss., 117f.

[135] Vgl. Ockham, Sent. I, Prol. q.8: „Utrum habitus theologiae sit realiter unus secundum numerum."

[136] Vgl. Knudson, Diss., 127–130; 139–142.

[137] Vgl. ebd., 135.

Das gleiche Vorgehen finden wir bei *Chatton* in seiner Disputation über die Univozität des Seins. Schon *Johannes Duns Scotus* ging dieses Thema sowohl von der Erkenntnistheorie wie von der Ontologie her an. Wir wollen uns hier nicht der Sachproblematik annehmen, die bereits von kompetenter Seite ausführlich behandelt worden ist, sondern der kunstvollen Begriffsanalyse nachspüren, mit deren Hilfe *Chatton* für ein Verständnis gegensätzlicher Lehren eintritt. Für diese Aufgabe steht der instruktive Artikel von *Fitzpatrick* zur Verfügung[138], dem wir hier folgen wollen, zumal der Verfasser seinen Ausführungen eine Edition des einschlägigen Textes zu Grunde legt. *Chatton* vergleicht den univoken Begriff (in seiner Anwendung auf Gott) mit seinen ‚Gegensätzen', nämlich dem aequivoken, dem denominativen und dem analogen Begriff.[139] Ausdrücklich weist er auf die Art dieses Vorgehens hin.[140]

In der ersten Conclusio des zitierten Textes vergleicht und unterscheidet *Chatton* den univoken Begriff gegenüber dem aequivoken. In dieser Gegenüberstellung kann durchaus von einem univoken Begriff gesprochen werden, der Gott und dem Geschöpf gemeinsam ist, insofern Name und Sinnbedeutung der (bezeichneten) Substanz gleich sind, im Gegensatz zu den eine Äquivokation bezeichnenden aequivoken Begriffen; dort besteht die Gemeinsamkeit im Namen, während

[138] Norbert A. Fitzpatrick, O.F.M., Walter Chatton on the Univocity of Being. A Reaction to Peter Aureoli and William Ockham. FrS 31 (1971) 88–177. Der Artikel bringt im ersten Teil (90–126) die Edition von Chatton, Sent. I, d.3, q.2 (Lectura, hier zitiert: ed. Fitzpatrick). In einer Fußnote zur Überschrift des Artikels (88, Anm. 1) verweist der Verfasser auf seine Dissertation: Walter Chatton on the Univocity of Being (A critical Edition of Sent. I, d.3, q.2, with a Commentary).

[139] Chatton, Sent. I, d.3, q.2, a.2 (ed. Fitzpatrick, 101): „Secundus articulus huius quaestionis est respondere ad quaestionem cum quaeritur: Utrum aliquis conceptus sit univocus Deo et creaturae. Potest quaeri ab oppositione: aut sumit univocum ut distinguitur contra aequivocum, aut ut distinguitur contra denominatum, aut ut distinguitur contra analogum. Primis duobus modis sumendo univocum videtur dicendum quod haec propositio particularis sit concedenda, scilicet, quod aliquis conceptus univocus est Deo et creaturae. Et haec est tanta univocatio quae sufficiat ad realem contradictionem et ad unitatem medii termini in bono syllogismo, sicut vult Doctor Subtilis (Ordinatio I, d.3, p.1, q.1–2, n.27;29;35f. <III,18-19; 21-24>). Sumendo tamen univocum tertio modo, scilicet distinguendo univocum contra analogum, sic nullus conceptus est communis Deo et creaturae univoce."

[140] Vgl. ebd.

die bezeichnete Substanz von je verschiedenem Bedeutungssinn ist.[141] Meine Übersetzung von ‚ratio substantiae' möge als Versuch angesehen werden. Der Ausdruck wird von *Chatton* wiederholt gebraucht oder steht im Hintergrund von Fragestellungen, in denen es um den Gegenstand von Wissen und Wissenschaft geht, so etwa bei der Frage nach dem Wissenschaftscharakter der Theologie.[142] An der hier aus Artikel II zitierten Stelle geht *Chatton* ausführlich auf die Bedeutung dieses Ausdruckes ein. Er bindet die ‚ratio substantiae' an den Begriff, nicht an eine mit dem Begriff konvertible Beschreibung seines Inhaltes. Ein solcher Begriff, der etwas wesenhaft bezeichnet, kann die ‚ratio substantialis' für das von ihm Bezeichnete genannt werden. Ich bringe den vollen Wortlaut des Zitates in der Anmerkung[143], weil ich diesen Text für die Einsicht in die Erkenntnistheorie *Chattons* für wichtig halte, und im Zusammenhang damit für die Ontologie. Darum kann für *Chatton* der Begriff des Seins wegen seiner allgemeinen Aussagbarkeit univok für Gott und für das Geschöpf gebraucht werden[144], wobei zu beachten ist, daß unser Magister diese Aussage unter

[141] Vgl. ebd., Conclusio prima: „Prima igitur conclusio est quod sumendo univocum et distinguitur contra aequivocum, sic aliquis conceptus communis Deo et creaturae convenit eis univoce, quia univoca univocata sunt illa, quorum nomen commune est et ratio substantiae eadem secundum illud nomen. Sic enim aequivoca aequivocata sunt illa, quorum nomen commune est et ratio substantiae diversa secundum illud nomen."

[142] Vgl. o. Anm. 132–135.

[143] Vgl. Chatton, Sent. I, d.3, q.2, a.2 (ed. Fitzpatrick, 102): „Quaero igitur quid vocatur ibi ratio substantiae? Aut ipsa descriptio, quae quidditative significat idem convertibiliter cum illo nomine; aut ipse conceptus mentis, qui causatur in audiente vel habetur in mente proferentis, cum illud nomen profertur pro diversis quibus convenit. Talis enim conceptus quidditative significans idem cum illo nomine dici potest respectu eius in ordine ad significatum ratio substantialis. Si intelligatur primo modo, tunc omne illud nomen est univocum, quod est commune pluribus secundum eandem descriptionem significantem quidditative et convertibiliter idem cum illo nomine. ... Si intelligatur secundo modo, tunc illud est nomen univocum, quod convenit pluribus et natum est causare in audiente cum profertur pro pluribus conceptum eiusdem rationis. ... Et forte diceretur quod ad hoc quod nomen significet aliqua univocitate, non oportet quod possit habere definitionem secum convertibilem; nam ipsa definitio specifica convenit individuis univoce et tamen non habet aliquam definitionem, quia sic iretur in infinitum. Ex his sequitur quod, cum dicitur in definitione univoca quod ratio substantiae sit eadem, quod ibi sumatur ratio substantiae secundo modo et non primo ..."

[144] Vgl. ebd. (ed. Fitzpatrick, 102f.): „Ex istis patet conclusio supradicta, scilicet, ut sumendo univocum ut distinguitur contra aequivocum, conceptus

eine am Anfang gesetzte methodische Voraussetzung stellt.[145] *Chatton* bewegt sich weder in einem robusten Realismus noch in einem konsequenten Nominalismus. Diese Haltung ermöglichte ihm, in eine Art von Dialog mit *Ockham* einzutreten[146], dessen zentrale Aussagen hier zum Vergleich kurz vorgestellt werden sollen.

Ich knüpfe an das eben (Anm. 146) eingebrachte Zitat von *Fitzpatrick* an, der fortfährt: „Mag es auch Inkonsequenzen in *Ockhams* Schriften geben, man wird dort kaum irgendwo finden, daß er regelrecht zugibt: Irgend etwas, das in einem Geschöpf existiert, habe eine vollkommene Ähnlichkeit mit etwas, das wirklich in Gott existiert."[147] Dann greift er den Begriff der Ähnlichkeit auf, in dem er die Grundlage aller Univozität bei *Ockham*[148] sieht. Den kürzesten und klarsten Beleg für dessen Lehre zu dieser Frage finden wir m.E. in Artikel III der Quaestio IX, Sent.I, Dist.2.[149] Der Artikel wird von *Ockham* mit den Worten eingeleitet: Gott und dem Geschöpf ist ein Begriff gemeinsam, der von ihm ‚in quid et per se primo modo' aussagbar ist.[150] Danach schließt *Ockham* zwei Möglichkeiten aus: Gott kann erstens nicht in sich erkannt werden, so daß die göttliche Wesenheit selbst den

aliquis est communis univoce Deo et creaturae, quia nomen entis est nomen univocum respectu Dei et creaturae ad illum intellectum. Igitur conceptus sibi correspondens significans idem quidditative cum illo nomine est conceptus univocus. Antecedens patet, quia omne nomen commune multis secundum eandem rationem seu conceptum substantialiter significantem idem cum illo nomine est nomen univocum illis. Ista propositio patet ex dictis. Sed nomen entis est huiusmodi: est enim nomen commune omnibus entibus."

145 Vgl. o. Anm. 139.

146 Mir erscheint das Urteil, Chatton verfahre mit seiner Kritik an Ockham etwas unfair, zu hart (vgl. den zitierten Artikel von Fitzpatrick, FrS 31 (1971) 158). Der Gegensatz liegt in der Ontologie und in der von dieser bedingten Erkenntnistheorie.

147 Vgl. Fitzpatrick, 158: „It would seem that Chatton ist being a bit unfair in this criticism of Ockham. Inconsistences may exist in Ockham's writings but it is difficult to find anywhere in Ockham an outright admission that something exists in a creature which has perfect similitude with something which really exists in God."

148 Vgl. ebd.: „Ockham, of course, does hold that there is some similarity between God and creature; in fact, in the doctrine of Ockham, similarity is the basis for all univocity."

149 Die Quaestio trägt die Überschrift: „Utrum aliquod universale sit univocum Deo et creaturis." (OT II, 292).

150 Ebd. (OT II, 312,15f.): „Circa tertium dico quod Deo et creaturae est aliquis conceptus unus communis, praedicabilis de eis in quid et per se primo modo."

Erkenntnisakt (des Geschöpfes) unmittelbar bestimmt. Gott kann zweitens in diesem Leben von uns nicht in einem ihm eigenen einfachen Begriff erkannt werden. Es bleiben dann aber zwei Arten der Erkenntnis übrig, nämlich in einem allgemeinen, von Gott und anderen aussagbaren Begriff und in einem quidditativen Begriff.[151] Zum Verständnis der nun folgenden Beweisführung[152] ist die Unterscheidung zwischen quidditativen und denominativen Begriffen zu beachten. Natürlich können wir in diesem Leben an Gott gewisse Eigenschaften erkennen und darüber, wie auch über sein Wesen, Aussagen machen. Eine denominative Aussage über Gott ist uns aber nicht möglich. *Thomas von Aquin* setzt hier die Analogie ein. *Ockham* sagt es in der Sprache der Logik: Wir können von Gott zwar quidditative, aber nicht denominative Begriffe aussagen. Am Ende dieses Abschnittes schließt *Ockham* eine ontologisch fundierte Univozität des Seins bei Gott und den Geschöpfen (univocum stricte accipiendo) mit der Begründung aus, daß es zwischen Gott und Geschöpf keine vollkommene Ähnlichkeit gibt.[153] *Ockhams* Aussagen über Begriffe, die in einer gewissen Gemeinsamkeit oder Übereinstimmung auf Gott und die Geschöpfe angewandt werden, müssen also im Blick auf seine aussagenlogische Technik differenziert werden.

Chattons Überlegungen und Begründungen bewegen sich in ähnlichen Bahnen; doch bringt er in diesem Zusammenhang auch die Analogie ins Spiel. Ich fasse seinen Argumentationsweg thesenartig zusammen. Erste Conclusio: Unterscheidet man das Univocum vom Aequivocum, so läßt sich sagen, daß es einen Gott und den Geschöpfen gemeinsamen Begriff gibt; dieser ist nicht aequivok, steht nicht unter unterschiedlichen (gegensätzlichen) Bedeutungen. Daher kann er in diesem Zusammenhang univok genannt werden.[154] Zweite Conclusio: Unterscheidet man das Univocum vom Denominativum, so läßt sich ebenfalls sagen, daß von Gott eine univoke Aussage gemacht werden kann, wenn man den Begriff dabei nicht denominativ, son-

[151] Ebd. (OT II, 312,17–313,3).

[152] Ebd. (OT II, 312,3–317,6).

[153] Ebd. (OT II, 317,1–6): „Dico tamen quod nihil Deo et creaturae est univocum accipiendo univocum stricte, quia nihil est in creatura, nec essentiale nec accidentale, quod habeat perfectam similitudinem cum aliquo quod realiter est in Deo. Et istam univocationem Sancti et Auctores negant respectu Dei et creaturae et nullam aliam."

[154] Chatton, Sent. I, d.3, q.2, a.2 (ed. Fitzpatrick, 105): „Est igitur prima conclusio quod, sumendo univocum ut distinguitur contra aequivocum, conceptus aliquis est communis Deo et creaturae non aequivoce et secundum rationes diversas, igitur univoce sic sumendo univocum."

dern quidditativ nimmt.[155] Der Argumentation liegt durchgehend die Überzeugung zugrunde, daß göttliches Sein und geschöpfliches Sein ontologisch inkommensurabel sind. Aus dieser Einsicht ergibt sich die dritte Conclusio: Geht man von einer Unterscheidung zwischen Univocum und Analogum aus, so kann man keinen für Gott und die Geschöpfe univoken Begriff zulassen.[156] Nachdem *Chatton* drei Weisen von analogen Aussagen vorgestellt hat[157], schließt er am Ende dieser Conclusio nochmals die Univokation zwischen Gott und Geschöpf aus[158], sowohl für die Wesenheit wie für die Eigenschaften.

Man wird mit Recht sagen können, daß sich *Chattons* Argumentation hier stärker auf dem Boden der Logik und Erkenntnistheorie als auf dem der Ontologie bewegt, obwohl die eigentlichen Motive von der Metaphysik her kommen. Auf solche Zusammenhänge stoßen wir noch einmal, wenn wir uns der Diskussion in dem Trio *Ockham – Wodeham – Chatton* zuwenden.[159] Hier soll jetzt zunächst ein theologisches Thema zur Sprache gebracht werden.

In der Lehre von der Gnade und vom Heilswirken Gottes vertritt *Chatton* in Oxford die Richtung des hl. *Thomas*. Gegen *Wodeham* hält er daran fest, daß die heiligmachende Gnade für das verdienstliche Werk wie für die Erlangung der ewigen Glückseligkeit unbedingt notwendig ist. Er bekämpft die Opinio, daß die Seligkeit und das Heil des Menschen lediglich an die gnadenhafte Annahme durch Gott geknüpft sind. Seine Argumente richten sich zuerst gegen *Wilhelm von*

[155] Vgl. ebd.: „Secunda conclusio principalis est quod, sumendo univocum ut distinguitur contra denominatum, adhuc aliquis conceptus est univocus. Deo et creaturae, quia aliquis idem conceptus simplex convenit eis in quid seu per se, primo modo dicendi per se, ut conceptus entis. Haec enim praedicatio est in quid, dicendo praedicationem in quid contra praedicationem denominativam: ‚Deus est ens'; et haec similiter: ‚substantia est ens'; et etiam ista: ‚accidens est ens'; igitur, conceptus aliquis convenit eis univoce ad istum intellectum."

[156] Vgl. ebd. (ed. Fitzpatrick, 107): „Tertia conclusio principalis est quod, sumendo univocum ut distinguitur contra analogum, nullus conceptus communis Deo et creaturae est univocus."

[157] Ebd.: „Uno modo quando conceptus praedicatur de uno in quid [scl. essentialiter] et de alio in quali accidentali. ... Secundus modus ... ubi conceptus denominat unum denominatione intrinseca ... et denominat aliud denominatione extrinseca. ... Tertius modus analogiae potest poni, quando ... conceptus convenit uni rei perfectiori et alteri imperfectiori ..."

[158] Ebd. (ed. Fitzpatrick, 108): „Ideo isto posito, sumendo univocum, conceptus entis non est univocus Deo et creaturae nec etiam conceptus attributales Deo et creaturae."

[159] S.u. S. 69.

Ockham. Wodeham bekämpft diese Argumente und zitiert dabei sowohl *Ockham* wie *Chatton.* Die Kontroverse wird mit Argumenten der Methodik und der Logik geführt. Wie bei *Ockham* und *Wodeham* (ebenso bei *Thomas Aq.*) wird die Frage über das Wesen und die Wirkungen der heiligmachenden Gnade in der Distinctio 17 des Kommentars zum ersten Buch der Sentenzen erörtert, so daß man diese Texte bei einer Analyse nebeneinanderstellen sollte. Aus dem ganzen Komplex greife ich hier aber zunächst einen für die Methodik typischen Streitfall heraus.

Wir gehen aus von der Kontroverse *Wodeham – Chatton* über die Rolle der Gnade beim Akt der Rechtfertigung. *Chatton* zitiert zunächst als Lehre *Ockhams*[160], daß aus einem Sünder ein Nicht-Sünder werden könne, ohne daß ihm die eingegossene Gnade gegeben wird. *Chatton* entgegnet: Der Wechsel oder Übergang vom Sünder-Sein zum Nicht-Sünder-Sein ist nicht nur ein äußerlicher Wechsel, sondern ein innerer Übergang von einem Gegensatz zu einem anderen. Er kann nach *Chatton* nicht ohne eine innere, formale Umwandlung vollzogen werden, welche durch die eingegossene Gnade bewirkt wird. *Ockham*

[160] Chatton zitiert öfter Ockhams Lehre nicht wörtlich, sondern nach den Schlußfolgerungen, die aus ihnen gezogen werden können. Vgl. Chatton, Lectura in Librum Primum Sententiarum, ed. Girard I. Etzkorn. FrS 37 (1977) 38–65 (zitiert: ed. Etzkorn). Sent. I, d.17, q.1 (ed. Etzkorn, 41): „Pono igitur aliquas rationes eius, quas facit in prima et secunda quaestione istius distinctionis; licet enim ipsi adducant illas rationes ad probandum quod non sit contradictio meritum esse sine caritate, tamen quia illae rationes videntur probare quod dubium est, ... ideo adduco illas rationes." Ebd. 44: „Haec igitur sunt argumenta illorum in prima et secunda quaestione huius distinctionis, propter quae mihi videtur quod habeant dicere quod non conveniat actui etiam de facto ex caritate quod sit meritorius, licet ipsi non faciant haec argumenta ibi ad hanc conclusionem, sed ad aliam, ut supra dictum est." Der zur Diskussion stehende Text lautet wie folgt (ed. Etzkorn, 56f.): „Et quia argumenta sua vadunt etiam contra viam meam, ideo ad primum, cum probat quod de peccatore potest fieri non peccator sine caritate infusa, quia potest esse transitus de contradictorio in contradictorium vel ad mutationem in tertio, puta in persona extrinseca orante pro rectificatione inhaerenti (?) et etiam aliter per solam transitionem temporis sicut probat. Aut loquens de transitu a contradictorio ad contradictorium, ubi est denominatio extrinseca et tunc sine forma esse potest. Sed ubi est denominatio intrinseca, contradictio est. Unde contradictio est transire de non-gratia ad gratiam sine forma gratiae accepta, sicut et quod de non-albo fiat album. Quia igitur peccatum, quod modo est peccatum, privat gratiam, ideo peccator non fit non-peccator sine collatione gratiae."

bestreitet dies[161] mit dem Argument: Ein solcher Übergang vom Sünder zum Nichtsünder kann auch durch ein von außen Wirkendes zustande kommen, etwa durch die Fürbitte eines Dritten für den Sünder, die Gott zur Vergebung der Sünde bewegen kann. Auch der Zeitfaktor kann als ein von außen Wirkendes den Übergang des Sünder-Seins zu seinem Gegenteil bewirken, was *Ockham* durch ein etwas umständliches Beispiel belegt.[162] Anschließend sagt *Ockham*, daß Gott einen Menschen auch nach dessen Tode zur ewigen Seligkeit annehmen kann, wenn dieser vor seinem Tode über seine Sünden einen natürlichen Reueschmerz erweckt und keine schwere Sünde mehr begangen hat. Man beachte, daß sich *Ockham* bei dieser Aussage nicht auf die potentia Dei absoluta beruft. Diese kommt erst in den folgenden Sätzen („Secundo modo ...") wieder ins Spiel, in denen *Ockham* bereits Gesagtes zusammenfaßt.

[161] Vgl. dazu Ockham, Sent. I, d.17, q.1 (OT III, 459,11–20): „... dico quod potest esse transitus de contradictorio ad contradictorium: aliquando propter mutationem in altero extremo, aliquando propter mutationem in aliquo alio, quod est neutrum extremum, aliquando propter solam transitionem temporis. Exemplum primi: de facto aliquis primo non-acceptus postea fit acceptus propter gratiam inhaerentem illi, qui modo est acceptus. Exemplum secundi: aliquis est offensus alteri et postea ad solas preces unius alterius remittit et non est offensus. Hic propter mutationem in alio posset fieri talis transitus, etiam illo offenso non mutato."

[162] Ebd. (OT III, 459,23–460,23): „Exemplum tertii: posset aliquis rex statuere – sive iuste sive iniuste – quod quicumque inveniretur in camera sua die Lunae quod esset dignus morte, et quod quicumque inveniretur in camera sua die Martis non esset dignus morte. Tunc omnibus eodem modo se habentibus et aliquo non mutato remanente in camera regis die Lunae et die Martis, propter solam transitionem temporis esset ibi transitus de contradictorio ad contradictorium. ... Tunc dico ad propositum quod aliquis potest esse primo non acceptus et postea acceptus per mutationem in eo, et non tantum per mutationem ad talem formam supernaturalem, sed etiam per mutationem ad formam ex puris naturalibus possibilem. Posset enim Deus statuere quod quicumque post peccatum mortale ex puris naturalibus doleret de peccato suo sine omni forma supernaturali, quod eo ipse remitteretur sibi peccatum suum et quod ipse post mortem esset recepturus vitam aeternam, nisi ante mortem peccaret mortaliter. Talis fieret de non-accepto acceptus propter solam mutationem ad actum possibilem ex puris naturalibus. Secundo modo posset fieri per solam mutationem in aliquo altero, quia posset Deus de potentia absoluta statuere quod ad preces alicuius Sancti aliquis parvulus vel adultus fiert de non-accepto acceptus, quia posset ordinare quod si aliquis oraret pro eo, vellet sibi dare vitam aeternam. Posset etiam fieri per solam transitionem temporis."

Wodeham[163] nimmt nun die Argumente *Chattons* und *Ockhams* in einen kritischen Vergleich, der auf den Vorwurf der Unfähigkeit im Gebrauch von Logik und Methodik gegen *Chatton* hinausläuft. Ich gebe die Beweisführung W*odehams* zusammengefaßt wieder und verweise auf den ausführlichen Text in der Anmerkung: Natürlich gibt es diese beiden Arten von Gegensätzen, nämlich formaler, d.h. im scholastischen Sprachgebrauch: wesentlicher Art und in der Weise eines von außen kommenden Unterschiedes, begrifflich gefaßt durch denominatio intrinseca und extrinseca. Auch *Ockham* unterscheidet beide. Auch für *Ockham* sind peccatum und caritas Gegensätze formaler Natur, ‚formal' in der scholastischen Wortbedeutung verstanden. Der Sünder wird durch die caritas infusa ‚formaliter' umgewandelt. Gott hat aber noch andere Wege, einen Sünder gnädig anzunehmen, de potentia absoluta. Für *Chatton* sind gnädige Annahme durch Gott und caritas infusa gleichzusetzen. „Es ist ein Widerspruch, von dem Stand der Nicht-Gnade zum Stand der Gnade überzugehen, ohne die Gnade als eine Form in sich aufzunehmen." *Wodeham* wirft *Chatton* vor, *Ockhams* Argumente zu verdrehen oder nicht zu verstehen. *Chatton* nehme nicht zur Kenntnis, daß nach *Ockhams* Lehre niemals aus einem Nichtbegnadeten, Nichtgeliebten ein von Gott Begnadeter und

[163] Wodeham, Lect. sec., d.17, q.1 (ed. Wood/Gál III, 217,85–218,119): „Secundo etiam modo dicit, et bene adhuc, quod posset aliquis fieri de non accepto acceptus ‚propter solam mutationem in aliquo altero, quia posset Deus de potentia absoluta statuere quod ad preces alicuius Sancti aliquis parvulus vel adultus fieret de non-accepto acceptus, quia posset ordinare quod si quis vellet orare pro eo, daretur sibi vita aeterna.' Et tertio modo, etiam sceundum eum, posset hoc fieri per solam transitionem temporis. ... Posset enim, ut videtur, Deus de potentia absoluta statuere quoddam tempus tantae gratiae quod quicumque ab a instanti et deinceps non poneret obicem, etiam si nullum donum supernaturale haberet praevium beatitudini, reciperet, si moveretur, vitam aeternam. ... Sed contra duos ultimos modos arguit unus modernus <scl. Chatton>, quia ‚aut loqueris tu de transitu a contradictorio in contradictorium, ubi est denominatio extrinseca, et tunc sit, sicut esse potest. Si ubi est denominatio intrinseca, contradictio est. Unde contradictio est transire de non-gratia ad gratiam sine forma gratiae recepta, sicut et quod de non albo fiat album sine albedine recepta.' Istud nullius momenti est, quia planum est cuilibet quod duo ultimi modi non possunt intelligi nisi sit transitus de contradictorio in contradictorium secundum denominationem extrinsecam. Sed in primo modo est secundum denominationem intrinsecam, et ideo concedendum est contradictionem includere quod de non caro fiat carus, sic quod de non habente caritatem sibi inhaerentem fiat carus caritate sibi inhaerente sine mutatione eius ad formam caritatis.
Iste procedit ac si loqueretur stolidis ..." <etc. vgl. Anm. 97>.

Geliebter werden kann ohne eine formale, innere, wesenhafte Umwandlung. Dies gilt aber nur für den Gegensatz von Gnade und Nicht-Gnade innerhalb der gesetzten Ordnung. *Wodehams* Einspruch nochmals herausprofiliert lautet: *Ockham* habe niemals gelehrt, daß aus Nicht-Gnade durch einfachen Übergang in contrarium (denominatione intrinseca) Gnade werde. Mit diesem Argument zieht *Wodeham* seinem Socius *Chatton* den Boden unter den Füßen weg. Der Streit bewegt sich auf dem Felde der Logik, näherhin der Disputierkunst. Im Grunde wird dieser Streit jedoch nicht wirklich ausgetragen. Mit Sarkasmus wirft *Wodeham* seinem Opponenten Unkenntnis der Logik vor, noch schlimmer: Jener rede, als ob er Dümmlinge vor sich habe. Natürlich steht im Hintergrund der theologische Gegensatz zwischen *Wilhelm von Ockham* und *Thomas von Aquin*, dessen Lehre *Chatton* tradiert. Dieser tritt in der Diskussion *Wodeham – Chatton* nicht zu Tage. *Wodeham* greift mit logischen Argumenten an. In *Chattons* Entgegnung finden wir nichts von den tiefen theologischen Motiven, von denen die Gnadenlehre des hl. *Thomas* durchpulst ist. Wir müssen hier darauf einmal in der gebotenen Kürze eingehen. Den Lesern aus Fachkreisen wird nichts Neues begegnen. In diesem Zusammenhang kommt es auf die Gegenüberstellung von zwei unterschiedlichen theologischen Entwürfen an.

2.2.1 Exkurs: *Thomas von Aquin*

Der hl. *Thomas* sieht die wesenhafte Wirkung der Rechtfertigung in einer Verähnlichung des Menschen mit Gott. Bereits in seinem Sentenzenkommentar geht sein theologisches Denken in diese Richtung.[164] Die Verähnlichung mit Gott kann jedoch für ein Geschöpf nur durch eine Gabe erreichbar sein, die seinem geschöpflichen Sein

[164] Thomas von Aquin, Scriptum super Sententias Magistri Petri Lombardi Episcopi Parisiensis I-II, ed. Piere Mandonnet, Paris 1929. Sent. I, d.17, q.1, a.1 (ed. Mandonnet, 393): „Contra, omne quod recipitur in aliquo, recipitur in eo per modum recipientis. Sed amor increatus, qui est Spiritus Sanctus, participatur in creatura. Ergo secundum modum ipsius creaturae. Sed modus eius est finitus. Ergo oportet quod recipiatur in creatura aliquis amor finitus. Sed omne finitum est creatum. Ergo in anima habente Spiritum Sanctum est aliqua caritas creata.
Item omnis assimilatio fit per formam aliquam. Sed per caritatem efficumur conformes ipsi Deo, qua amissa dicitur anima deformari. Ergo videtur quod caritas sit quaedam forma creata manens in anima. ... Sicut igitur non potest intelligi quod paries sit albus sine albedine inhaerente, ita non potest intelligi quod anima sit bona in esse gratuito sine caritate et gratia informante ipsam.“ Vgl. auch ebd. ad 1.

angepaßt ist. Wenn es auch der Heilige Geist ist, der die ‚Vergöttlichung' der Seele bewirkt, so geschieht dies jedoch nicht durch seine personale Einwohnung, sondern durch eine von ihm ausgehende Gabe, die der Seele eine gottähnliche Form (‚forma' im scholastischen Sinne) verleiht. Diese ‚Form' stellt auch die Gerechtigkeit der Seele her, die justificatio a peccato. Das biblische Leitwort für dieses theologische Denken ist 2 Petr 1,4: „Consors divinae naturae", auf das sich *Thomas* später in der Gnadenlehre seiner Summa Theologiae[165] öfter beruft.

Die markanteste Stelle dürfte wohl in S.th. I-II, q.112, a.1 stehen: Gnade besteht in einer gewissen Teilhabe an der göttlichen Natur. Eine solche kann kein Geschöpf verursachen. Gott allein vergöttlicht, indem er dem Geschöpf die Teilnahme an der göttlichen Natur in einer Teilhaftigkeit der Ähnlichkeit mitteilt.[166] Ich bringe diese fast wörtliche Übersetzung, weil so der *Thomas*-Text in seiner Zielsetzung präzisiert wird. *Thomas* geht es nicht um eine Einbringung aristotelischer Begrifflichkeit in die Theologie, hier in die Heils- und Gnadenlehre. Er benutzt vielmehr diese Begriffe, um die von Gott dem Geschöpf geschenkte verzeihende Liebe, die Sündenvergebung und Aufnahme in das Leben Gottes umschließt, darzustellen. Schon in der Gnadenlehre des hl. *Thomas* stoßen wir auf die von *Chatton* und *Wodeham* umstrittene Formel: Rechtfertigung besteht im Übergang von einem Gegensatz zum anderen, vom Zustand des Sünderseins und damit des Ungerechtseins zum Zustand des Gerechtseins.[167] Im folgenden Artikel lehrt *Thomas*, daß dieser Zustand des Gerechtfertigtseins (wesentlich) mit der Aufnahme in die göttliche Liebe verbunden ist, die durch die eingegossene Gnade bewirkt wird.[168] Schließlich

[165] S.th. I-II, q.109–113; verbotenus: q.110, a.3, c.

[166] AO, q.112, a.1, c: „Donum autem gratiae excedit omnem facultatem naturae creatae, cum nihil aliud sit quam quaedam participatio divinae naturae, quae excedit omnem aliam naturam. Et ideo impossibile est quod aliqua creatura gratiam causat. Sic enim necesse est quod solus Deus deificet communicando consortium divinae naturae per quandam similitudinis participationem, sicut impossibile est quod aliquid igniat nisi solus ignis."

[167] AO, q.113, a.1: „Alio modo potest fieri huiusmodi iustitia in homine secundum rationem motus, qui est de contrario in contrarium. Et secundum hoc iustificatio importat transmutationem quandam de statu inustitiae ad statum iustitiae praedictae ... ideo huiusmodi transmutatio, qua aliquis transmutatur a statu iniustitiae per remissionem peccati, sortitur nomen a termino ad quem et vocatur iustificatio impii."

[168] Vgl. ebd., a.2: „Utrum ad remissionem culpae, quae est iustificatio impii, requiratur gratiae infusio."

wird er zur Erfahrung des göttlichen Lebens in aller Ewigkeit führen. So wird durch die Teilhabe an der göttlichen Natur das Leben des Gerechtfertigten auf die ewige Gemeinschaft in der Liebe mit Gott hingeordnet.[169] Gnade und Glorie des Himmels sind von derselben Gattung. Gnade ist der Anfang der Glorie[170], die Glorie ist Vollendung der Gnade.

Thomas gebraucht also bereits die Formel ‚Rechtfertigung sei der Übergang von einem Gegensatz zu einem anderen', und stellt sie in einen umfassenden Zusammenhang. Vor dem Sündenfall gab es den vor Gott gerechten Menschen, durch Gottes Willen von seiner Erschaffung her so ausgestattet, geformt. Diese von Gott verliehene Gerechtigkeit ging nicht aus einer Veränderung vom gottlosen (ungerechten) Menschen zum gerechten hervor, sondern wurde ohne einer solchen ‚Bewegung' von Gott hervorgebracht. *Thomas* bedient sich auch hier der aristotelischen Begrifflichkeit; diese iustificatio gab dem ersten Menschen die Gerechtigkeit in unmittelbarer (*Thomas*: ‚einfacher') Hervorbringung, ex privatione ad formam. [171] Diesen in

„Offensa autem non remittitur alicui nisi per hoc quod animus offensi pacatur offendenti. Et ideo secundum hoc peccatum nobis remitti dicitur, quod Deus nobis pacatur: Quae quidem pax consistit in dilectione, qua Deus nos diligit. Dilectio autem Dei, quantum est ex parte actus divini, est aeterna et immutabilis; sed quantum ad effectum, quem nobis imprimit, quandoque interrumpitur, prout scilicet ab ipso dificimus, et quandoque iterum recuperamus. Effectus autem divinae dilectionis in nobis, qui per peccatum tollitur, est gratia, qua homo fit dignus vita aeterna, a qua peccatum mortale excludit. Et ideo non posset intelligi remissio culpae, nisi adesset infusio gratiae."

169 AO, II-II, q.19, a.7: „... vita nostra ad divinam fruitionem ordinatur et dirigitur secundum quandam participationem divinae naturae, quae est per gratiam."

170 Ebd., q.24, a.3, ad 2: „Similiter etiam gratia et gloria ad idem genus referuntur, quia gratia nihil est aliud quam quaedam inchohatio gloriae in nobis."

171 AO, I-II, q.113, a.1: „Alio modo dicitur iustitia, prout importat rectitudinem quandam ordinis in ipsa interiori dispositione hominis, prout scilicet supremum hominis subditur Deo, et inferiores vires animae subduntur supremae, scilicet rationi. Et hanc etiam dispositionem vocat Philosophus in V Ethic. iustitiam metaphorice dictam (c.15; 1138 b 5–14). Haec autem iustitia in homine potest fieri dupliciter. Uno modo quidem per modum simplicis generationis, quae est ex privatione ad formam. Et hoc modo iustificatio posset competere ei, qui non esset in peccato, dum huiusmodi iustitiam a Deo acciperet, sicut Adam dicitur accepisse originalem iustitiam. Alio modo ..." <vgl. Anm. 167, Fortsetzung dieses Textes.> Zu der Unterscheidung: motus de contrario in contrarium – generatio ex privatione

der Physik des *Aristoteles* gebrauchten Ausdruck wendet *Thomas* im metaphorischen Sinne hier in seiner Rechtfertigungslehre an. In einer analogen Methodik verwandte *Aristoteles* den Ausdruck ‚iustitia' für die rechte Ordnung des Menschen zu den Göttern und die rechte ‚dispositio' der Kräfte und Vermögen in seiner eigenen Natur. *Thomas* verweist darauf. Der große *Thomas*-Kommentator *Cajetan* fügt bei der Kommentierung des Textes in der S.th.[172] eine wichtige Bemerkung über die ‚Natur' des Bösen als eines Nicht-Seienden hinzu, eine Qualifizierung, der wir bereits begegnet sind und die uns noch beschäftigen wird.

Cajetan aber stellt die Formel ‚transitur a contrario in contrarium' für den Übergang vom Sünder zum Gerechtfertigten und von dem Böse-Sein zum Gut-Sein überhaupt in Frage, da das Böse als Privatives mit dem Guten als etwas Seiendem nicht in Vergleich gesetzt werden kann. An Stelle der Substantiva ‚Gut' - ‚Böse' setzt er den modus contrarii, also eine Art von Proportio – eine sublime sprachliche Umformulierung.

Blicken wir hier auf die Argumente zurück, mit denen *Chatton* die Gnadenlehre des hl. *Thomas* gegen *Wodeham* verteidigt, so spüren wir einen entscheidenden Wandel. Wir vermissen die tiefen theologischen und psychologischen Motive, aus denen *Thomas* schöpft und mit denen er die gratia infusa als Überschritt der göttlichen Liebe zu dem gerechtfertigten Geschöpf und als Prinzip des göttlichen Lebens, das nun dem Menschen zuteil wird, darstellt. *Chatton* folgt den Regeln der Disputation, indem er sich auf die gleiche Diskussionsebene begibt, auf der sein Gegner theologisiert: Die Rechtfertigung geschieht in der Mitteilung der eingegossenen Gnade. Dies sei der einzige Weg, das Heil zu erlangen, einen anderen – de potentia Dei absoluta – gibt es nicht. *Chatton* vertritt hartnäckig und mit logischer Konsequenz diese Lehre, wobei die von *Thomas* eingebrachten Motive in die Dis-

ad formam vgl. auch Thomas von Aquin, In octo Libros Aristotelis Physicorum Expositio, cura et studio P. M. Maggiolo, O.P. Taurini/Romae 1954 (Marietti). In I Phys., l.13, n.7.

172 Thomas (Jacobus) Cajetan de Vio, Kommentar zur Summa Theologiae des hl. Thomas, ed. in der Editio Leonina der Werke des hl. Thomas von Aquin, Bde. 4–12, Rom 1888–1906. In S. Thomae I-II, q.113, a.1: „Iustificatio impii non oportet quod sit de contrario in contrarium proprie, quoniam culpae macula, quae est terminus a quo, non est res positiva. Sed est de habente se per modum contrarii in alterum; sic enim habet se macula ad gratiam. Et propterea iustificatio impii est per modum motus in nobis. In angelis autem, et Adam in principio, fuit per modum simplicis generationis."

kussion nicht eingebracht werden. Gegen seinen Socius *Wodeham* richtet sich der Vorwurf, dieser werde dem Geheimnis der gnadenhaften Umwandlung des Menschen, dem eigentlichen Ziel der Rechtfertigung, nicht gerecht, weil in seiner und *Ockhams* Theologie alles kraft der potentia Dei absoluta auch anders verlaufen könne. *Chatton* bleibt mit seiner Kritik in der Konsequenz der von *Thomas* kunstvoll durchstrukturierten Gnadentheologie. Doch darf darüber nicht übersehen werden, daß schon *Ockham* Gottes Allmacht als Macht der Liebe und des Erbarmens verstanden hat – in modernem Sprachgebrauch ausgedrückt: als personales Band, das Gott mit dem Menschen knüpft. Dies gilt ebenso von der Weiterführung seiner Theologie durch *Adam Wodeham* und auch von *Robert Holcot*.

2.2.2 *Ockham – Wodeham – Chatton*: erkenntnistheoretische Konvergenz und Kritik.

Nach der Theologie müssen wir jetzt der geistigen Verwandtschaft *Wodehams* mit *Ockham* auf dem Gebiete der Erkenntnistheorie nachgehen. Ich nehme das Ergebnis kurz gefaßt voraus: *Wodeham* folgt in den Grundprinzipien der Lehre *Ockhams*, führt diese jedoch an manchen Stellen kritisch weiter. Direkte Ablehnung wird, wenn sie einmal vorkommt, ausführlich begründet vorgetragen. Dieses Vorgehen ist ein Zeugnis für die Hochschätzung *Ockhams* durch *Wodeham*. Ganz anders geht *Wodeham* mit *Chatton* um.

Das erste Beispiel entnehme ich der ersten Quaestio des Prologs, in der es um die Frage einer unmittelbaren, geistigen Erkenntnis des sinnenhaften Einzeldinges geht. Die Überschrift lautet: „Setzt die wissenschaftliche Erkenntnis eine (geistige) Erfassung des Einzeldinges voraus, die sich von der sinnenhaften Wahrnehmung unterscheidet?“[173] Ich habe die in Anmerkung zitierte Überschrift umschrieben, wobei ich den Aussagen *Wodehams* folgte, der für ‚wissenschaftliche Erkenntnis‘ den Ausdruck ‚actus scientiae‘ gebraucht; dieser setzt die Einsicht in eine Aussage oder in einen von der Aussage bezeichneten Sachverhalt voraus.[174] Das eigentliche Motiv zu der Überschrift dieser

[173] Wodeham, Lectura secunda in Librum Primum Sententiarum. Vol. I: Prologus et Distinctio I, ed. by Rega Wood, assist. by Gedeon Gál, O.F.M. St. Bonaventure, N.Y. 1990. Prol. Q.1 (ed. Wood/Gál I, 8): „Utrum actui scientiae praesupponatur simplex apprehensio rerum distincta a sensatione.“

[174] Vgl. ebd. (ed. Wood/Gál I, 9,444–47): „In ista quaestione quia omnis actus scientiae naturaliter causatus praesupponit evidentiam alicuius propositionis vel rei significatae per propositionem, mediante qua causatur scientia,

Quaestio liegt in der Frage nach dem Verhältnis von Erkenntnisinhalt und Sachverhalt. *Wodeham* folgt einer von *Ockham* motivierten Tradition, daß alles Wissen ein Satz-Wissen ist, alle Wissenschaft in Sätze (Aussagen) gefaßt wird.[175]

Nun geht *Wodeham* in der Antwort auf die Frage am Eingang der Quaestio einen Schritt über *Ockham* hinaus, wenn er die einfache Erfassung des Einzeldinges (simplex apprehensio sive notitia incomplexa intuitiva) als Vorbedingung des Wissens für überflüssig erklärt. Er spricht der menschlichen Erkenntnis die Fähigkeit zu, das einzelne Sinnenhafte unmittelbar zu erkennen.[176] Er widerspricht damit *Duns Scotus* und auch *Ockham*, der allerdings dem Intellekt grundsätzlich jene Fähigkeit zuerkennt[177], wie der in Anmerkung zitierte Text zeigt. *Wodeham* folgt in dieser Frage dem von *Ockham* viel berufenen Ökonomieprinzip, dem ja auch beim *Venerabilis Inceptor* die species (Erkenntnisbilder) zum Opfer fallen. Wenig später wiederholt *Wodeham* seine These über die unmittelbare intuitive Erkenntnis eines einzelnen sinnenhaften Dinges. Er knüpft geschickt an die Lehre des *Averroes* über das Zustandekommen der zusammengesetzten Erkenntnis

ideo primo videndum est an omnis evidens assensus intellectus praesupponat apprehensionem simplicem distinctam a sensatione ..."

[175] „Wissen ist Satzwissen" – Dies geht auch deutlich aus der Divisio Quaestionis in d.1, q.1 hervor (ed. Wood/Gál I, 181,38–41): „Hic sunt duo videnda: Primo utrum immediatum obiectum actus sciendi sit res significata per complexum vel ipsummet complexum. Secundo, si complexum, utrum unum vel plura; et si res utrum res significatae per unum complexum vel res significatae per plura complexa."

[176] Vgl. ebd. (ed. Wood/Gál I, 9,5–9): „Prima conclusio, quam opinative teneo, est quod alicui assensui evidenti intellectus in nobis de re sensibili nulla necessario praesupponitur simplex apprehensio sive notitia incomplexa intuitiva rei significatae per subiectum propositionis cui assentitur, vel mediante qua assentitur, distincta realiter a sensatione." Vgl. ebd. (ed. Wood/Gál I, 32,4–13): „Et supponendo ad praesens quod de singulari posset esse scientia ..., ponenda esset pro prima conclusione quod nullus actus sciendi de singulari sensibili praesupponat aliquam apprehensionem simplicem illius rei propriam, nec intuitivam nec abstractivam distinctam realiter ab omni sensatione. Quia intuitiva sensitiva sufficit si intuitiva requiritur, et abstractiva sensitiva, quia non minus tales apprehensiones simplices sensitivae sufficient ad actum sciendi, si posset esse de singulari aliquo determinato quam ad alios evidentes intellectus." – Dagegen: Scotus, Opus Oxon., IV, d.45, q.3, n.17 (ed. Wadding X, 207f.); Ockham, Sent. I, Prol., q.1 (OT I, 25ff.; 44ff.); vgl. Wodeham (ed. Wood/Gál I, 10, notae 1 u.2).

[177] Ockham, Sent. I, Prol., q.1 (OT I, 27,10–18); vgl. Anm. 297.

aus Einzelerkenntnissen an[178], um die Möglichkeit der intellektiven Erkenntnis des Sinnenhaften zu beweisen. Dennoch will er die Eigen-Art von Intellekt und Sinn gewahrt wissen. Zwei Argumente benutzt er dafür: die Berufung auf die eigentliche Redeweise (proprie loquendo) und die sprachtheoretische Unterscheidung: „Geistige Erkenntnis des Sinnenhaften" ist eine Aussage über die Einbeziehung des Sinnes in die Erkenntnis und bezieht sich auf den Sinn, nicht auf die Seele als solche.[179]

Angesichts dieser Thesen mag sich die Frage einstellen, ob *Wodeham* nicht die ganze klassische Erkenntnistheorie mit ihrer gegenseitigen Hinordnung von sensitiver Wahrnehmung und geistiger Erkenntnis in Frage stellt. *Wodeham* ist ein sehr subtiler Denker, dessen Argumenten nicht leicht zu folgen ist. Seine These von der unmittelbaren geistigen Erkenntnis des einzelnen Sinnenhaften bezieht sich nur auf dessen faktische Existenz. Das wissenschaftliche Urteil strebt natürlich über das Einzelexistierende hinaus zur allgemein gültigen Aussage.[180] Der eigentlich wissenschaftliche Akt besteht im Urteil[181],

[178] Wodeham, Prol. Q.1, d.1, q.1 (ed. Wood/Gál I, 14,4–12): „... non minus notitia evidens veritatis contingentis in intellectu praesupponit notitiam intuitivam in se quam formatio propositionis praesupponit in intellectu notitiam terminorum. Sed secundum verum est per Commentatorem, III De anima, commento 21, qui loquens ibi de compositione et divisione in intellectu et de simplici intelligentia ... dicit quod intellectus primo intelligit illa singularia, hoc est extrema divisim accepta, et deinde componit ea. Igitur secundum eum notitia terminorum praesupponitur in intellectu, et non tantum in sensu, formationi propositionis." Vgl. Averroes, In de anima Aristotelis, III, t.21 (ed. F. S. Crawford, 455).

[179] Ebd.(ed. Wood/Gál I, 15,42–49): „Ad Commentatorem concedo quod intellectus prius cognoscit singularia, id est significata per extrema propositionis. Quia omnis sensatio nostra recipitur immediate in intellectu et est actus intellectus, quamvis proprie loquendo nulla sensatio sit intellectus nec a tali actu denominatur ipsa anima intellectus sed sensus. Unde omnes tales sunt per accidens, verae tamen: ‚intellectus cognoscit albedinem visione sensitiva vel sonum mediante auditione', et sic de aliis; sicut istae sunt per accidens: ‚musicus aedificat' vel ‚album calefacit'."

[180] Ebd. (ed. Wood/Gál I, 21,3–9): „Tertia conclusio est quod aliquod iudicium intellectus de re sensibili per se praesupponit apprehensionem aliquam, scilicet abstractivam simplicem distinctam realiter ab omni sensatione. Accipio enim illud iudicium, quo intellectus iudicat quod omnis albedo est disgregativa visus (Aristoteles: Topica III, c.5 [119 a 30]). Istud enim iudicium praesupponit unam notitiam albedinis, quae non plus sit huius albedinis quam illius, sed indifferenter cuiuslibet albedinis." Vgl. auch ebd. (ed. Wood/Gál I, 22,18–21): „Secunda conclusio est quod aliquis actus sciendi de re sensibili requirit vel praesupponit simplicem apprehensio-

setzt jedoch die geistige Erfassung des Einzelnen voraus, die der Geist im schlichten Blick auf das sinnenhafte Einzelding vollzieht. Dieser gehört zu den (Wissens-)Akten, die dem eigentlichen wissenschaftlichen Akt vorausgehen. Diese Zusammenhänge werden in der ersten Quaestio des Prologs nach allen Seiten erörtert. Hauptmotiv der Erörterung ist der Zeichencharakter von Wort und Aussage sowie deren Rolle in der Erkenntnis der Sachwelt. Diesem Thema ist die erste Quaestio in der ersten Distinctio der Lectura secunda gewidmet unter der Fragestellung: Was ist unmittelbares Objekt des Wissens: die Dinge oder die Zeichen?[182] *Wodeham* präzisiert diese Frage wenig später nach dem ockhamistischen Leitsatz: Wissen ist Satzwissen. Sie lautet nun: „Zuerst müssen wir zusehen, ob der unmittelbare Gegenstand des Wissensaktes die Sache ist, die durch einen Satz bezeichnet wird, oder dieser Satz an sich. Zweitens: Wenn der Satz, dann fragt es sich, ob einer oder mehrere; wenn die Sache, dann <fragt es sich,> ob die mit einem Satz bezeichneten Sachen oder die mit mehreren Sätzen bezeichneten Sachen."[183]

Nach zwei Richtungen verteidigt *Wodeham* seine Lehre über den Gegenstand der Wissenschaft. Sein erster Opponent ist *Walter Chatton*, für den die Wissenschaft von den Dingen der realen Außenwelt handelt. Zwei Argumente ragen in seiner Beweisführung heraus. Jeder Beweis setzt als Bedingung der Zustimmung eine vorhergehende Erkenntnis der Dinge voraus, von denen der Satz etwas aussagt. Natürlich kann eine Demonstratio in sich schlüssig sein und in dieser Hinsicht eine Zustimmung einfordern. Eine solche Zustimmung liegt jedoch nicht im eigentlichen Wesen eines Beweises, der sich auf ein wirkliches Objekt richtet, sei es im Wissen oder im Glauben. So macht der theologische Satz: „Deus est trinus et unus" eine Aussage über die Wirklichkeit Gottes, also eine Wirklichkeit außerhalb der erkennenden Seele, die mit den Wörtern und Sätzen der Demonstratio diese Wirklichkeit und Sache bezeichnet. Die hier kurz wiedergegebenen langen Ausführungen *Chattons* heben den semantischen Charakter der wissenschaftlichen Rede hervor, und zwar in Richtung auf die res

nem realiter distinctam ab omnni sensatione. ... Item nulla est apprehensio simplex intellectiva propria rei."

[181] AO, d.1, q.1 (ed. Wood/Gál I, 180,7f.): „... ideo quaesito circa Prologum de actibus praeviis actui scientiae iam quaerendum est de ipso actu scientiae, qui est actus iudicativus quidam ..."

[182] Ebd. (ed. Wood/Gál I, 180,4): „Utrum actus sciendi habeat pro obiecto immediato res vel signa."

[183] Text s.o. Anm. 175.

ipsa. Wörter und Sätze sind Zeichen für wirkliche Dinge.[184] In der gesamten scholastischen Erkenntnistheorie steht diese semantische Zielsetzung der wissenschaftlichen Aussage im Vordergrund.[185] *Chatton* hebt dies besonders hervor in einem zweiten Argument, in dem er diese ‚Realwissenschaft' von der Logik abhebt als Wissenschaft von Akten der Seele. Aber selbst diese setzt ein Wissen um die (mit den Wörtern und Sätzen der Demonstratio) bezeichneten Dinge voraus. Die Natur der Demonstratio erkennen wir nur auf dem Wege einer Erfahrung der Demonstratio. In dieser Erfahrung, in der Demonstratio selbst, entsteht der Akt der Zustimmung und durch ihn der Akt des Wissens. Beide aber setzen als innerseelische Akte einen Akt der Zustimmung voraus, der sich auf eine Sache richtet, die von jenem (in der Demonstratio aufgestellten) Satz bezeichnet wird.[186] *Chatton* stellt uns hier eine ganz eigene Theorie vor. Darin unterscheidet er erstens zwischen der mentalen Aussage und der bezeichneten Sache als zwei verschiedenen Dingen, die in verschiedener Weise erkannt werden und in unterschiedlicher Weise unsere Zustimmung erhalten können.[187] Zweitens behauptet er, daß jeder Zustimmung zu einem Satz (mit der man diesen als wahr anerkennt) eine andere Zustimmung vorausgeht, nämlich diejenige zu einer bezeichneten Sache.[188] Kurz

[184] Wodeham, Lect. sec., d.1, q.1 (ed. Wood/Gál I, 182f.). Dort auch die ausführlichen Zitate aus Chatton, Lectura in I Sent. Prol., q.1, ed. M. E. Reina: „La Prima Quaestione del Prologo del ‚Commento alla Sentenze' di Walter Chatton". Rivista critica di storia della filosofia 25 (1970) 48–74; 290–314 (zitiert: ed. Reina). Sent. I, Prol., q.1, a.1 (ed. Reina, 54–62). Wodeham (ed. Wood/Gál I, 183,52f.) zitiert von Chatton „Assensus propositioni praesupponit assensum ipsi rei significatae per propositionem ..."

[185] S.u. S. 152.

[186] Vgl. Wodeham, Lect. sec., d.1, q.1 (ed. Wood/Gál I, 183,48–63, dort auch die Zitate aus Chatton, vgl. Anm. 138; hier zitiere ich nur den letzten Passus, 183,57–63): „... ‚scientia de actibus animae, ut logica, praesupponit ordine naturae scientiam de rebus significatis, quia non adquiritur scientia de natura demonstrationis sine experientia demonstrationis.' Sed experiendo demonstrationem et formando eam causatur assensus et actus sciendi natus causari per eam. Et per consequens scientia et assensus respectu complexi in mente praesupponit assensum rei significatae per complexum illud."

[187] Ebd. (ed. Wood/Gál I, 183,48–51): „Quinto sic: ipsa ‚propositio in mente et res extra significata per eam distinguuntur. Igitur possunt cognosci diversis cognitionibus, et per consequens alio et alio assensu.' Anima assentit ipsi rei significatae et ipsi propositioni, et per consequens assensus ipsi rei non habet propositionem pro obiecto."

[188] Ebd. (ed. Wood/Gál I, 183,52–56): „Sexto sic: assensus propositioni praesupponit assensum ipsi rei significatae per propositionem, quia prius as-

gesagt: Jede wahre Aussage setzt die Wirklichkeit einer Sache voraus, und zwar nicht in der unabhängig von unserer Erkenntnis existierenden Sachwelt, sondern als einer von uns bezeichneten Sache. Drittens verbindet er die Beweisführung (Demonstratio) mit einer Art von Erfahrung beim Erbringen des Beweises, aus der die Zustimmung hervorgeht.[189]

Wodeham geht in seiner Responsio auf jede der ‚Rationes' *Chattons* ein. Ich zitiere hier nur die erste Überlegung, die an den Einwand anknüpft, daß doch oft der Gegenstand einer Aussage kein wirkliches Ding, sondern ein ‚reines Nichts' ist.[190] Damit bricht aber die ganze Beweisführung zusammen. Dieser Einwand scheint mir die völlig andere Grundlage zu signalisieren, von der aus *Wodeham* an das Problem herangeht. Ich möchte hier nicht den einzelnen Argumenten der Responsio nachgehen, sondern anschließend die von *Wodeham* zitierte Opinio *Ockhams* vorlegen, sodann kurz die Responsio *Wodehams* zitieren, um schließlich dessen eigene Lehre vorzustellen, die er in mehrere Conclusiones unterteilt. Diese Responsio zeigt, wie differenziert *Wodeham* die am Anfang gestellte Frage zur Lösung zu führen sucht.

Ockhams Opinio wird uns in dieser Quaestio nur in einem kurzen Abschnitt vorgelegt, in dem *Wodeham* sofort die Widerlegung vorträgt. Er leitet sie mit einem zurückhaltenden: „Non videtur mihi" ein. Darin schränkt er die These *Ockhams*, daß der Satz (complexum) der ganze Gegenstand des Wissens sei, zumindest ein.[191] Sein Gegenargu-

sentitur sic esse in re sicut denotatur per propositionem quam assentiam quod propositio sit vera. Igitur assensus causatus per propositionem quae significat rem aliquam, non habet propositionem illam pro obiecto sed rem significatam per eam."

[189] Text vgl. o. Anm. 186.

[190] Wodeham, Lect. sec., d.1, q.1 (ed. Wood/Gál I, 183,3–6): „Modo ponendae sunt quaedam rationes, quae possunt movere ad oppositum. Primo quia nullus, ut videtur, credit vel assentit nihilo. Sed frequenter illud, quod significatur per complexum causans assensum credendi, est pure nihil, sicut est assensus causabilis per hoc complexum: Anima Antichristi erit."

[191] Ebd. (ed. Wood/Gál I, 185,1–186,8): „Ad istum articulum: primo, non videtur mihi quod complexum sit obiectum totale actus sciendi. Tum quia tunc scire non esset causam rei cognoscere, et cognoscere, quoniam illius est causa et quoniam impossibile est aliter se habere. Consenquentia placet, quia complexum non est causa rei, nec cognoscere complexum praecise esset cognoscere, quoniam illius est causa et quoniam impossibile est aliter se habere." Vgl. Aristoteles, Analytica Posteriora I, c.2, 71 b 9–12; versio Jacobi (ed. Minio-Paluello/B. G. Dod, 7): „Scire autem opinamur unumquodque simpliciter, sed non sophistico modo qui est secundum accidens,

ment macht den Eindruck einer ausgesprochen realistischen Erkenntnistheorie. Er zitiert *Aristoteles*: Wissen bedeutet, die Ursache einer Sache zu erkennen. Die folgenden zwei Argumente führen diesen Beweis nur weiter, der in der Formel gipfelt: Ohne eine sachbezogene Erkenntnis wäre die Zustimmung zu einem Satz eine blinde Hinneigung des Geistes.[192] Auf Grund einer solchen Äußerung *Wodeham* als Vertreter eines erkenntnistheoretischen Realismus anzusehen, wäre ein krasser Irrtum. Dagegen spricht formal seine Kritik an *Chatton* und inhaltlich seine in fünf Konklusionen vorgetragene eigene, sehr differenzierende Lehre.

Doch zuvor zitiert er noch einmal die Lehre *Ockhams*. Ich fasse es kurz zusammen: Die Zustimmung zu einer Behauptung gilt sowohl dieser wie der extramentalen Sache, die Teilobjekt (obiectum partiale) der Zustimmung ist.[193] *Wodeham* verweist dafür auf eine frühere Äußerung, die wir im Prolog finden und die ich hier ausführlich wiedergebe, weil sie *Wodehams* Nähe zu *Ockhams* Erkenntnistheorie deutlich macht.[194] Vielleicht ist diese Interpretation *Ockhams* durch *Wodeham* etwas zu entgegenkommend, wenn man andere Äußerungen damit vergleicht, in denen *Ockham* den Satz (complexum) als eigentlichen Gegenstand der Wissenschaft bezeichnet. Beide gehen – das ist sicher zu erkennen – sehr differenzierend vor. Angesichts der Thesen *Ockhams* zum Thema ‚Realwissenschaft' muß man stets seine ebenfalls sorgfältig differenzierende Suppositionslehre in Erinnerung bringen, die allerdings hier bei *Wodeham* nicht eingebracht wird.

cum causamque arbitramur cognoscere, propter quam res est, quoniam illius causa est, et non est contingere hoc aliter se habere."

192 Wodeham, Lect. sec., d.1, q.1 (ed. Wood/Gál I, 186,12–17): „Item nec assensus est ipsa propositio. ... Nec est caeca mentis adnutio, quia tunc nullus assensus esset cognitio, nec evidens nisi denominatione extrinseca."

193 Ebd. (ed. Wood/Gál I, 186,22–25): „... Et tunc habet consequenter dicere, ut tactum est praecedenti quaestione, quod assensus habet rem ipsam pro immediato obiecto partiali, sed totum complexum, cuius res est pars pro obiecto totali."

194 Wodeham, Prol., q.6 (ed. Wood/Gál I, 149,4–10): „Concedendum est enim quod infertur, scilicet quod res ipsa est subiectum immediate, partiale vel totale, actus assentiendi. Nec ex hoc sequitur quod non assentitur immediate propositioni; immo simul stant quod res ipsa secundum istum intellectum est pars propositionis, vel fictum, si fictum sit quod intelligatur, proportionaliter dicendo. Nec unquam videbatur mihi, quin frater Guillelmus haberet hoc dicere ex scripto possibili, quia semper ponit ut exempla propositionis ipsa intellecta, sive sint ficta sive res ipsae extra, et non ipsas intentiones."

Über den Satz als Gegenstand der Wissenschaft handelt *Ockham* an mehreren Stellen. Die Quaestio VI des Prologs gilt dieser Frage[195], freilich unter dem Aspekt, daß die propositio necessaria (im Gegensatz zur propositio contingenter praedicabilis) Gegenstand der Wissenschaft ist. In Quaestio IX präzisiert *Ockham* die Aussage über den Satz als Gegenstand der Wissenschaft. Er unterscheidet zwischen Subjekt und Objekt der Wissenschaft, wobei der Ausdruck ‚Subjekt' im scholastischen Sinne als das der Wissenschaft Unterliegende, ‚Objekt' in der Bedeutung von Gegenstand zu verstehen ist. Ich bringe den gesamten Text als Quellennachweis in der Anmerkung, zuerst den zweiten Teil mit der klaren Aussage, daß die Schlußfolgerung das Objekt der Wissenschaft ist; denn sie ist Ziel des Wissensaktes. Subjekt und Objekt sind in eigenartiger Weise aufeinander bezogen, so daß sich sagen läßt, das Subjekt der Wissenschaft ist ein Teil ihres Objektes.[196] Der vorhergehende Abschnitt wird hier deswegen so ausführlich zitiert, weil er bei *Ockham* die Sachbezogenheit der Aussage mit Hilfe des Suppositionsbegriffes belegt.[197] Ich verweise noch auf eine der bald folgenden Quaestionen im Prolog, Quaestio XI: „Ob sich praktische und spekulative Wissenschaft durch ihre Ziele oder durch ihre Objekte unterscheiden."[198] *Ockham* argumentiert für eine Unterscheidung ‚per obiecta' gegen *Heinrich von Gent*, der den Unterschied in der verschiedenen Zielsetzung sehen möchte. Kurz zusammengefaßt hält *Ockham* dafür, daß die Zielsetzung in beiden Wissensarten vom Sciens (Wissenschaftler) ausgeht, der Gegenstand aber durch die Wissenschaft bestimmt wird. Dabei fällt zweimal der Ausdruck: „per

[195] Ockham, Sent., Prol. q.6 (OT I, 177–182; 177): „Utrum sola propositio per se secundo modo dicendi per se sit scibilis scientia proprie dicta."

[196] Ebd., q.9 (OT I, 266,17–22): „Ex isto sequitur tertium quod differentia est inter subiectum scientiae et obiectum scientiae, quia subiectum scientiae est subiectum conclusionis, sed obiectum scientiae est illud, quod scitur et terminat actum sciendi. Huiusmodi autem est ipsa conclusio scita. Et ita subiectum est pars obiecti; et si sit obiectum, non est nisi obiectum partiale."

[197] Ebd. (OT I, 266,1–10): „Secundo dico quod subiectum primo modo dictum potest accipi dupliciter: vel pro illo, quod supponit in conclusione, vel pro illo, pro quo supponitur (et tunc accipitur subiectum improprie); nam non semper est idem quod supponit et pro quo supponitur. Hoc patet, nam in ista propositione: ‚omnis homo est risibilis' illud, quod supponit, est aliquod commune ad omnes homines, sive sit conceptus sive non; sed illud, pro quo supponitur, est aliquod singulare, quia per istam non plus denotatur nisi quod omne contentum sub homine potest ridere, et non denotatur quod aliquod commune potest ridere."

[198] Ebd., q.11 (OT I, 302–323).

obiecta, hoc est per conclusiones scitas."[199] Die vorgestellten Texte zeigen, wie differenziert das Erkenntnisproblem von *Ockham* angegangen wird. Noch stärker differenzierend geht *Wodeham* in dieser Frage vor. Seine Opinio soll nun vorgestellt werden. Dies geschieht m.E. angemessen in einer synthetischen Weise. *Wodeham* selbst geht methodisch so vor, indem er seine Opinio in sechs z.T. negativen Konklusionen darstellt und in der letzten erst die Entscheidung gibt.

(1.) Es ist nicht der Satz das angemessene Objekt der Zustimmung.[200] Mit dieser ersten Conclusio scheint sich *Wodehams* von *Ockhams* Satzlogik abzusetzen. Die folgenden Konklusionen zeigen aber, daß er diese in differenzierender Weise einarbeitet.

(2.) Unsere Zustimmung gilt aber nicht einer extramentalen Sache, wenn wir eine theologische oder eine philosophische Aussage machen.[201] Damit richtet sich *Wodeham* gegen die Argumente von *Walter Chatton*, die er mit ausführlichen Gegenbeweisen bereits angefochten hatte. Sein Haupteinwand knüpft an die Aporie an, die bei negativen Aussagen auftritt, in denen wir im Falle der Zustimmung einem Nichts zustimmen. Diese Begründung gibt *Wodeham* nicht in der Conclusio 2; er weist dort nur auf seine Argumente gegen *Chatton* hin, beginnend mit dem zweiten; das sind aber hauptsächlich theologische Argumente.[202]

(3.) Die dritte Conclusio wird am ausführlichsten mit Begründungen und Gegenargumenten versehen, nachdem sie kurz vorgetragen wurde: Der Satz ist nicht Objekt der Zustimmung, die ein solcher Satz erfordert, denn jedes Objekt eines Zustimmungsaktes ist im voraus schon ergriffen. In diesem Punkte gibt *Wodeham* seinem Socius *Chatton* recht: „Die Seele stimmt nur etwas vorher Erkanntem zu."[203] Doch

[199] Ebd. (OT I, 310,16–23; 322,4–5): „Ad secundum patet, quia scientia speculativa et practica distinguuntur per obiecta, hoc est per conclusiones scitas."

[200] Wodeham, Lect. sec., d.1, q.1 (ed. Wood/Gál I, 189,4–5): „Concedo igitur .. quod complexum non est obiectum adaequatum assensus."

[201] Ebd. (ed. Wood/Gál I, 189,6–190,2): „Secundo dico quod obiectum adaequatum assensus non est Deus ipse, nec aliqua res simplex. Et ad hoc movent me quinque rationes superius positae contra opinionem Chatton, incipiendo a secundo et deinceps."

[202] Vgl. ebd. (ed. Wood/Gál I, 184,1–185,67).

[203] Ebd. (ed. Wood/Gál I, 190,9–13): „Tertia conclusio est quod–ut mihi videtur – complexum non est obiectum partiale actus assentiendi, ad quem necessitat tale complexum, posita generali Dei influentia, quia omne quod est obiectum actus assentiendi partiale vel totale prius natura comprehenditur. Quia sicut accepit primus arguens–et bene in hoc–'anima non assentit nisi cognito'." Zum Chatton-Zitat vgl. o. Anm. 184.

sogleich sichert er sich gegen *Chatton* ab: „Ich will nicht mit ihm behaupten, daß die Seele jedem vorher Erkannten zustimmt; dann könnte eine solche Zustimmung auch dem Teufel gelten." Aus dieser Redewendung wird wieder deutlich, daß die Zustimmung nicht der außermentalen Sache gilt, was *Wodeham* aber *Chatton* zuschreibt. Und er fährt fort: „Ich will nur sagen, daß nichts ein Objekt des Zustimmungsaktes ist, was nicht in einem unterschiedlichen Erkenntnisakt vorher erkannt wird. Dieser Akt ist ein einfaches Erfassen und noch keine Zustimmung. Erst die Aussage macht die Zustimmung zu dem vorher Erkannten notwendig."[204]

Die letzte Bemerkung macht nun eine sorgfältige Abwägung des gegenseitigen Verhältnisses von einfacher Ergreifung einer Sache (apprehensio) und Aussage (Satz, complexio) für die Zustimmung (assensui) notwendig. Dabei muß auch die Rolle der reflektiven Erkenntnis, das Verhältnis von actus rectus und actus reflexus erwogen werden, da sich die zustimmende Seele der Notwendigkeit ihrer Zustimmung vergewissert. Diesen subtilen Fragen geht *Wodeham* in den folgenden Abschnitten nach.[205] Dabei bleibt es bei der in der Conclusio getroffenen Feststellung, daß der Satz nicht Objekt der Zustimmung ist, jedoch die Zustimmung notwendig macht.[206]

(4.) In der vierten Conclusio spricht *Wodeham* dem Satz eine Bedeutung als Teilursache der Zustimmung zu, wenn diese ein actus reflexus ist, etwa wenn ich sage ‚Dieser Satz ist wahr' oder ‚Diese Aussage entspricht der bezeichneten Sache.' Eine solche Zustimmung nennt *Wodeham* aber als nicht notwendig.

Zu der Ausdrucksweise „obiectum partiale – totale" ist zu berücksichtigen, daß scholastische Argumentation gern die göttliche Allursächlichkeit einbezieht. In dieser Sicht wird ein obiectum totale zum obiectum partiale und umgekehrt. Wodeham will nur sicherstellen, daß seine Lehre in jedem Fall auf das Objekt der Zustimmung zutrifft.

204 Ebd. (ed. Wood/Gál I, 190,13–18): „Nolo tamen dicere cum ipso quod anima assentiat cuilibet praecognito, quia tunc assentiret diabolo, quando assentit quod ‚diabolus est diabolus'. Sed volo dicere quod nihil est obiectum actus assentiendi – nec totale nec partiale – quin praecognoscatur distincta cognitione, quae sit tantum apprehensio et non assensus. Sed complexum necessitat ad assensum ut praecognoscitur assensui. Igitur etc."

205 Ebd. (ed. Wood/Gál I, 190,19–192,84).

206 „Complexum non est obiectum partiale actus assentiendi, ad quem necessitat tale complexum."; vgl. o. Anm. 203.

(5.) Die fünfte Conclusio bekräftigt noch einaml die Feststellung, daß die propositio nicht obiectum totale der Zustimmung ist.[207] Zum Beweis verweist *Wodeham* auf den Zusammenhang zwischen Satz (complexum) und den ihn bildenden Begriffen, die aus einfachen apprehensiones der Einzeldinge entstehen. Er fügt hinzu: „Kein Satz entspricht in der Bezeichnung seinem Subjekt, wenn dieses eine simplex apprehensio ist, weil eine solche nichts über Sein oder Nichtsein (einer Sache) aussagt."[208]

(6.) In der sechsten Conclusio legt *Wodeham* nun seine eigene Lösung der Frage vor.[209] Objekt der Zustimmung ist demnach ein komplexes Gebilde, weder der Satz, noch die durch das Subjekt des Satzes bezeichnete Sache, noch beide zusammen.[210] *Wodeham* nennt dieses Gebilde das „ganze Objekt eines Satzes, der notwendig die Zustimmung erfordert, und zwar im Sinne einer einfachhin evidenten Zustimmung."[211] *Wodeham* wiederholt seine Opinio mit anderen Worten: „Allgemein gesprochen: totales, unmittelbares Objekt der Zustimmung ist das totale Objekt oder das ‚totale significatum' eines Satzes, der ihm (dem Significatum) gleichbedeutend jenes mitverursacht und ihm vorausgesetzt ist, oder die Objekte vieler solcher Sätze."[212] Man muß in dieser Aussage *Wodehams* jedes einzelne der Worte und ihren Zusammenhang untereinander genau beachten und abwägen.

[207] Ebd. (ed. Wood/Gál I, 192,10–13): „Quinta conclusio est quod nulla propositio est obiectum totale cuiuscumque assenus possibilis, quia quilibet assensus possibilis est conformis in obiecto alicui complexo, quo mediante causatur, ita quod obiectum totale istius complexi est obiectum assensus."

[208] Ebd. (ed. Wood/Gál I, 192,14–17): „Minorem probo, quia talis propositio necessario componeretur ex incomplexa notitia terminorum propositionis; sed nulla propositio aequivalet subiecto suo in significando, dummodo subiectum eius sit una simplex apprehensio, quia nulla talis significat aliquid esse vel non esse."

[209] Ebd. (ed. Wood/Gál I, 192,19–193,38).

[210] Ebd. (ed. Wood/Gál I, 192,25–193,30): „Istud probo. Primo quia vel eius obiectum est propositio, vel res significata per subiectum propositionis, quando componitur ex propriis cognitionibus rei praecise; vel ambo simul; vel significatum totale propositionis vel propositionum. ... Sed nullum trium primorum, igitur quartum. Maior patet, quia aliud non contingit assignare. Minor patet ex praecedentibus conclusionibus."

[211] Ebd. (ed. Wood/Gál I, 192,19–24): „Sexta conclusio est quod immediatum obiectum actus assentiendi est obiectum totale complexi necessitantis ad assensum, loquendo de assensu simpliciter evidenti."

[212] Ebd. (ed. Wood/Gál I, 192,19–24): „Vel generaliter loquendo, eius obiectum immediatum totale est obiectum totale seu sginificatum totale propositionis immediate sibi conformis, concausantis illum et necessario sibi praesuppositae, vel obiecta totalia multarum propositionum talium."

Nicht die Übereinstimmung (conformitas) des Satzes mit dem von ihm Bezeichneten ist Objekt der Zustimmung; denn durch Gottes Allmacht könnte der Satz ausgeschaltet werden und die Zustimmung bleiben, der dann jedoch die Grundlage entzogen wäre.[213] Die Übereinstimmung des Satzes mit dem Bezeichneten ist aber Mitursache und Voraussetzung für die Zustimmung, deren Objekt – ich gebe wörtlich wieder - das totale significatum eines Satzes ist, der die Zustimmung einfordert.[214]

‚Totale significatum' – Die Bedeutung dieser Bezeichnungsweise, die von *Wodeham* bewußt gebraucht wird, ergibt sich aus dem Zusammenhang. *Wodeham* löst bei der Frage nach der Signifikation einer Aussage diese in mehrere Quasi-Aussagen auf. Die simplex apprehensio ist zwar keine Aussage im logisch-technischen Sinne, aber doch die Feststellung einer Wirklichkeit. Auch die reflexive Erkenntnis wird in die Analyse von Aussage und Zustimmung einbezogen. Durch alle seine Überlegungen zieht sich wie ein roter Faden der Begriff der Signifikation. Das ‚significatum propositionis' ist bei *Wodeham* das Objekt der Zustimmung.

Um dies noch deutlicher zu klären, bringt *Wodeham* den Einwand, daß schließlich doch eine Sache das Significatum des Satzes sei. Die Alternative dazu ist das Nichts, nämlich als Subjekt in negativen Aussagen. Ein Nichts kann aber nicht Objekt der Zustimmung sein.[215] In der Lösung dieses Einwandes bekräftigt *Wodeham* seine Aussage: Objekt eines Satzes ist sein Significatum. Es besteht in der Aussage, daß

[213] Ebd. (ed. Wood/Gál I, 193,31–34): „Item inter omnia alia quae possent poni eius obiectum totale praecise, videretur quod conformitas complexi ad eius totale significatum esset obiectum. Sed hoc falsum est, quia tunc circumscripta propositione de potentia Dei et manente assensu causato per complexum falsus esset assensus, cum iam non sit illa conformitas, fundamento sublato. Consequens falsum."
(Die Berufung auf die potentia Dei auch in nicht-theologischen Diskussionen war besonders in der Spätscholastik ein gängiges Argument.)

[214] Ebd. (ed. Wood/Gál I, 193,39–41): „Item ponendo obiectum totale assensus esse totale significatum complexi necessitantis ad assensum vitantur omnia inconvenientia illata in argumentis utriusque partis prius positis, igitur."; vgl. auch o. Anm. 211f.

[215] Ebd. (ed. Wood/Gál I, 193,3–15; 5–9): „Item, quidquid tu posueris eius obiectum totale, illud aut est aliquid aut nihil. Si nihil, igitur nihil est obiectum actus sciendi. Certum est quod falsum. Si aliquid: vel Deus vel creatura. Et sive sic sive sic, igitur est substantia vel accidens. Et omne tale potest significari per subiectum alicuius propositionis."

etwas so ist oder nicht so ist, entsprechend der Behauptung des Satzes.[216]

In diesen Ausführungen zeigt *Wodeham* eine gewisse Entsprechung zu der Lehre *Crathorns* vom significatum propositionis.[217] Da *Crathorn* erst später lehrte, könnte er das Fundament seiner Lehre bei *Wodeham* entdeckt haben. In den Quellen finden sich aber für diese Annahme keine Anhaltspunkte, die über die inhaltliche Ähnlichkeit hinausgingen. Interessanter ist jedoch ein Vergleich mit *Ockham*. Im Gebrauch von ‚significatum', ‚significare' finden wir einen deutlichen Unterschied zwischen beiden Magistern. Zugleich beweist die Formulierung dieses Unterschiedes bei *Wodeham* dessen Hochschätzung *Ockhams*.

Ockham gebraucht den Ausdruck ‚significare' vor allem in der Prädikamentenlehre, während ‚suppositio','supponere' in der Satzlehre auftritt. Dieser Unterschied im Gebrauch wird an der Nahtstelle zwischen den Kapiteln deutlich, in denen diese beiden Themen behandelt werden. Die Prädikamentenlehre reicht von Kap. 40 bis Kap. 62.[218] Die Suppositionslehre beginnt in Kap. 63 mit den Worten: „Nachdem wir über die Bezeichnung der Begriffe gesprochen haben, bleibt uns nun, über die Supposition zu handeln, eine Eigenschaft, die dem Begriff zukommt, jedoch niemals außerhalb eines Satzes."[219] Demgegenüber bezeichnen die Prädikamente die wirklichen Dinge. Diese Formulierung soll die semantische Rolle der Prädikamente herausstellen, obwohl sie *Ockhams* Lehre verkürzt wiedergibt. Wörtlich heißt es dort: „Der Name ‚praedicamentum' ist zwar ein Name der zweiten Intention, wird jedoch von solchem ausgesagt, was zu den Incomplexa der ersten Intention gehört."[220] Nach einer weiteren Dif-

[216] Ebd. (ed. Wood/Gál I, 193,17–194,28): „Ad primum istorum dicendum quod obiectum tale propositionis est eius significatum. Eius autem significatum est sic esse vel sic non esse sicut per propositionem denotatur. Puta, obiectum huius ‚Deus est Deus' est ‚Deum esse Deum'; et huius ‚homo est albus' vel ‚homini inest albedo' significatum est ‚hominem esse album' vel ‚homini inesse albedinem'. Nec hae sunt propositiones, quia si nulla propositio esset in rerum natura, nihilominus Deus esset Deus et homo esset albus vel homini inesset albedo. Et sicut dixi de affirmativis, ita dico de negativis ..."

[217] Vgl. u. S. 99, Anm. 269.

[218] Vgl. Ockham, Summa logicae, p.I (OP I, 111–193).

[219] Ebd. (OP I, 193,2f.): „Dicto de significatione terminorum restat dicere de suppositione, quae est proprietas conveniens termino sed numquam nisi in propositione."

[220] AO, cap.40 (OP I, 111,4–6): „Est autem sciendum quod hoc nomen ‚praedicamentum' est nomen secundae intentionis sicut hoc nomen ‚genus', quamvis illa, de quibus praedicatur, sint incomplexa primae intentionis."

ferenzierung des Begriffes ‚Praedicamentum' hebt *Ockham* noch einmal die Beziehung zur extramentalen Sache hervor. „Jedes Prädikament ist ein ‚Incomplexum' der ersten Intention, weil es Dinge bezeichnet, die keine Zeichen sind."[221] *Ockham* ist ein Jongleur der Logik, aber nicht in der Weise eines Zirkusartisten, der seine Kunststücke nur vorführt, um bewundert zu werden. In dem einleitenden Kapitel 41 zur Prädikamentenlehre finden sich Bemerkungen, die für den erkenntnistheoretischen Ort des Prädikamentes bei *Ockham* aufschlußreich sind.[222] Er knüpft an die metaphysische Unterscheidung an, die *Averroes* und *Aristoteles* zwischen ens reale und ens rationis treffen: ens reale als ens extra animam, ens rationis als ens in anima. Er fährt fort, daß diesem Unterschied nicht entgegensteht, ein ens rationis als ens reale anzusehen, wenn man darunter eine „wirkliche Qualität in der Natur der Dinge versteht." Anschließend wird noch einmal betont, daß der Begriff ‚ens extra animam' oder ‚ens reale' an sich auf die Dinge bezogen wird, die außerhalb der Seele existieren und auf die jene Einteilung in die zehn Prädikamente zutrifft. Das liest sich, als ob *Ockham* hier plötzlich als Realist (im Sinne der scholastischen Erkenntnistheorie) spräche. Man beachte jedoch, daß er die Einteilung des Seins in ens reale und ens rationis nicht als eine divisio per simpliciter opposita bezeichnet, sondern als eine divisio vocis in

[221] Ebd. (OP I, 111,7–12): „Verumtamen praedicamentum dupliciter accipitur. Uno modo pro toto ordine aliquorum ordinatorum secundum superius et inferius, alio modo accipitur pro primo et communissimo in ordine illo. Et isto secundo modo accipiendo praedicamentum, quodlibet praedicamentum est unum incomplexum primae intentionis, et hoc quia significat res, quae non sunt signa."

[222] Ebd. (OP I, 113,67–86): „Et ideo quod Commentator (Averroes, In Aristotelis Metaph., VI, t.8, ed. Iuntina VIII, f.72r) et Philosophus (Aristoteles, Met. VI, c.4, t.8; 1027 b 17–1028 b 6) dividunt ens primo in ens reale et in ens rationis, sive in ens in anima et in ens extra animam, et postea ens reale in decem praedicamenta, non est divisio per simpliciter opposita illo modo, quo animal dividitur in animal rationale et irrationale, sed magis est divisio vocis in significationes. ... Et ideo ... non obstante illa divisione entis haec est vera ‚ens rationis est ens reale', accipiendo ‚ens reale' pro illo, quod est vera qualitas existens in rerum natura. Si tamen accipitur ‚ens reale' vel ‚extra animam' praecise pro illo, quod non est in anima, tunc divisio entis in decem praedicamenta non est divisio per se communis in sua inferiora, sed est consimilis et aequivalens isti divisioni: ‚ens reale extra animam quoddam importatur per hoc praedicamentum, quoddam per illud', et sic de singulis; vel tali: ‚omne reale ens extra animam vel est in tali praedicamento vel in tali'. Cum hoc tamen stat quod etiam in illis praedicamentis sunt multa, quae non sunt extra animam."

significationes. Seine Argumentation bleibt im intentionalen Bereich. Dies bestätigt auch der Schluß des Abschnittes mit dem bemerkenswerten Satz: „Auch in jenen Prädikamenten ist vieles, was nicht außerhalb der Seele ist."

Dieser letzte Satz wird verständlich, wenn wir die Prädikamente, vor allem Substanz und Qualität, innerhalb der Universalienlehre untersuchen, wo sie *Ockham* auch zur Sprache bringt. Die Argumentation lautet: Wenn wir annehmen, daß die Erkenntnis, die wir von den Dingen gewinnen (intentiones animae), Qualitäten des Geistes sind, dann sind alle Universalien als solche ‚Qualitäten' (Akzidentien) des Geistes. Dazu gehören aber auch die Namen, mit denen wir die Substanzen bezeichnen, die somit das Prädikament der Substanz konstituieren. Diese ‚intentio animae' ist als ‚qualitas mentis' ein Akzidenz und als Zeichen der Substanz dieser übergeordnet.[223] *Ockham* stellt sich hier die Frage: Ist dann nicht in diesem Falle dasselbe sich selbst übergeordnet? Die Antwort erfolgt in mehreren Schritten, unterteilt durch weitere Fragen.[224] *Wodeham* zitiert aus *Ockhams* Responsio einige Sätze. Auch wo die Zitation nicht wörtlich erfolgt, erkennen wir *Ockhams* Gedanken wieder. Zur Analyse der Texte ist zu beachten, daß *Ockham* das Prädikament der Qualität in zweifacher Weise angeht, nämlich als das, was etwas bezeichnet, was in der extramentalen Welt

[223] AO, c.17 (OP I, 60,93–103): „Ad ultimum habent dicere illi, qui ponunt intentiones animae esse qualitates mentis, quod omnia universalia sunt accidentia. Non autem omnia universalia sunt signa accidentium, sed aliqua sunt signa substantiarum tantum. ... Concedendum est igitur quod praedicamentum substantiae est accidens, quamvis declaret substantias et non accidentia. Et ideo concedendum est quod aliquod accidens, illud scilicet quod est signum tantum substantiarum, est per se superius ad substantiam. Nec est hoc magis inconveniens quam dicere quod aliqua vox est nomen multarum substantiarum."

[224] Ebd. (OP I, 61,104–116): „Sed numquid idem est superius ad se ipsum? Potest dici quod non, quia ad hoc quod aliquid sit superius ad aliud requiritur distinctio inter illa. Et ideo potest dici quod non omnia universalia sunt per se inferiora ad hoc commune ‚qualitas', quamvis omnia universalia sint qualitates, quia hoc nomen ‚qualitas' est qualitas, non tamen est inferius ad illud sed est ipsummet.
Et si dicatur: idem non praedicatur de diversis praedicamentis, igitur qualitas non est communis ad diversa praedicamenta, dicendum est quod sive idem praedicetur de diversis praedicamentis, quando stant significative sive non, tamen quando illa praedicamenta stant et supponunt non significative, non est inconveniens idem praedicari de diversis praedicamentis. Unde si in ista ‚substantia est qualitas' subiectum stet materialiter vel simpliciter pro intentione, ipsa est vera."

existiert einerseits (significatum) und als die intentio mentis, die diese Bezeichnung zustande bringt (significans). Im ersten Falle wird ‚qualitas' signifikativ gebraucht und ist auf sein Objekt festgelegt, im zweiten Falle steht es materialiter oder simpliciter und kann von verschiedenen Prädikamenten ausgesagt werden. Als ‚qualitas spiritualis'[225] wird ‚qualitas' nicht für die Prädikamente signifikativ gebraucht. Es werden keine realen Dinge damit bezeichnet, sondern allein deren Zeichen. Darum gibt es auch in dieser Bezeichnungsweise nicht ‚superioritas' und ‚inferioritas'. Auch das Beispiel mit dem Namen ‚dictio', das *Ockham* anfügt, zitiert *Wodeham*. Beachte, daß bei *Ockham* die qualitas als extramentales Prädikament der Substanz so nahesteht, daß die Aussage zu Recht besteht: ‚Qualitas est substantia.' Als intentio animae kann sie, wie wir sahen, in gewissen Aussagen der Substanz übergeordnet sein. *Wodeham* zitiert diese Aussagen[226], folgt ihnen aber

[225] Ebd. (OP I, 61, 121–135): „Et si dicas: qualitas spiritualis est in plus quam quodcumque praedicamentum, eo quod praedicatur de pluribus, nam praedicatur de omnibus praedicamentis ... Dicendum est quod qualitas spiritualis non praedicatur de omnibus praedicamentis significative sumptis, sed tantum pro signis sumptis, et propter hoc non sequitur quod sit in plus quam quodcumque praedicamentum. Nam superioritas et inferioritas inter aliquae sumitur ex hoc quod unum significative sumptum praedicatur de pluribus quam aliud significative sumptum. Unde ista est difficultas talis, qualis est de isto nomine 'dictio' ..."

[226] Vgl. Wodeham, Lect. sec., d.1, q.4 (ed. Wood/Gál I, 268,65–269,89): „Et cum probas quod non, quia tunc idem esset superius et inferius respectu sui, ponit logica secundum Ockham quod conceptus entis supponens personaliter est superior ad eundem conceptum supponentem simpliciter pro se ipso tantum." (Zu dieser Aussage sollte die in Codex V zugefügte Randnotiz beachtet werden, die von den Editoren in der Anmerkung zitiert wird.) „Responsio pro illa responsione potest esse haec: Quidquid est per se contentum sub inferiore supponente personaliter, est per se contentum sub per se superiore ad illud inferius supponens personaliter eodem modo supponente. Sed conceptus entis per se sic continetur sub conceptu qualitatis, ita quod haec est per se: ‚iste conceptus est qualitas' et haec similiter est per se: ‚omnis qualitas est ens'; igitur etc.; quod concedo.
Tamen Ockham dicit quod non oportet hoc dicere, sed quod conceptus ille est superior ad omnia alia a se, quia licet »hoc commune ‚qualitas' sit qualitas, non tamen est inferius ad illud, sed est ipsummet« (vgl. o. Anm. 224). Et sic non sequitur quod idem sit superius respectu sui. – Nota tamen quomodo contra hoc solvit ibi instantiam de dictione et nomine: quod ideo non sequitur, quia termini non supponunt uniformiter in propositionibus, ex quibus infertur quod ‚idem respectu eiusdem sit inferius et superius' (vgl. o. Anm. 224). Quomodo aliter vocando ‚superius' potest conclu-

nicht. Er setzt zur Lösung der Schwierigkeit, daß ein ‚inferius' einem ‚superius' übergeordnet sei, eine eigene Opinio mit Hilfe der Suppositionslogik ein. Für *Ockhams* Argumente hat er zwar Anerkennung, kann aber dessen Lösung nicht folgen, weil er mit der eigenen Argumentation zu einem entgegengesetzten Ergebnis gelangt. Dieser Widerspruch *Wodehams* zu *Ockhams* Ausführungen scheint mir einen Grundsatz in der Sache zu signalisieren. *Wodeham* zeigt sich entschiedener darin, die semantische Zielsetzung einer Aussage schärfer hervorzuheben. *Ockham* bringt die ganze Variation der Sprachlogik und Aussagetechnik in die semantische Reflexion ein. Wir haben in der Diskussion beider über ein Teilproblem ein Zeugnis für die Weiterentwicklung der Sprachlogik. Für eine Theologie, deren Hauptaufgabe in der Analyse von Texten besteht, ist sie ein wichtiges Instrument (*Pinborg*). *Wodehams* sachlicher und höflicher Umgang mit der Opinio *Ockhams* zeigt die Hochachtung die der *Venerabilis Inceptor* bei ihm besaß, wohl überhaupt bei den Oxforder Magistern, die sich ihm als ihrem Lehrer oder ‚Socius' verpflichtet fühlten.

2.3 *Robert Holcot*

Robert Holcot hat in noch rigoroserer Weise als *Ockham* das logische Kalkül in die Methode des Theologisierens eingebracht. Zum Beleg dafür wird hier eine Quaestio aus seinen Quodlibeta vorgestellt, die sich dem Sinne nach an die vorhergehenden Themen der Rechtfertigung und Gnadenvermittlung, wie sie von *Ockham* und *Wodeham* durchdiskutiert wurden, anschließt. *Holcots* Theologie bewegt sich in der gleichen Richtung, aber auch weiterführend, wobei die logische Argumentationsweise allerdings noch weitergetrieben wird. Beides zeigt diese Quaestio.

Die Überschrift der Quaestio steht in der Form einer Frage, die wir bereits von *Ockham* und *Wodeham* her kennen: Kann jemand durch die absolute Macht Gottes ohne die ihm formaliter eingegebene Liebe

sio concedi et nota. – Sed ratio praecedens apud me concludit evidenter oppositum et ideo hoc tenere non possum."
Zu diesen Texten vgl. auch Ockham, Summa logicae, p. I, c.17 (OP I, 62,136–142): „Et ita videtur quod idem respectu eiusdem est superius et inferius. Quod potest solvi dicendo quod argumentum concluderet, si in omnibus propositionibus, quibus probatur conclusio, termini supponerent uniformiter. Nunc autem aliter est in proposito. Si tamen hoc vocatur ‚inferius', de quo aliquo modo supponente praedicatur de eo universaliter sumpto, potest concedi quod idem repsectu eiusdem est superius et inferius, sed tunc ‚superius' et ‚inferius' non sunt opposita sed disparata."

<von Gott zur ewigen Seligkeit> angenommen werden?[227] Das Argumentum pro lautet: Gott kann das eine ohne das andere, das ewige Leben ohne einen vorausgehenden Gnadenhabitus geben, weil beides verschiedene Dinge sind[228]; denn Gott kann alles wirken, was keinen Widerspruch in sich schließt.[229] Dieses Doppelargument tritt seit *Ockham* immer wieder auf. Sein erster Teil, Gott kann das eine (die Annahme zum ewigen Leben) ohne das andere wirken (ohne den Gnadenhabitus) liegt in derKonsequenz von *Ockhams* ,Metaphysik des Einzelnen'.

Besonders sorgfältig analysiert dann *Holcot* den Begriff der Annahme des Geschöpfes durch Gott. Er kann in mehrfacher Weise verstanden werden. In der höchsten und eigentlichen Weise verwirklicht Gott die Annahme des Geschöpfes in die ewige Seligkeit, so daß diese beiden Bezeichnungen im Grunde gleichbedeutend sind. ,Gott nimmt ein Geschöpf an' und ,Gott gibt ihm das ewige Leben'.[230]

In einer anderen Weise kann ganz allgemein von jedem Geschöpf gesagt werden, daß es von Gott angenommen ist. Weil Gott jedes Geschöpf will, ist es im Dasein; andernfalls wäre es nicht geworden. In diesem Sinne nimmt Gott selbst den Teufel an.[231] Diese Bemerkung ist von außerordentlicher Bedeutung für das Theodizee-Problem. Indem Gott als Schöpfer kein Geschöpf aus dem Sein hinausweist, sondern jedes im Sein hält und somit ,annimmt', bestätigt er die Gutheit der Schöpfung. Dies korrigiert den Vorwurf der Willkürherrschaft Gottes, der aus einem mangelnden Verständnis des Gegensatzpaares potentia Dei absoluta – ordinata hergeleitet wird. Die These von der absoluten

[227] Robert Holcot, Quaestiones Quodlibetales. Cambridge, Pembroke College 236 , Nr.99, fol.221rb–vb. Oxford, Balliol College 246, Nr.9, fol.200vb–va. Hier zitiere ich nach der Edition von Paolo Molteni: Robert Holcot O.P. – Dottrina della Grazia e della Giustificazione. Con due questioni quodlibetali inedite. Editrice Alzani, Pinerolo, o.J. (1967?) und P; ed. Molteni, 166: „Utrum per potentiam Dei absolutam possit aliquis acceptari sine caritate eidem formaliter inhaerente."

[228] Ebd. (ed. Molteni, 166): „Deus potest dare alicui vitam aeternam sine aliquo habitu praevio, cum sint res distinctae, et in aeternum potest illam confirmare. Igitur potest sine tali habitu acceptare ipsum."

[229] Ebd. (ed. Molteni, 166,14–16): „... Deus potest facere de potentia absoluta, quidquid fieri vel posse fieri non includit contradictionem."

[230] Ebd. (ed. Molteni, 166, 20–23): „... hoc est quid nominis istius complexi 'Deum acceptare aliquem': conferre alicui vitam aeternam vel praeordinare quod certo tempore habeat vitam aeternam."

[231] Ebd. (ed. Molteni, 166,23–26): „Aliter dicitur acceptare: scilicet velle vel habere gratum quod aliquid sit, et sic acceptat diabolum et omnem creaturam, quia omnem vult esse, quia aliter non fieret."

Gutheit Gottes, der wir in der Gotteslehre *Ockhams* und *Wodehams* begegneten, finden wir auch bei *Holcot*. Damit erweist er sich als ein Glied in der Kette der christlichen Glaubenstradition, die seit der Zeit des hl. *Augustinus* das „gnostische Syndrom" zu allen Zeiten ihrer Geschichte von innen her zu überwinden und eliminieren suchte, entgegen den Thesen von *Hans Blumenberg*[232] und *Adolf von Harnack*[233], denen wir später noch in einer Gesamtschau unsere Aufmerksamkeit widmen müssen.[234]

Holcot kennt noch einen anderen Maßstab für verschiedene Annahmegrade durch Gott, nämlich nach den verschiedenen Plänen und Absichten, die Gott mit seinen Geschöpfen verfolgt. So kann ein Geschöpf von Gott mehr angenommen sein, wenn es ihm als Mittel und Instrument für ein höheres Ziel dient.[235] *Holcots* Theologie ist durchzogen von vielen Beispielen aus der Praxis des natürlichen und des Glaubenslebens. Die Systematik der dogmatischen Reflexion wird häufig unterbrochen durch die Kasuistik, mögen die Einzelfälle aus dem tatsächlichen Leben genommen oder nur reine Fiktionen (Possibilien) sein.

Bei *Holcot* tritt wohl am deutlichsten die Einschätzung des Gnadenhabitus als eines bloßen Instrumentes oder einer Vorbedingung für die Annahme des Geschöpfes durch Gott zu Tage. Dies wird an zwei kasuitischen Beispielen deutlich. *Holcot* nimmt den Fall an, daß Gott einen Engel erschaffen und ihm im gleichen Augenblick das ewige Leben geben kann, ohne daß er ihm zuvor die Gnade als vorausgehenden Habitus verleiht.[236] Was Gott nämlich mit dem Habitus wirken will, kann er auch ohne ihn tun. Wieder setzt *Holcot* die Begründung hinzu: Es sei nicht gegen das Widerspruchsgesetz.

[232] Vgl. Hans Blumenberg, Säkularisierung und Selbstbehauptung. Erweiterte u. überarb. Neuausgabe von „Die Legitimität der Neuzeit", 1. u. 2. Teil] Frankfurt a.M. ^{2}1983. 2. Teil,I: Die mißlungene Abwendung der Gnosis als Vorbehalt ihrer Wiederkehr, 146–157.

[233] Adolf von Harnack, Marcion. Das Evangelium vom fremden Gott. Eine Monographie zur Geschichte der Grundlegung der Katholischen Kirche. Leipzig ^{2}1922. Photomechanischer Nachdruck, Darmstadt 1964.

[234] Vgl. u. Exkurs ‚Marcion'.

[235] Vgl. Holcot, Quaest. quodl. (ed. Molteni, 166,27–32): „Tertio potest dici Deus aliquid acceptare, quia ordinat illud sicut utile ad complendum intentum suum, et sic Deus acceptat creaturam et aliter unam quam aliam, et magis unam quam aliam, inquantum unam disponit ut medium et instrumentum ad nobiliorem finem intentum a se."

[236] Vgl. ebd. (ed. Molteni, 166,35–167,3): „... nullam contradictionem includit quod Deus creet angelum et ei statim conferat cognitionem sui beatificam et amorem sine omni alia re producta in eodem."

Das zweite Beispiel geht auf den Kern der Gnadenlehre zu, wie sie sich in ‚nominalistischer' Sicht zeigt. *Holcot* trägt es in drei Schritten vor[237], die ich hier in einer kurzen Zusammenfassung und umschreibend wiedergebe. Erstens: Die Annahme zur ewigen Seligkeit ist die höchste Weise einer Acceptatio. Zweitens: Der Gnadenhabitus ist etwas Geschaffenes und als solches ein Akzidenz. Drittens: Es ist nicht einzusehen, daß der Schöpfer ein Geschöpf, das er in höchster Weise annehmen will (nämlich einen Engel oder Menschen zur Seligkeit), allein wegen eines geringeren Geschöpfes (nämlich auf Grund des Gnadenhabitus oder eines Werkes, also eines Akzidenz) annehmen kann. Man ergänze: Gott kann eine Annahme des Geschöpfes also auch ohne einen vorher verliehenen Gnadenhabitus vornehmen. Daraus ergibt sich für die Gnadentheologie *Holcots*: Rechtfertigung, Gnade, Annahme sind zu Funktoren des Heils geworden, die sich gegenseitig bedingen gemäß der von Gott gesetzten Ordnung des Heils. Die bei *Thomas* gegebene wesensmäßige Zuordnung, in deren Ergebnis der Gnadenhabitus als Prinzip der göttlichen Liebe und des göttlichen Lebens erscheint, ist einer Zusammenordnung kraft göttlicher Bestimmung gewichen. Jedoch sollte nicht übersehen werden, daß mindestens für *Ockham* und *Wodeham* die göttliche Gnade als ‚Forma' eine innere Umwandlung der Seele bewirkt, wie es *Wodeham* in der Verteidigung *Ockhams* gegen *Chatton* hervorhebt.[238] Die Position des hl. *Thomas* begegnet uns in der zitierten Quodlibeta-Quaestio *Holcots*, hier vorgetragen von *Petrus Aureoli*, den *Holcot* zitiert und mit dem er diskutiert.

Doch bevor wir uns dieser Kontroverse im zweiten Teil der Quaestio zuwenden, sei noch auf ein Beispiel hingewiesen, das man als klassisch für die Opinio des *Robert Holcot* über die Acceptatio bezeichnen kann. Der Tod der ‚Unschuldigen Kinder', die als Märtyrer verehrt werden, ist als Faktum ein unübersehbares, allseits anerkanntes Zeugnis für Gottes Macht, auch Menschen ohne einen vorausgehenden Habitus der Gnade, der eingegossenen Liebe, für die ewige Seligkeit anzunehmen. Der Beweis dafür wird nach allen nur möglichen

[237] Vgl. ebd. (ed. Molteni, 167,10–18): „Secundo dico quod maxima acceptatio ... est acceptatio ..., qua <Deus> actu confert vel praeordinat se collaturum creaturae rationali visionem sui et vitam aeternam. Nam non est verisimile quod non potest acceptare unam creaturam, quam vult magis acceptare, nisi propter unam creaturam, quam minus acceptat, sicut quod non posset acceptare angelum nisi per unum accidens, cuiusmodi est habitus quicumque et actus similiter."

[238] Vgl. o. S. 52 ff.

Richtungen ausgebaut.[239] Dem Tod der Kinder geht kein verdienstliches Werk voraus. Allein der endgültige Tod kann das Martyrium zustandebringen. Man könnte zwar einwenden, daß die Beschneidung den Kindern bereits das Heil gebracht habe. *Holcot* selbst sieht die Beschneidung als eine sakramentale Zeremonie an.[240] Doch trifft dieser Einwand nicht für jene Kinder zu, an denen diese Zeremonie noch nicht vollzogen war, als sie mit den anderen zusammen getötet wurden. Ferner ist anzunehmen, daß mit den jüdischen Kindern manch heidnisches dem Schwert der Henker zum Opfer fiel. Auch nach einem Wort des hl. *Bernhard* sind diese Kinder, die Gott ohne jegliches Verdienst aufnahm, ein einzigartiges Zeugnis der zuvorkommenden Gnade. Daß Gott aber vor ihrem Tod ihnen in einem besonderen Gnadenprivileg einen Habitus der Gnade verlieh, ist mit der Vernunft unmöglich zu beweisen.

Die Zahl der Beispiele, von denen wir hier nicht alle brachten, endet mit einem recht drastischen: Gott könnte für jene Seele, der er alle Gaben der Vorbereitung zur ewigen Seligkeit einschließlich des Gnadenhabitus gegeben hat, den Akt der Annahme in die Seligkeit dennoch suspendieren, weil kein Geschöpf ihn zwingen kann, einem Geschöpf die ewige Freude zu schenken. Damit will *Holcot* zeigen, daß der Gnadenhabitus zur Seligkeit nicht absolut vorausgesetzt werden muß, sondern im Hinblick auf Gottes Anordnung.[241]

Schließlich läßt *Holcot* noch eine Lehrmeinung zu Worte kommen, die ich als diejenige des hl. *Thomas* vorgestellt habe, insofern sie die von ihm vorgetragene Gnadenlehre in jenen Elementen enthält, die den Gegensatz zur Lehre *Ockhams* und der ihm folgenden Theologen zeigen. Tatsächlich ist es die Lehre des *Petrus Aureoli*, der mit *Thomas Aq.* für die Notwendigkeit des Gnadenhabitus eintritt, sich aber von diesem in der Begründung unterscheidet. Schon bei *Wodeham* hatten wir diese Opinio *Aureolis* kennengelernt. Wir hatten dort auch gese-

[239] Vgl. dazu Holcot, Quaest. quodl. (ed. Molteni, 167,34–168,32); vgl. Mt 2,16.

[240] Vgl. Holcot, Quaest. quodl. (ed. Molteni, 174–204): „Utrum observantia legis mosaycae fuit Judaeis meritoria vitae aeternae“; bes. 176,16–22: „Nec potest dici ... quod aliqua sacramenta novae legis conferunt gratiam et nulla veteris legis, quia circumcisio contulit gratiam sicut nunc confert baptismus, licet non ita perfecte.“

[241] Fortsetzung von Anm. 239 (ed. Molteni, 167,34–168,3): „Sexto dico quod posito quocumque habitu in anima Deus potest eam non acceptare ..., quia potest illam animam semper manutenere sine beatitudine. Nulla enim creatura potest Deum necessitare ad conferendum vel sibi vel alteri creaturae beatitudinem.“

hen, daß der Zeitfaktor bei *Thomas* bereits hineinspielt, wo er die Notwendigkeit des Gnadenhabitus für die Rechtfertigung des Sünders lehrt.[242] *Holcot* nennt drei Elemente der Lehre *Aureolis*: Erstens ist die Gnade eine geschaffene Form, die als solche unter das göttliche Wohlgefallen fällt. Zweitens wird die Seele allein durch eine solche Form, die nichts anderes ist als die <eingegossene> Liebe, Gott wohlgefällig. Drittens kann Gott eine Seele, in der diese Form existiert, nicht mehr abweisen und ihr die Annahme verweigern.[243]

Holcot antwortet auf die Argumente *Aureolis* viel ausführlicher als *Wodeham* und auch bedeutend abweisender. Doch zuerst wird die Lehre *Aureolis* ausführlich vorgeführt; denn die zitierten drei ‚Elemente' sind eigentlich nur Schlußfolgerungen, die sich aus der Bedeutung der Caritas für die Rechtfertigung des Menschen durch Gott ergeben. In *Aureolis* Gnadenlehre wird der Mensch, das Geschöpf in einmaliger Weise in die göttliche Liebe hineingenommen, die Gott selbst ist und darum natürlicherweise zum Wesen Gottes gehört. Gott liebt sich selbst und liebt jedes Geschöpf und will dessen Gegenliebe als die seinem göttlichen Wesen zukommende Lebensbewegung des Geschöpfes. Da Gottes Liebe ewig, d.h. zeitlos ist, das Geschöpf jedoch in der Zeit lebt und liebt, bedarf es einer Form, die zugleich göttlich und geschaffen ist, damit durch sie das Geschöpf der göttlichen Natur teilhaftig wird, jedoch in einer Weise, die dem geschöpflichen Sein entspricht. Diese geschaffene Gabe ist nach *Aureoli* die Caritas, die heiligmachende Gnade. Ich habe die ausführliche Argumentation *Aureolis* hier in ein paar Sätzen zusammengefaßt. Während *Wodeham* dem Beweis *Aureolis* auf dem gleichen Feld, nämlich mit dem Argument der Zeit entgegentritt[244], greift *Holcot* seinen Opponenten viel radikaler an. Dies kommt schon in der Form der Argumentation zum Ausdruck, in der *Holcot* schließlich *Aureoli* vorwirft, daß seine Argumente das Gegenteil von dem beweisen, was sie be-

[242] Vgl. o. S. 40–44.

[243] Holcot, Quaest. quodl. (ed. Molteni 169,26–32; Fortsetzung von Anm. 239): „Est autem una opinio in ista materia et est Petri de Aureolo, quae dicit tria: Primum est quod in anima est aliqua forma creata, quae ex natura talis formae cadit sub divina complacentia. Secundum est quod per talem formam, quae est caritas, fit anima Deo accepta et non aliter. Tertium est quod illa forma existente in anima non potest Deus ipsam animam non acceptare."

[244] Vgl. o. S. 42 ff, Anm. 84 ff.

haupten.[245] Das Zeitmotiv greift *Holcot* zwar auf. Seine Argumentation wird jedoch vom Begriff der Acceptatio her geführt. Wenn Gott, wie *Aureoli* behauptet, ein Geschöpf nur zur Seligkeit annimmt, wenn er ihm vorher die heiligmachende Gnade gegeben hat, dann gewährt er einem solchen Geschöpf eine vollkommenere Annahme als Christus und seiner Mutter. Die Engel und die Seelen der Menschen motiviert Gott durch seine Liebe zur Gegenliebe. Sie allein wissen als vernunftbegabte Wesen um Gottes Liebe und können sie darum erwidern.[246] Wenn Gott nun ein solches Geschöpf ohne einen Gnadenhabitus annimmt, so wirkt er frei, und sein Wohlwollen ist nicht unveränderlich, weil er es verursachen, erhalten und einmal sistieren kann. Nimmt aber Gott das Geschöpf nur auf Grund des Gnadenhabitus an, so folgt, daß dieser durch die Todsünde nicht zerstört wird. Die eigentliche, vollendete Acceptatio besteht ja in der Annahme zum ewigen Leben, die Gott auch dann aufrecht erhalten kann, wenn das Geschöpf schwer gesündigt hat. Würde aber auch dann die Gnade unverzichtbare Voraussetzung der Acceptatio bleiben, so könnte sie durch die Todsünde nicht genichtet werden. Das aber ist falsch.[247] *Holcot* führt so die Argumentation *Aureolis* in einen logischen Widerspruch. Es ist ein feines Gespinst von radikalen theologischen Thesen in einer vom logischen Kalkül strukturierten Methodik. Am Ende der hier zitierten Quaestio faßt *Holcot* seine Argumente gegen *Aureoli* zusammen, wobei für dessen kunstvolle theologische Konstruktion, durch die er zwischen dem ewigen, unveränderlichen Akt der Gottesliebe und seiner Verwirklichung in der Zeit und in dem einzelnen Konkreten vermitteln wollte, kein Platz bleibt.[248] Doch sollen uns radi-

[245] Holcot, Quaest. quodl. (ed. Molteni, 172,16f.): „Rationes autem in nullo concludunt, et si concluderent, oppositum intenderent." Ebd. 173,27: „Ad secundum dico quod concludit oppositum intenti."

[246] Ebd. (ed. Molteni, 171,24–30): „... contra arguo quia sequitur quod est dare creaturam aliquam, aliquod videlicet accidens, quo Deus plus acceptat quam Christum vel matrem suam. Consequens falsum, propria parte, cum sit naturaliter readamator et gratus et virtuosus nihil debet tantum amare vel acceptare, quantum angelum et animam, quia illi tantum sciunt eum et possunt readamare."

[247] Ebd. (ed. Molteni, 171,31–172,3; Fortsetzung von Anm. 246): „Propterea quaero, aut Deus vult illam rem sine sui demerito ad universale vel quocumque casu posito, vel non. Si sic, igitur illam gratis acceptat, nec immutabiliter diligit, quam aliquando vult causare et conservare, aliquando adnihilare. Si non, igitur quando homo peccat mortaliter, charitas non annullatur. Consequens falsum. Et tamen certum est quod charitas non delinquit. Igitur etc."

[248] Vgl. den Schlußteil des zit. Quodl. (ed. Molteni, 172f.).

kale Äußerungen, die auch durch die logische Methode bedingt sind, nicht daran hindern, *Holcots* Theologie in die theologische Tradition einzubinden. Das Urteil über diesen Magister darf nicht auf einige radikale Begriffe festgelegt werden. In diesem Zusammenhang sei noch einmal auf *Holcots* Lehre über die gnädige Annahme des Menschen durch Gott hingewiesen. Sie zeigt uns auch einen Gottesbegriff, der von der Liebe und Barmherzigkeit Gottes zu seinen Geschöpfen geprägt ist. Aussagen, die zu dieser Grundhaltung im Widerspruch zu stehen scheinen, müssen auf der Grundlage der logischen Methode analysiert werden. In meiner *Holcot*-Monographie habe ich auf solche schroffe Aussagen *Holcots* hingewiesen. Hier soll deshalb daran erinnert werden, weil sie das Bild der Argumentationsmethode jener Theologen nach *Ockham* vervollständigen, denen wir hier unsere Aufmerksamkeit widmen.

Tatsächlich hat *Holcot* gelehrt, daß ein Geschöpf willentlich Gott hassen könne, selbst wenn es ihn klar, d.h. von Angesicht zu Angesicht, schaut. *Holcot* nennt zwei Voraussetzungen dafür. Erstens: Der geschöpfliche Wille muß mit der Erkenntnis verbunden bleiben, d.h. Gott erhält die Erkenntnis des Geschöpfes in der Gottschau.[249] Zweitens: Wenn dann Gott diesem Geschöpf offenbarte, daß er es verwerfen werde, würde es Gott als sein Unheil erfahren und könnte ihn hassen.[250] Solche Argumentationsweisen muten uns heut fremd an. Sie ergeben sich aber aus der Psychologie dieser Magister, die alle psychischen Kräfte und Möglichkeiten im jeweiligen Status des Geschöpfes: in statu viae, in statu patriae, in statu naturae et gratiae, in visione dei und wie immer, ins Spiel bringen möchten. Dieses Motiv spielt schon bei *Ockham* eine Rolle. *Holcot* besteht auf einer strikten Unterscheidung der einzelnen psychischen Realitäten wie Akt und Habitus. Das eine kann ohne das andere sein, weil beides im Sinne *Ockhams* , abso-

[249] Holcot, Quaest. quodl. 89: „Utrum angelus non confirmatus clare videns deum posset deum non diligere stante ista visione", P 207ra–208vb (fol.208ra 33–41): „Tertia conclusio: Talis potest esse visio clara dei communicata voluntati creatae quod voluntas poterit libere odire deum clare visum, supposito etiam in omnibus istis conclusionibus quod non sit in potestate voluntatis dimittere intellectum a cognitione vel visione dei, quia sic esset voluntati facile non diligere deum; sed manuteneret deus cognitionem vel visionem sui in voluntate secundum intellectum communem."

[250] Ebd. (fol.208vb 27–33): „Hoc probo sic: Deus clare visus potest apprehendi sub ratione summi nocivi, quia stante clara visione potest deus revelare voluntati quod vult eum adnihilare vel dampnare vel sub aliqua alia intentione, quam voluntas potest odire vel fugere, [per] se deus potest voluntati ostendere; igitur etc."

luta' sind.[251] Ferner: Zwischen Akt und Habitus gibt es keine Gegensätze, weil beide verschiedener Art sind. Ein Akt kann nur zu einem anderen Akt im Widerspruch stehen, ein Habitus zu einem anderen.[252] Ähnliches trifft auf die Phänomene im Bereich des Glaubens, des religiösen Lebens zu. Das von Gott angenommene Geschöpf ist in der ewigen Seligkeit durch mehrere Akte wirksam, Anschauung und Liebe. Immer wirkt Gott dabei mit. Er kann seine Mitwirkung jedoch bei einem Akte suspendieren, so daß ein Geschöpf zwar Gott in der seligen Schau sieht, ihn aber nicht liebt, ja ihn sogar hassen könnte.[253] Diese Aussage läßt sich freilich nicht umkehren, da die Erkenntnis oder das Sehen immer Voraussetzung für das Wollen oder Lieben ist. Ich bringe die Belegstellen in den Anmerkungen und erinnere zugleich an jene ontologische Voraussetzung solcher Sentenzen, die als ‚Metaphysik des Einzelnen'[254] gekennzeichnet wurde. Dazu kommt ein anderes, formales Motiv: die Übung der scholastischen Disputation, wie sie in den ‚Modi opponendi et respondendi' ihren Ausdruck gefunden hat.[255] Dabei bleiben sich die Magister der moralischen

[251] Vgl. o. S. 28.

[252] Holcot, Quaest. quodl. 89, P (fol.207vb 43–50): „Non video contradictionem, quin illa quatuor compatiantur se virtute divina scilicet: habitus caritatis, lumen gloriae, clara visio et odium dei in eadem voluntate creata. Unde simul possunt poni in eadem mente virtute divina, nec est repugnantia formalis inter illa, nec inter caritatem et peccatum mortale, nec inter habitum caritatis et odium dei. Nam peccatum est actus creaturae vel omissio creaturae, et forma contraria ibi non est aliquia habitus, sed tantum actus oppositus ..."

[253] Ebd. (fol.208ra 33–41): „Talis potest esse visio clara dei communitata voluntati creatae quod voluntas poterit libere odire deum clare visum, supposito etiam in omnibus istis conclusionibus quod non sit in potestate voluntatis dimittere intellectum a cognitione vel visione dei, quia sic esset voluntati facile non diligere deum; sed manuteneat deus cognitionem vel visionem sui in voluntate secundum intellectum communem."
Ebd. (fol.208va 53–61): „Quandocumque una res habet duas vel tres operationes distinctas, possibile est deum concurrere ad causandum unam non causando reliquam, et maxime ad causandum priorem sine posteriori. Sed creatura rationalis existens in statu, in quo potest videre deum, nata est elicere duas operationes, scilicet cognitionem et dilectionem mediante cognitione; igitur possibile est deum concurrere ad causandum operationem primam et suspendere operationem secundam."

[254] Vgl. o. S. 27 im Zusammenhang mit dem Begriff ‚absolutum'; ähnlich S. 86.

[255] Dazu verweise ich auf die Monographie von Lambert Marie de Rijk: Die mittelalterlichen Traktate De modo opponendi et respondendi. BGPhMA, N.F. Bd. 17. Münster 1980.

Grenze ihrer Erörterungen bewußt. *Holcot* sagt ausdrücklich, daß seine Argumente nicht als Beweise zu verstehen sind, sondern als probable Begründungen hinreichen, weil sie sich auf ein Gebiet begeben, auf dem wir keinerlei Erfahrung haben. Schließlich schränkt er seine Aussagen soweit ein, daß er deren Gegenstände als ‚problemata neutra' bezeichnet.[256] Wegen der hier zitierten Conclusiones wurde *Holcot* häufig als radikalster Vertreter der Lehre von der potentia Dei absoluta im Sinne einer Willkürherrschaft Gottes bezeichnet. Wie vorsichtig man mit solchen verallgemeinernden Urteilen umgehen soll, mahnt eine Stelle im Sentenzekommentar.[257] Dort setzt *Holcot* der absoluten Macht Gottes eine Grenze – nicht durch so abstrakte Prinzipien wie das Widerspruchsprinizip und die absolute Gutheit Gottes, sondern durch existentielle Erfahrungen von Gottes Liebe, Barmherzigkeit und Gerechtigkeit gegenüber seinen Geschöpfen. Diese Aussage wird an einem Beispiel veranschaulicht: Gott könnte aus seinem Vorherwissen einem Geschöpf, das zwar noch im Stand der Gnade lebt, aber diesen bald durch eigene schwere Schuld für immer verlieren wird, die ewige Verwerfung kundtun; er wird dies nicht tun, weil er damit sein Geschöpf in tiefste Bedrückung und Verzweiflung stürzen würde. Dies widerspräche aber seiner Liebe und Gerechtigkeit. Man beachte, daß es sich in diesem Beispiel um eine creatura ad damnationem praescita handelt. Mögen uns heute solche Beispiele fremd anmuten, zur Zeit unseres Magisters hatten sie eine lebensnahe Bedeutung und Wirkung.

[256] Holcot, Quaest. quodl. 89, P (fol.208vb 9–15): „Sed quia contra hanc rationem non potest efficaciter argui nisi ab eo, qui deum vidisset, ideo transeo et sufficiunt mihi probabilitates, quia conclusiones, quas persuadeo, sunt super experientiam naturalem et sunt mihi fere problemata neutra et nimis difficile arbitror quare assignare ut dicitur 1 Thessalonicorum."

[257] Holcot, Sent. II, q.2 (O fol.155ra 56– 62; RBM fol.52ra 36–43): „In ista materia potest dici quod deus non potest revelare alicui homini vel angelo existenti in caritate peccatum suum futurum nec suam poenam aeternam propter istud peccatum, non quia ista revelatio repugnat potentiae dei, inquantum est potentia, sed quia repugnat summae iustitiae et summae misericordiae, quia deus faceret suam creaturam rationalem tam miseram sine culpa, quia ipsa non posset praescire talem poenam futuram, nisi esset misera."

2.4 *Wilhelm (Johannes) Crathorn*

Der scharfsinnigste unter den hier zitierten vier Magistern des Jahrzehntes nach *Ockham* ist sicher *Crathorn*.[258] Er scheut kaum vor einer Autorität mit seiner Kritik. *Thomas von Aquin*, der Altmeister des eigenen Ordens, wird wenigstens uminterpretiert. Wenn man von einem Einbruch rationalistischen Argumentierens in die Scholastik sprechen will[259], so bietet *Crathorn* dafür die besten Argumente. Das Gewicht der natürlichen Überlegung und Einsicht bestimmt bereits in der ersten seiner Quaestionen zum Sentenzenkommentar das Glaubensmotiv. Da der Glaubende nicht leichtsinnig zustimmen darf (Sir 19,4), wird von ihm eine evidente Einsicht in den Glaubensgegenstand gefordert. *Crathorn* beruft sich zwar auf *Thomas von Aquin*, unterscheidet aber nicht wie dieser zwischen motiva credibilitatis externa und motiva interna.[260] Während den motiva externa Evidenz zukommt, halten die motiva interna die Zustimmung in einer gewissen Schwebe und Unsicherheit. Der *Thomas*-Kommentator *Johannes a S. Thoma*, der in der von *Caramello* besorgten Edition zitiert wird, weist ausdrücklich auf die Notwendigkeit dieser Unterscheidung hin.[261] *Crathorn* nivelliert die jeweils unterschiedenen Ebenen der Erkenntnis und beruft sich für seine Lehre, der Mensch erkenne die Glaubenswahrheiten mit dem Lichte der natürlichen Vernunft, auf die Autorität des hl. *Thomas*. Im Sinne solcher Argumentation liegt es auch, daß

[258] Zur Frage nach dem ‚Vornamen' vgl. Hoffmann, Crathorn. Quästionen, 5–7.

[259] So neuerdings behauptet im Blick auf Anselm von Canterbury. Vgl. Karl – Hermann Kandler, Christliches Denken im Mittelalter bis zur Mitte des 14. Jahrhunderts. Leipzig 1993, 51–55. Die Texte rechtfertigen ein solch radikales Urteil nicht. Vgl. meine Rezension zu dieser Monographie, ThLZ 119 (1994) 666ff.

[260] Vgl. Thomas von Aquin, S.Th. II-II, q.1, a.4, ad 2: „... dicendum quod ea quae subsunt fidei, dupliciter considerari possunt. Uno modo in speciali, et sic non possunt esse simul visa et credita ..., alio modo in generali, scilicet sub communi ratione credibilis. Et sic sunt visa ab eo, qui credit; non enim crederet, nisi videret ea esse credenda, vel propter evidentiam signorum vel propter aliquid huiusmodi."

[261] Vgl. Johannes a S. Thoma, zit. aO: „Habitus fidei evidenter cognoscit credibilitatem suam, ... obscure tamen attingit suum obiectum scilicet rem creditam. Unde evidentia et inevidentia non versantur circa idem, sed unus circa rem creditam, alter circa credibilitatem eius." Als Quelle dort angegeben: Johannes a S. Thoma, Cursus philosophicus, t.I: Ars logica, ed. Reiser, Taurini 1930, P.II, q.I, a.5, 283 a 50–b 8.

er natürliche Erkenntnis und evidente Erkenntnis austauscht und schließlich gleichsetzt.[262] Diesem methodischen Rationalismus entspricht die radikale Anwendung des Ökonomieprinzips, die mir noch über *Ockham* hinauszugehen scheint. In der Erkenntnispsychologie setzt *Crathorn* das Erkennen mit dem Erkenntnisvermögen und dieses mit dem Wesen der Seele gleich. Wären Erkennen als Vollzug und Erkennen als Vermögen real unterschieden, dann könnte Gott Kraft seiner Allmacht das Erkenntnisvermögen auch einem Stein geben.[263] Logisierung der theologischen Argumentation, das Ökonomieprinzip (*Ockhams* ‚Rasiermesser'), die Lehre von der absoluten Macht Gottes und eine extreme Betonung der Kontingenz alles Geschaffenen stehen schon bei *Ockham* in einem inneren Zusammenhang. *Crathorn* führt diese Tendenz mit Konsequenz weiter.

Das in den ‚Quästionen' vorgelegte Material ist so umfangreich, daß ich hier nur einige Beispiele auswählen kann, um *Crathorns* eigenwillige Argumentation zu zeigen.

In Quaestio IV: „Utrum viator possit scire scientia proprie dicta quod sit tantum unus Deus" geht *Crathorn* das Argument des *Anselm von Canterbury* kritisch an. Mit diesem Argument lasse sich mit gleicher Stringenz eine Mehrzahl höchster Wesen beweisen. Damit fällt aber für *Crathorn* die Kraft dieses Beweises und zugleich die Möglichkeit, die Einzigkeit der Existenz Gottes mit der Vernunft zu beweisen.[264] Natürlich ist auch der Satz falsch: ‚Götter sind jene, über die hinaus nichts Größeres gedacht werden kann.' Dabei macht *Crathorn* eine scharfsinnige Unterscheidung zwischen der sprachlichen Bedeutung dieses Satzes, d.h. zwischen dem, was mit ihm bezeichnet wird einerseits und der Wahrheit des Satzes andererseits. Jeder kennt die Bedeutung des Wortes ‚Götter als etwas, über das hinaus nichts Größeres gedacht werden kann'. Doch folgt daraus nicht, daß solches auch existiert.[265]

[262] Vgl. Hoffmann, Crathorn. Quästionen, Einl., 17.

[263] Vgl. ebd., Text, 77,20–78,10, bes. 78,7–10: „Unde si intellectio esset alia res a potentia intellectiva, posset esse ipsa potentia non existente, et obiecto sibi debito modo applicato posset illud intelligere, et sic aliquid intelligeret et aliquid intelligeretur non existente potentia intellectiva, quod est impossibile." Vgl. ebd. 74,22–28.

[264] AO, q.4 (ed. Hoffmann, 268,3–15, bes. 10–14): „Arguo ad propositum in eadem forma: Dii sunt illi, quibus maiora cogitari non possunt; sed maiora sunt illa, quae sunt in intellectu et realiter quam quae sunt in intellectu tantum; igitur sunt plures dii, igitur non est tantum unus deus; igitur non est demonstrabile tantum unum deum esse."

[265] Ebd. (ed. Hoffmann, 306,4–7): „Ad argumentum in oppositum dicendum quod haec est falsa: Dii sunt illi, quibus maiora cogitari non possunt. Et li-

Die ganze Quaestio ist ein Musterbeispiel für die sprachlogische Argumentation des Magisters. Das Argument *Anselms* wird durch einen sophistischen Kunstgriff ad absurdum geführt. *Crathorn* ersetzt das Subjekt in *Anselms* Aussage „Gott“ durch das Subjekt „Götter“. Das bedarf freilich keines Beweises, daß solche Sophistik an der theo-ontologischen Spekulation *Anselms* vorbei argumentiert. Doch hat das sophistische Argument *Crathorns* noch eine Bedeutung in anderer Richtung, nämlich für eine in der Scholastik seltene Variante der Signifikationslehre. In dem zitierten Passus aus den Quästionen *Crathorns* heißt es: „Jeder weiß, was der Name ‚Götter‘ bezeichnet“. Ich möchte an dieser Stelle *Crathorns* Lehre vom significatum propositionis heranziehen. Zum rechten Verständnis des Problems geht man am besten von der Frage nach dem Gegenstand der Wissenschaft aus. Für *Ockham*[266] ist dies der Satz (das ‚Complexum‘), ebenso für *Holcot*. *Ockham* stellt allerdings mittels seiner Lehre von der Supposition die Verbindung zwischen Satz und Realwelt her.[267] *Holcot* behauptet noch strikter, daß der Gegenstand des Wissens wie auch des Glaubens keine Sache der Außenwelt sei. „Nicht der Stein wird von mir gewußt, sondern daß der Stein schwer ist.“ So wird ‚Glauben‘ oder ‚Wissen‘ nicht von einem Einfachen (incomplexum) ausgesagt, sondern von einem complexum, das auf mannigfaltige Weise gebildet wird.[268] In den

cet quilibet intelligat significari per hoc nomen ‚dii, quibus maiora cogitari non possunt‘, tamen ex hoc non sequitur quod aliqua talia sint, ut patet ex praedictis.“

266 Ockham, Sent. I, d.2, q.4 (OT II, 134,3–9): „Ad secundum argumentum principale dico quod scientia realis non est semper de rebus tanquam de illis, quae immediate sciuntur, sed de aliis pro rebus tantum supponentibus. Ad cuius intellectum et propter multa prius dicta et dicenda propter aliquos inexercitatos in logica, est sciendum quod scientia quaelibet sive sit realis sive rationalis est tantum de propositionibus tanquam de illis quae sciuntur, quia solae propositiones sciuntur.“

267 AO, d.27 (OT IV, 254,16–255,9): „Ad secundum in contrarium dicendum est ... quod scientiam esse de aliquibus est dupliciter: vel quia illa sunt partes propositionis scitae vel quia sunt illa, pro quibus partes conclusionis supponunt. Primo modo scientia non est de rebus extra. ... Sed secundo modo scientia est de rebus extra, quia subiectum et praedicatum propositionis, quamvis non sint una res, tamen supponunt pro eadem re. Et isto modo scientia est de rebus extra, hoc est, termini propositionis scitae supponunt pro rebus extra.“

268 Holcot, Sent. IV, q.10 (RBM 10 C VI fol.129va, 37–49): „Per obiectum actus credendi non intelligo aliud nisi illud, quod denominatur creditum, et per obiectum actus sciendi illud, quod denominatur scitum. Et quia nulla res extra [excepto Deo] proprie dicitur scita–non enim scio lapidem sed lapidem esse gravem ita quod ‚lapis est gravis‘ est scitum a me, ita quod nec

,Conferentiae' trägt *Holcot* seine Lehre, das complexum sei der eigentliche Gegenstand der Wissenschaft, noch präziser vor, wo er sich mit seinem Socius *Crathorn* streitet und dessen Lehre vom ,significatum propositionis' als eigentlichem Gegenstand des Wissens und Glaubens zurückweist.[269] In der zitierten Stelle setzt *Holcot* ,complexum' und ,propositio' gleich. Wir gehen von diesem Text zu *Crathorns* Lehre über.

Crathorn kritisiert, entgegen *Ockham* und *Holcot*, die Lehre, daß der Satz das eigentliche Objekt des Wissens oder des Glaubens sei, mit einem Argument, das auf den ersten Blick trivial erscheint: Nicht alles, was gewußt werden kann, ist ein gedachter oder ein gesprochener Satz; denn ein Engländer und ein Grieche können wohl das gleiche Ereignis wissen, z.B. daß an einem bestimmten Tag eine Sonnenfinsternis eintritt, ohne daß sie darüber den gleichen mentalen oder sprachlichen Satz bilden.[270] Uns erscheint dieses Argument zwar trivial. Um *Crathorn* zu verstehen, muß man aber bedenken, daß für ihn die gesprochenen oder geschriebenen Sätze im Vergleich zu den gedachten das Primäre sind. Gelesene Sätze bildet der Mensch als Zeichen geschriebener Sätze; sie sind deren natürliche Zeichen, wie die species des Weißseins durch das Schauen auf einen weißen Gegenstand natürlicherweise im Sehenden hervorgerufen wird. Gleiches gilt für die stimmlichen Sätze. Sie sind natürliche Zeichen gehörter Sätze. Dieser Prozeß vollzieht sich im Sinnenhaften. Die mentalen

hoc verbum ‚scitum' nec aliquod tale praticipium, sicut est ‚scitum' vel ‚creditum', praedicatur de aliquo incomplexo sed tantum de complexo, quod complexum vario modo formatur–et ideo tenetur quod solum complexum est obiectum actus credendi." Vgl. Hoffmann, theologische Methode, 216, Anm. 22.

[269] Holcot, Conferentiae, Primus articulus (ed. Hoffmann, 66,4–6): „Primus articulus fuit quod obiectum scientiae, fidei et opinionis et universaliter omnis notitiae asservative est complexum et non res significata per complexum." Ebd. (ed Hoffmann, 67,6–8): „... Quod cuiuslibet notitiae asservative sive scientiae sive fidei vel opinionis obiectum est complexum et nulla res extra animam significata per terminum vel terminos talis propositionis."

[270] Crathorn, Quästionen, q.4 (ed. Hoffmann, 270,5–9): „Tertio sic: Unum et idem potest sciri a duobus, qui non communicant in aliqua propositione mentali vel vocali, sicut patet de anglico et graeco, quorum uterque potest scire quod certo die sol eclipsabitur; igitur non omne, quod potest sciri scientia proprie dicta, est propositio mentalis vel vocalis, nec omne id quod scitur scientia proprie dicta, est propositio mentalis vel vocalis." Es ist zu beachten, daß sich für Crathorn die mentalen Sätze, die Menschen bilden können, nach dem jeweiligen Sprachidiom unterscheiden.

Sätze sind die natürlichen Zeichen der gesprochenen oder geschriebenen Sätze.[271] Es gibt also zwei Arten von mentalen Sätzen, die real voneinander verschieden sind, je nachdem sie von gesprochenen oder geschriebenen Sätzen hervorgerufen werden.[272] Damit wird aber nicht ausgeschlossen, daß ein Mensch unabhängig von geschriebenen und gesprochenen Zeichen auch solche rein mentaler Natur bilden kann.[273] Jeder geistig gesunde Mensch vermag solche mentalen Sätze zu bilden, die den gesprochenen oder geschriebenen Sätzen natürlicherweise entsprechen, die er hervorgebracht hat oder hervorbringen will. Aus diesen Formulierungen ersehen wir, welchen gnoseologischen Stand die mentalen Worte und Sätze in *Crathorns* Erkenntnistheorie einnehmen. Sie sind nicht die natürlichen Erkenntnisbilder der extramentalen Dinge (passiones animae) wie in der von *Aristoteles* bis *Ockham* reichenden Tradition. Vielmehr faßt der erkennende Geist spontan seine Erkenntnis in gesprochene oder geschriebene Sätze, die ihm als Zeichen für die erkannten Objekte dienen. Erkenntnisgegenstand sind nun nicht die Dinge oder die Sätze, sondern das mit den Sätzen Bezeichnete.[274] Was *Crathorn* damit meint, hebt

[271] AO, q.2 (ed. Hoffmann, 154,32–155,8): „Prima <conclusio> est quod praeter propositiones scriptas vel vocales oportet ponere propositiones conceptas vel intelligibiles, quas alii vocant mentales, et probo hoc sic: Sicut ex visione coloris gignitur in vidente species coloris, videlicet ex visione albedinis existentis species albedinis, quae est verbum et similitudo albedinis, sic ex auditu propositionis vocalis auditae generatur in audiente species propositionis vocalis, quae est verbum et similitudo propositionis vocalis, et hoc naturaliter. ... Igitur praeter propositiones vocales prolatas et extrinsecas oportet ponere propositiones intrinsecas cognoscenti, quae sunt verba et similitudines naturales propositionum prolatarum, et tales propositiones alii vocant mentales."

[272] Vgl. S. 99, Anm. 276.

[273] Crathorn, Quästionen, q.2 (ed. Hoffmann, 155,9–13): „Secundo sic: Quilibet bene dispositus potest experiri in seipso quod antequam loquitur vel scribat, formantur in seipso propositiones et similitudines correspondentes propositionibus prolatis vel proferendis et in quolibet idiomate sibi noto. Igitur praeter propositiones extrinsecas oportet ponere propositiones intrinsecas cognoscenti vel loquenti."

[274] AO, q.4 (ed. Hoffmann, 270,10–26): „Ideo videtur mihi quod id quod proprie scitur a sciente quod omne mixtum est corruptibile vel quod sol certo die eclipsabitur, non solum sunt haec propositiones vel consimiles: ‚Sol tali die eclipsabitur'; ‚omne mixtum est corruptibile', sed illa quae per tales propositiones importantur. Immo videtur mihi quod haec propositio sit simpliciter falsa: Haec propositio est scibilis: ‚Sol eclipsabitur'; et simmiliter haec est falsa: ‚Ista propositio scitur'. Sed haec est vera: Haec propositio: ‚Sol eclipsabitur' est signum illius, quod scitur vel potest sciri vel est sci-

sich in einem wörtlichen Vergleich mit den ähnlich klingenden Formulierungen bei *Holcot* am klarsten ab: „Nicht weiß ich das incomplexum den Stein, sondern das complexum, daß der Stein schwer ist.“[275] *Crathorns* significatum propositionis ist nicht gleichzusetzen mit dem, was *Holcot* unter dem complexum ‚der Stein ist schwer‘ versteht; es steht nicht einmal in einer gewissen Analogie dazu. Heute würde ich meine frühere Darstellung, daß *Crathorns* significatum propositionis gnoseologisch zwischen der extramentalen Sache und dem gesprochenen oder geschriebenen Satz steht[276], modifizieren und in Richtung auf ein sensualistisches Verständnis der Erkenntnistheorie unseres Magisters ergänzen.[277] Den Grund dazu gibt seine These, daß der mentale Satz das natürliche Zeichen des gesprochenen oder geschriebenen Satzes sei, nicht aber das natürliche Zeichen einer extramentalen Sache im Sinne der aristotelischen passio animae.[278] *Schepers* charakterisierte diese Opinio *Crathorns* schon vor 25 Jahren mit folgenden Worten: „Auf eine Formel gebracht heißt das, *Crathorn* trennt Denken und Sprache, das Denken ist für ihn von Natur sprachlos, die Sprache ist nichts als ein Instrument, das sich der Mensch durch Konventionen zur Verständigung hergestellt hat.“[279]

bile. Et consimiliter dicendum est de aliis propositionibus, quae exprimunt scibilia vel scita. Sciens vero significatum istius propositionis: ‚Omne mixtum est corruptibile‘, potest scire hanc propositionem esse veram: ‚Omne mixtum est corruptibile‘, per tale medium: Omnis propositio, quae ita significat esse sicut est vel fore sicut erit, est vera; sed haec propositio: ‚Omne mixtum est corruptibile‘, est huiusmodi; igitur est vera.“

275 Vgl. Anm. 268.

276 Vgl. Hoffmann, theologische Methode, 245–254.

277 Vgl. Hoffmann, Holcot. Conferentiae, 11; ferner meinen Artikel: „Der Satz als Zeichen der theologischen Aussage bei Holcot, Crathorn und Gregor von Rimini“, in: MM 8, hg. v. A. Zimmermann. Berlin/New York 1971, 296–313, bes. 303–309. Im Vergleich zu Crathorn bewegt sich Gregors Verständnis des complexum significabile auf einer anderen Ebene, offen für das ‚verbum mentale‘ des hl. Augustinus.; vgl. Hoffmann, ebd. 310–313.

278 Crathorn, Quästionen, q.2 (ed. Hoffmann, 159,18–24): „Septima conclusio est quod nullum verbum mentale, quod est vel natum est esse pars propositionis mentalis, quae generatur a propositione prolata, est signum naturale rerum, quae res specie differunt a propositione prolata et a partibus propositionis prolatae, sed tantum est signum talium rerum ad placitum, sicut et nomen prolatum, cuius est similitudo, sicut hoc nomen ‚homo‘ non est naturale signum Sortis et Platonis et aliorum hominum, sed ad placitum.“

279 Heinrich Schepers, Holkot contra dicta Crathorn. I. Quellenkritik und biographische Auswertung der Bakkalareatsschriften zweier Oxforder Dominikaner des XIV. Jahrhunderts, PhJ 77 (1970) 320–357. II. Das „Significatum per propositionem“. Aufbau und Kritik einer nominalistischen

Der Bereich dieser gesprochenen und geschriebenen Sätze kann materialiter als das angesehen werden, was insgesamt die Wissenschaft ausmacht. Ontologisch gehört dies zum Sinnenhaften. Die Apperzeption der geschriebenen und gesprochenen Sätze ist daher analog zum Vorgang der Apperzeption extramentaler Dinge zu verstehen, wie ihn *Crathorn* als eine Kette auf den Nervenbahnen weitergegebener sinnenhafter Species beschrieben hat.

In aristotelischer Tradition beginnt für *Crathorn* alles Erkennen bei den Sinnen. Der gesprochene oder geschriebene Satz löst im Wahrnehmungssinn eine innere propositio aus, die *Crathorn* eigenwillig als propositio mentalis bezeichnet. Dieser mentale Satz wird über die Nervenbahnen weitergeleitet zu der sinnenhaften Memoria, die *Crathorn* in einer Zelle des Gehirns, der cellula memorialis, lokalisiert, und drückt dieser die species der wahrgenommenen Sache ein. Da es nach *Aristoteles* in diesem Prozeß vom ersten Sinneneindruck bis zur cellula memorialis keine actio in distans gibt[280], sind zahlreiche mentale Sätze anzunehmen, die zwischen dem stimmlichen Satz und der cellula memorialis vermitteln. Der ganze Prozeß der Wahrnehmung, den *Crathorn* bis ins einzelne erkannt zu haben glaubt und darstellt, bleibt bis zuletzt im rein Sinnenhaften. Das geistige Erkennen ist ein spontaner Akt der Geistseele, der sich auf den letzten Faktor des Wahrnehmungsprozesses, die notitia genita, richtet, die *Crathorn* mit *Augustinus* als verbum mentale bezeichnet[281], wobei er die eigentliche

Theorie über den Gegenstand des Wissens, PhJ 79 (1972) 106–136,117. Zum Verständnis des Eigenbereichs ‚Sprache' bei Crathorn vgl. den Text in Anm. 281.

280 Vgl. Aristoteles, De generatione et corruptione I, c.6 (322 b 23f).

281 Crathorn, Quästionen, q.2 (ed. Hoffmann, 157,1–16): „Quarta conclusio est quod in viatore sunt multae propositiones <intrinsecae> differentes numero eiusdem speciei correspondentes uni propositioni extrinsecus prolatae, verbi gratia quando aliquis audit istam propositionem: ‚Homo est animal', ex illa propositione gignuntur in audiente multae propositiones intrinsecae, quarum quaelibet est naturalis similitudo illius propositionis prolatae et quarum quaelibet numero et subiecto distinguitur ab alia, et hoc probo sic: Cellula memorialis realiter immutatur a propositione extrinseca audita; sed impossibile est quod propositio extrinseca prolata, cum distet localiter et situaliter a memoriali cellula, immutet cellulam memorialem immediate. Aliter movens et alterans naturale non tangeret proximum alteratum, quod est contra Philosophum et contra veritatem. ... Igitur propositio extrinseca prolata et audita prius immutat organum audiendi et cellulam fantasticam, id est primam cellulam cerebri, et cellulam syllogisticam, id est mediam cellulam cerebri, antequam immutet cellulam memorialem, quae est in posteriori parte capitis, quia est postrema pars vel

Bedeutung dieses Begriffes als eines geistigen Wortes in ein Medium der sinnenhaften Wahrnehmung verkehrt.[282] *Crathorn* greift bei dieser Gelegenheit die textgetreue *Augustinus*-Kommentierung *Ockhams* an, womit er indirekt auch die Lehre des *Augustinus* trifft. *Ockham* ließ sich – so *Crathorn* – durch die Äquivokation täuschen, da er den Namen des (inneren) Wortes, insofern es für eine Qualität im Erkennenden gebraucht wird, äquivok zu der Qualität setzte, die in der Ähnlichkeit der bezeichneten Sache besteht und zu jener Qualität, die in dem Ähnlichkeitsbild des gesprochenen oder geschriebenen Satzes besteht.[283] Diese Umdeutung des von *Ockham* zitierten *Augustinus*-Textes wird nur verstehbar auf dem Hintergrund der Umkehrung der aristotelischen Erkenntnislehre durch *Crathorn*[284], wo die verba mentalia ihrer Bedeutung als passiones animae, als innere Bilder der wahrgenommenen extramentalen Dinge, völlig beraubt werden. Ich zitiere die *Crathorn*-Texte in aller Ausführlichkeit in den Anmerkungen, damit der Leser die oft so verschlungene Argumentation in der Quelle selbst verfolgen kann. *Crathorn* stellt die Mittlerrolle der species in minutiöser Deutlichkeit dar. Sie spielt sich ganz und gar im sinnenhaften Bereich ab. *Crathorn* kritisiert *Ockham* und über diesen *Augustinus*, indem er *Ockhams* Auslegung zurückweist.[285] Das wichtigste

postrema cellula cerebri." Doch ist dieser Text mit dem in Anm. 283 zitierten zu ergänzen.

282 Vgl. H. Schepers, Holkot contra dicta Crathorn II; PhJ 79 (1972) 116.

283 Crathorn, Quästionen, q.2 (ed. Hoffmann, 171,17–32) [vgl. zu folg. Text ebd. 166,2–11, wo Crathorn die Augustinus-Kommentierung Ockhams zitiert, s.u. Anm. 285]: „Ad auctoritatem beati Augustini, quam iste allegat pro eo, dico quod nihil facit ad propositum suum vel pro eo, sed fuit deceptus per aequivocationem, quia hoc nomen ‚verbum', secundum quod supponit pro qualitate existente in mente cognoscentis vel in cognoscente, est aequivocum ad qualitatem, quae est similitudo rei significatae, quae non est terminus vel nomen, et ad qualitatem, quae est similitudo nominis vocalis significantis ad placitum, et ad qualitatem, quae est similitudo nominis scripti. Unde aliud est verbum mentale albedinis, aliud verbum mentale istius nominis vocalis ‚albedo', aliud verbum mentale istius nominis scripti ‚albedo'. Quando vero dicit beatus Augustinus quod verba mentalia sint illa, quae nullius sunt linguae, intelligit de verbis rerum significatarum, quae non sunt propositiones vel termini propositionum, et non de omnibus verbis terminorum vocalium vel scriptorum significativorum; illa enim qualitas mentalis, quae est verbum albedinis, nullius linguae est."

284 Vgl. o. S. 99, Anm. 274ff.

285 Crathorn, Quästionen, q.2 (ed. Hoffmann, 166,2–19): „Ad evidentiam aliquorum dictorum et dicendorum videndum est de termino mentali et de propositionibus mentalibus. Unde terminum mentalem describit frater Wilhelm Ockham in tractatu suo super logicam capitulo primo isto modo:

Gegenargument besteht in der Behauptung *Crathorns*, daß mit dem Begriff ‚verbum', wo immer er gebraucht wird, von seiner Definition her die ‚particula' (der Beisatz) ‚ad placitum significare' verbunden ist. Damit wird jede qualitative oder naturhafte Ähnlichkeit zwischen der Sache und dem mentalen Begriff oder Wort ausgeschlossen.[286] Sie wird aber noch von einer anderen Seite her überflüssig. Mit *Ockham* lehrt auch *Crathorn*, daß der menschliche Intellekt das Sinnenhafte unmittelbar erkennen kann. Die Ähnlichkeitsbilder im Wahrnehmungsprozeß sind aber bis zur notitia genita von sinnenhafter Natur. In diesem von der sinnenhaften species hervorgebrachten Medium schaut die Geistseele unmittelbar ihr Erkenntnisobjekt, nämlich dieses Medium und zugleich damit die Sache der Außenwelt selbst.[287]

Ockham hält zunächst die species für überflüssig, und zwar sowohl die species sensibilis für die sinnenhafte Wahrnehmung wie die species intelligibilis für die geistige Erkenntnis. Im Beweis für die Unmittelbarkeit der geistigen Erkenntnis setzt er sein Ökonomieprinzip (das bekannte ‚Rasiermesser *Ockhams*') ein. Erkenntnis lasse sich

‚Terminus conceptus est intentio vel passio animae aliquid naturaliter significans nata esse pars propositionis mentalis. Unde isti termini concepti et propositiones ex eis compositae sunt illa verba mentalia, quae beatus Augustinus XV De Trinitate capitulo 2. de magnis et 30. de parvis dicit esse nullius linguae, quia in mente manent et exterius proferri non possunt, quamvis voces tanquam signa sub eis ordinata exterius pronuntientur.' Postea dicit, quomodo habet intelligi, quando dicitur quod voces sunt signa subordinata conceptibus affirmans hoc pro tanto dici, ‚non quia ipsae voces proprie loquendo semper sunt signa ipsorum conceptuum primo et proprie, sed quia voces imponuntur ad significandum illa eadem, quae per conceptus mentis significantur ita quod conceptus mentis primo naturaliter significat aliquid et secundario vox significat id idem in tantum, quod vox instituta ad aliquid significandum aliquod significatum per conceptum mentis, si conceptus ille mutaret suum significatum, eo ipso ipsa vox sine nova institutione mutaret suum significatum.'" Die Zitate: Ockham, Summa logicae I, c.1 (OP I, 7,19–25); Augustinus, De Trin. XV, c.10, n.19 (CCL 50a, 485f.); c.12, n.22 (CCL 50a, 493f.); c.27, n.50 (CCL 50a, 531ff.).

[286] Crathorn, Quästionen, q.2 (ed. Hoffmann, 167,4–11): „Sed in his dictis multa falsa includuntur. Primum est hoc quod dicit quod terminus mentalis significat aliquid naturaliter, quod patet sic: De quibuscumque verificatur diffinitum et diffinitio et quaelibet particulosa posita in diffinitione; sed in diffinitione nominis et verbi et orationis ponitur haec particula: ‚significare ad placitum'. Igitur significare ad placitum videtur de omni eo dici, de quo potest dici quod sit nomen vel verbum vel oratio. Si igitur ex parte mentis vel intellectus sit aliquid, quod possit dici nomen vel verbum vel oratio, illud significabit ad placitum et non naturaliter."

[287] Vgl. Anm. 293.

auch ohne die Annahme von species erklären. Die einfachere Erklärung ist aber immer vorzuziehen einer anderen, die sich auf mehrere Erklärungsgründe stütze, ohne daß solches erforderlich ist.[288] An wenigen Stellen spricht sich *Ockham* gegen die Annahme von species als vermittelnden Erkenntnisbildern so deutlich aus wie an der hier zitierten. Die species waren in der Erkenntnistheorie der Scholastiker so gebräuchlich, daß *Ockham* sie auch in seine Argumentation einbezieht, allerdings zuweilen die vorsichtige Einschränkung hinzusetzt: „Wenn sie anzunehmen sind."[289] Einen zweiten Grund für die Entbehrlichkeit der species beim Erkennen sieht *Ockham* darin, daß dem erkennenden Geist das Erkenntnisobjekt unmittelbar gegenwärtig ist. Darum kann er auch das Sinnenhafte unmittelbar erkennen, da sich – ein dritter Grund – das Höhere, die geistige Erkenntnis, das Geringere, die sinnenhaften Objekte, unmittelbar erschließen kann.[290] *Ockham* erläutert dies an der häufig diskutierten Frage, ob das Allgemeine oder das Einzelne das zuerst Erkannte ist. Die Frage wurde im Universalienproblem[291] zum Anlaß, den ontologischen Stand des Universale zu bestimmen. So ist nach *Ockham* das Materielle, Singuläre, Sinnenhafte auch wirklich Gegenstand der geistigen Erkenntnis und folglich in irgendeiner Weise im Erkennenden, sei es als species, sei es im Akt des Erkennens, sei es als Habitus. *Ockham* diskutiert hier auf der Ebene seiner Opponenten und fügt daher hinzu: Gemäß der Meinung jener und entsprechend dem allgemeinen Brauch zu lehren. Nach *Ockham* bedarf das Erkenntnisvermögen beim Erkennen des Einzel-

[288] Ockham, Sent. II, q.12–13 (OT V, 253,15–254,2; 256,5–9): „Hoc supposito et extendendo primam quaestionem ad intellectum tam angelicum quam nostrum est hic una opinio, quae ponit quod necesse est ponere speciem impressam intellectui ad hoc quod intelligat." <Cf. Thomas von Aquin, S.th. I, q.55, a.1–3; ScG II, c.98; De ver. q.8, c.8–10> „Ista opinio ... non potest evidenter improbari per rationes naturales; tamen videtur mihi quod pars opposita est probabilior, et hoc quia non est ponenda pluralitas sine necessitate. Sed omnia possunt salvari sine specie, quae salvantur cum specie, igitur non est necessitas ponendi eam." Vgl. auch Sent. I, d.2, q.8 (OT II, 269,6–7); q.9 (OT II, 314,5–6).

[289] Z.B. Sent. I, d.1, q.6 (OT I, 492,24–493,1); Sent. II, q.12–13 (OT V, 301,14).

[290] Ockham, Sent. I, d.3, q.6 (OT II, 494,19–24): „Tertio dico quod notitia singularis sensibilis est simpliciter prima pro statu isto, ita quod illud idem singulare, quod primo sentitur a sensu, idem et sub eadem ratione primo inetlligitur intuitive ab intellectu, nisi sit aliquod impedimentum, quia de ratione potentiarum ordinatarum est quod quidquid – et sub eadem ratione – potest potentia inferior, potest et superior."

[291] Vgl. ebd. (OT II, 492–520).

nen nicht einer species. Die Einzelerkenntnis kann ebenso immateriell sein wie die Erkenntnis des Allgemeinen.[292]

Von dieser Argumentation der Erkenntnistheorie *Ockhams* kann uns ein Verständnis für *Crathorn* aufgehen. Unmittelbares geistiges Erkennen des Sinnenhaften ist die Voraussetzung für das Zusammenspiel von sinnenhafter Wahrnehmung und geistiger Apperzeption in *Crathorns* Erkenntnistheorie. Die Perceptio der Sinne reicht von der Einwirkung des Einzelobjektes bis zur notitia genita. Erst im Schauen auf diese gewinnt die Geistseele die (geistige) Erkenntnis des Gegenstandes.[293] Ähnlich wie bei *Adam de Wodeham* und *Robert Holcot* dominiert auch in der Erkenntnistheorie *Crathorns* der Impuls, den *Ockham* gegeben hatte, jedoch mit erhebliche Varianten, die eine Einebnung der Wirkungsgeschichte des Ockhamismus – wenn man diesen Begriff auf das Ganze dieses geistesgeschichtlichen Phänomens anwenden will – verbietet.

Wie stark Crathorn ‚Geistiges' und ‚Sinnenhaftes' im Menschen einander annähert, zeigt seine trinitarische Analogie in der Frage

[292] Ockham, ebd. (OT II, 493,20–494,7): „Confirmatur, quia universale recipitur immaterialiter, quia species intelligibilis vel cognitio, per quam recipitur, est immaterialis, quia nihil est realiter in intellectu nisi species intelligibilis vel actus intelligendi vel habitus, secundum istos et secundum communiter loquentes. <Cf. Henricus Gandavensis, Quodl. IV, q.7 (I Parisiis 1518, fol. 95 A); Thomas Aquinas, S.th. I-II, q.50, a.4, Resp.> Igitur nihil recipitur in intellectu, nisi quia aliquod istorum – quod est aliquid illius – recipitur, sicut obiectum dicitur recipi in intellectu, quia actus intelligendi, qui est illius obiecti, recipitur in intellectu, et per consequens non recipitur immaterialiter in intellectu, nisi quia aliquod illorum est immateriale. Sed ipsa cognitio singularis ita poterit esse immaterialis, igitur propter hoc non repugnat sibi primo recipi vel cognosci ab intellectu."

[293] Crathorn, Quästionen, q.7 (ed. Hoffmann, 341,29–342,3): „Dico igitur quod notitia genita vel verbum mentale distinguitur realiter a specie conservata in memoria; est enim una qualitas genita a specie conservata in memoria simillima sibi. Quantum mihi videtur, imprimitur mediae ceollulae, ubi impressa intuitive videtur ab anima cogitantis, et in illa similitudine, quae est verbum speciei, scilicet qua imprimitur similitudo illius rei, cuius est species, illa cognoscitur et cogitatur species, a qua generatur, et res extrinseca, cuius est species. Talis autem notitia genita non dicitur notitia formaliter quasi id, quo formaliter cognoscens cognoscit, sed dicitur notitia materialiter vel obiective ..."
Zur formalen (und vollendeten) Erkenntnis gehört die Liebe, amor spiratus vel volutio spirata. Erst dadurch wird menschliches Erkennen zum Bild der Trinität. Auf diese Ausweitung der Erkenntnislehre bei Crathorn sei hier nur kurz hingewiesen. Vgl. Crathorn, aO., 342,6–23.

nach der Gottebenbildlichkeit des Menschen.[294] In Anlehnung an die psychologische Trinitätsspekulation des hl. *Augustinus*, die *Crathorn* zitiert und kritisiert[295], verwendet er drei Faktoren des Wahrnehmungs- und Erkenntnisprozesses als Analogie zur Trinität: die species in memoria (entspricht dem Vater), die aus ihr hervorgehende notitia genita (entspricht dem Hervorgang des Sohnes) und die volutio spirata (oder amor spiratus – entspricht der Hauchung des Heiligen Geistes). Alle drei gehören aber in den Bereich des Sinnenhaften. Bedenken einer derartigen Analogie scheinen *Crathorn* bewußt gewesen zu sein. Dafür zeugt ein Gegenargument: Die sinnenhafte Tätigkeit und das sinnenhafte Vermögen seien unvollkommener als die geistigen Akte und Potenzen.[296]

Er antwortet darauf mit dem beachtenswerten Argument, daß sinnenhafte und geistige Tätigkeit je in ihrer Art gleich vollkommen sind, indes sie sich auf je verschiedene Objekte richten.[297] Auf keinen Fall ist aus diesen Ausführungen *Crathorns* der Schluß zu ziehen, daß *Crathorn* Geistiges und Materielles im Sinne eines neuzeitlichen Materialismus einebnet. Dagegen spricht seine Feststellung, daß die Gottebenbildlichkeit des Menschen eigentlich in seiner Geistseele begründet ist.[298] *Crathorn* fügt dieser Feststellung eine ausführliche Be-

[294] Crathorn, Quästionen, q.7 (ed. Hoffmann, 331).

[295] Ebd. (ed. Hoffmann, 336,2–6): „Septimo sic: Augustinus X De Trinitate dicit sic: Memoria, intelligentia et voluntas sunt una vita, una essentia; sed ista auctoritas non multum movet, quia multae auctoritates Augustini habentur in libro illo, quae videntur sonare oppositum." Vgl. Augustinus, De Trin. X, c.11 (CCL 50, 330f); De spiritu et anima, c.13 (PL 40,788f).

[296] Crathorn, Quästionen, q.7 (ed. Hoffmann, 346,14f): „Tertio sic: Operatio sensitiva est imperfectior quam operatio intellectiva; igitur potentia sensitiva est imperfectior quam potentia intellectiva."

[297] Ebd. (ed. Hoffmann, 349,6–8): „Ad tertium dicendum quod operatio sensitiva in homine est ita perfecta sicut operatio intellectiva, quia eadem res est, quae est operatio sensitiva respectu unius obiecti, et intellectiva respectu alterius obiecti."

[298] Ebd. (ed. Hoffmann, 342,25–343,2): „Decima conclusio est ... quod anima per essentiam suam est imago dei quoad deitatem. Sicut deitas seipsa est cognitiva et amativa sui ipsius et cognitiva omnium et amativa, sic anima seipsa est cognitiva et amativa dei et amativa aliorum. Similiter sicut deo naturaliter competit omnibus aliis dominari et praeesse et omnia alia regere et gubernare, sic homo est a deo factus, ut dominetur quibusdam scilicet istis animalibus brutis.

Similiter sicut omnia alia a deo propter seipsum tanquam propter finem facta sunt, sic multa a deo facta sunt propter hominem, et quia in istis et consimilibus homo deo assimilatur, licet imperfecte, minus tamen imperfecte quam aliqua alia animalia bruta, ideo competet homini, licet imper-

gründung hinzu, die sein tiefes theologisches Interesse und seine vom christlichen Glauben geformte Einstellung zur Imago-Dei-Lehre der dogmatischen Tradition bekundet. Von der Schöpfung her ist der Mensch so sehr in die Nähe des Schöpfers gesetzt, daß er wie dieser im Erkennen und Lieben des eigenen Seins und der Geschöpfe seinem Schöpfer gleicht, wenn auch in unvollkommener Weise. Dadurch ist er über alle Geschöpfe herausgenommen, ja Gott hat diese um des Menschen willen erschaffen. Schließlich betont *Crathorn* mit *Augustinus*, daß diese Gottebenbildlichkeit des Menschen von Gott gegeben ist. Dies liegt wesentlich in der Wortbedeutung: ‚Imago' kann nur sein, was vom Urheber selbst so gesetzt wurde. Ausdrücklich beruft sich *Crathorn* für diese Aussagen auf *Augustinus*, den er hier zweimal zitiert. Bild Gottes zu sein bedeutet für die Seele, dem Wesen nach teilhaft zu sein an dem göttlichen Wesen und dies in der Ebenbildlichkeit aufzunehmen in das eigene Wesen, jedoch in unvollkommener Weise.[299]

Die als Beleg dieser Imago-Lehre zitierte Stelle ist darum so wichtig, weil sie ein Beweis für das im Grunde theologische Denken *Crathorns* ist und zugleich uns warnt, ihn im Hinblick auf extrem sensualistische Äußerungen in seiner Erkenntnislehre in die Nähe des neuzeitlichen Monismus zu rücken. Auch ist immer zu bedenken, daß die scholastischen Magister Fragen der Erkenntnis im Zusammenhang mit der Gotteserkenntnis erörtern.

Auf die Unterscheidung von intuitiver und abstraktiver Erkenntnis stützte *Ockham* seine differenzierten Aussagen über die Gotteserkenntnis. Intuitive (vielleicht in der deutschen Sprache annähernd zutreffend übersetzt als ‚direkte', ‚unmittelbare') Gotteserkenntnis

fecte, una conditio imaginis, et non brutis, quia de ratione imaginis est, quod sit similis illi, cuius est imago."

299 Ebd. (ed. Hoffmann, 343,2–13): „Similiter quia homo et natura rationalis est a deo producta, ideo competit homini alia proprietas imaginis, quia de ratione imaginis est, quod sit ab alio producta. Unde dicit beatus Augustinus libro 83 quaestionum quaestione 7 quod non omnis similitudo est imago nec omnis aequalitas, sed solum imago est illa similitudo, quae est ab alio expressa sive genita; et quia istae conveniunt creaturae rationali per essentiam suam, ideo anima propria essentia omni alio circumscripto potest dici imago dei quoad essentiam dei, licet improprie et imperfecte, ut saepe dictum est. Istud videtur fuisse de mente Augustini IX. De Trin. c.9, ubi dicit sic: Eo anima imago dei est, quo capax est eius particepsque esse potest. Sed anima secundum essentiam suam est capax et potest esse particeps eius; igitur anima secundum essentiam suam est dei imago." Vgl. Gen 1,27; Augustinus, De div. quaest. 83, q.51,4 (PL 40,33f); De Trin. XIV, c.4 und 8 (CCL 50a, 428f; 436).

ist dem Menschen hier auf Erden nicht möglich, es sei denn, sie werde ihm von Gott aufgrund seiner absoluten Macht gegeben.[300] Wiederholt betont *Ockham*, daß wir Gott im Stand unserer Pilgerschaft nur in einem Begriff erkennen können, nicht unmittelbar, was der Gegenüberstellung von abstraktiv und intuitiv entspricht. Man muß die an den Eingang der Erörterung gestellte Aussage, Gott könne intuitiv und abstraktiv vom Geschöpf erkannt werden[301],unter der erst später formulierten Voraussetzung lesen, daß eine intuitive Erkenntnis Gottes dem Menschen im Pilgerstand allein durch Gottes absolute Allmacht geschenkt werden kann. Im Pilgerstand ist dem Menschen nur eine abstraktive Erkenntnis Gottes möglich. Wichtig ist für uns die Gegenüberstellung dieser beiden Erkenntnisweisen und ihre Rolle im Erkenntnisprozeß. *Ockham* hat dieses Thema gleich in der ersten Quaestio des Prologs nach allen Richtungen hin entfaltet: Auch Einzeldinge und die auf sie angewandten Begriffe können intuitiv und abstraktiv erkannt werden. Voraussetzung für die Erkenntnis eines Einzelnen, Kontingenten ist die sinnenhafte Wahrnehmung eines solchen. *Ockham* spricht in diesem Zusammenhang von einer intuitiven sinnenhaften Erkenntnis als Bedingung der intuitiven geistigen Erkenntnis. Sie ist für den Menschen im Pilgerstand eine unbedingt notwendige Voraussetzung der geistigen Erkenntnis.[302] Da jedoch der Geist das Sinnenhafte unmittelbar erkennen kann, können die reinen Geister (die Engel und die „getrennten Seelen") das Sinnenhafte ohne eine vorausgehende sinnenhafte Wahrnehmung erkennen. Für

[300] Ockham, Sent. I, Prol., q.1 (OT I, 48,2–4): „Circa secundum articulum dico quod Deus, de potentia Dei absoluta, potest tali duplici notitia cognosci, ita quod una sit intuitiva et alia abstractiva."

[301] Ebd. (OT I, 15,12–20): „His visis circa istam quaestionem sic procedam: Primo ostendam quod intellectus noster etiam pro statu isto respectu eiusdem obiecti sub eadem ratione potest habere duas notitias incomplexas specie distinctas, quarum una potest dici intuitiva et alia abstractiva. Secundum, quod tales duplex notitia respectu Dei sub propria ratione deitatis est possibilis. Tertio, quod utraque illarum est ab altera seperabilis. Quarto, ex hoc concludam quod notitia deitatis abstractiva est viatori possibilis."

[302] Ebd. (OT I, 27,10–18): „Per hoc patet ... quod tales veritates contingentes non possunt sciri de istis sensibilibus nisi quando sunt sub sensu, quia notitia intuitiva intellectiva istorum sensibilium pro statu isto non potest haberi sine notitia intuitiva sensitiva eorum. Et ideo sensitiva non superfluit, quamvis sola notitia intuitiva intellectiva sufficeret, si esset possibile eam esse naturaliter pro statu isto sine notitia intuitiva sensitiva, sicut est in angelis et in anima separata, ubi ad notitiam evidentem talium veritatum non requiritur aliqua notitia intuitiva sensitiva ..."

den Menschen kann aber eine solche sensitive Erkenntnis niemals die unmittelbare und nächste Ursache eines Urteils über ein Objekt, besonders über dessen Existenz sein.[303]

An diesem Punkt setzt *Crathorn* mit einer radikalen Kritik an, die hier schrittweise analysiert werden soll. Entgegen *Ockham* hält *Crathorn* an den species als Vermittler der menschlichen Erkenntnis fest. Wie wir sahen, sind solche aber von sinnenhafter Natur.[304] Dies gilt auch von der ‚notitia genita', die von der ‚species in memoria', der letzten in der Reihe der sinnenhaften species[305], hervorgebracht wird. Der Gegenstand der Erkenntnis (Erkenntnisobjekt) und seine species sind aber von solcher Ähnlichkeit, daß man von ihnen sagen kann, sie seien von derselben Art.[306] *Crathorn* geht noch einen Schritt weiter. Die massive Einwirkung der sinnenhaften species berechtigt zu der Aussage, daß die Seele, die eine Farbe wahrnimmt, wirklich von dieser Farbe gefärbt ist, nicht von einer in der Außenwelt existierenden Farbe, sondern von deren Ähnlichkeitsbild, das eine wirkliche Farbe ist.[307] Beim Erkennen der Farbe wird also zugleich und ohne Unterscheidung diese selbst und ihr Ähnlichkeitsbild wahrgenommen, so daß der Erkennende nicht zwischen diesen beiden zu unterscheiden vermag und somit nicht sicher und evident weiß, ob er das reale Erkenntnisobjekt wirklich erkennt.[308] Diese Ausführungen *Crathorns* sind gegen *Ockhams* Theorie von der intuitiven Erkenntnis als Mittel, ein

[303] Ebd. (OT I, 26,11–12): „Similiter patet prius quod nullus actus partis sensitivae est causa proxima et immediata respectu alicuius actus iudicativi."

[304] Vgl. o. S. 100f.

[305] Vgl. ebd.

[306] Crathorn, Quästionen, q.1 (ed. Hoffmann, 120,17–21): „Primo modo forma immaterialis potest esse eiusdem speciei cum forma materiali, sicut una albedo indivisibilis non extensa est eiusdem speciei cum albedine divisibili extensa. Secundo etiam modo forma immaterialis potest esse eiusdem speciei cum forma materiali. Unde concedo quod color, qui est in lapide, et similitudo coloris in anima vidente lapidem sunt eiusdem speciei."

[307] Ebd. (ed. Hoffmann, 120,30ff.): „Anima videns et intelligens colorem est vere colorata, nullo colore existente extra animam, sed ipsius similitudine, quae est verus color."

[308] Ebd. (ed. Hoffmann, 134,8–13): „Similiter licet aliquis intuitive videat albedinem, quae est in Sorte, tamen quia simul et indistincte videt illam albedinem et similitudinem albedinis nec potest virtute illius visionis, id est ex hoc solo quod videt albedinem illam, distinguere inter illam et speciem suam, non potest evidenter et infallibiliter cognoscere quod illa albedo sit extra cognoscentem vel videntem, sicut patet ex conclusione decima superius probata."

wirklich Seiendes als solches unmittelbar zu erkennen, gerichtet.[309] *Crathorn* unterläuft diese Theorie, die im Vergleich zu seinem Skeptizismus als ‚erkenntnisrealistisch' bezeichnet werden könnte. Schließlich scheint er selbst gespürt zu haben, zu welch einer Aporie die von ihm vorgetragene These führt. Wenn im menschlichen Wahrnehmen und Erkennen nicht zwischen dem, extramentalen Objekt und der mentalen species unterschieden werden kann, dann schwindet jede Möglichkeit der Erkenntnis der materiellen Welt dahin. *Crathorn* nimmt aus diesem radikalen Skeptizismus seine Zuflucht zu einem Gottesbegriff, der sinnvolles Wirken und barmherzigen Umgang mit den Geschöpfen als im Wesen Gottes begründet ansieht.[310] Gott kann unmöglich den Menschen in seinem ganzen Leben im Irrtum lassen und wunderlichen, nutzlosen Vorstellungen überlassen, wenn menschliche Erkenntnis nur bis zu den species geht und bei diesen stehen bleibt. Jedes gesunde Empfinden würde solches als Widerspruch zu Gottes Güte beurteilen.

In *Crathorns* Ausführungen darf zudem eine Bemerkung nicht überlesen werden, die von methodologischer Bedeutung ist: Die evidente Erkenntnis, daß die mit Hilfe der species wahrgenommen Dinge wirklich existieren, kommt durch zwei Komponenten zustande, nämlich durch die sensitive Erkenntnis und durch den in sich einsichtigen Satz, daß Gott nichts vergeblich wirkt und um den Menschen (supernaturaliter!) in die Irre zu führen. Für *Crathorn* ist die zweite Komponente eine propositio per se nota, deren Beweiskraft die erste Komponente stützt und die sich aus beiden ergebende Erkenntnis in

[309] Vgl. Ockham, Sent. I, Prol., q.1 (OT I, 31,6–16): „... Non quod aliquid cognoscatur per notitiam intuitivam, quod non cognoscitur per notitiam abstractivam, sed idem totaliter et sub omni eadem ratione cognoscitur per utramque notitiam. Sed distinguuntur per istum modum: quia notitia intuitiva rei est talis notitia, virtute cuius potest sciri, utrum res sit vel non, ita quod si res sit, statim intellectus iudicat eam esse et evidenter cognoscit eam esse, nisi forte impediatur propter imperfectionem ..."

[310] Crathorn, Quästionen, q.1, concl.12 (ed. Hoffmann, 126,31–127,4): „Duodecima conclusio est ista quod licet viator ex sola cognitione sensitiva non possit habere cognitionem evidentem et omnino infallibilem quod tales qualitates sensatae sint extra videntem, tamen ex cognitione sensitiva et ex isto complexo per se noto: Deus vel prima causa nihil agit frustra et supernaturaliter ad inducendum homines in errorem, potest evidenter concludere tales res sensatas esse, quia conservatio specierum ita generalis scilicet quod homo per totam vitam suam nihil videret nisi tales qualitates existentes in vidente, foret miraculosa et vana effectiva errorum multorum, qualem actionem quilibet sanae mentis iudicat divinae bonitati repugnare."

höchstem Grade einsichtig macht. Damit erweist sich, daß *Crathorns* Skeptizismus, so radikal er scheinen mag, durch eine kritische Rückbesinnung vor der Uferlosigkei bewahrt wird. Allerdings nimmt diese Reduktion nicht der Philosoph vor, sondern der Theologe.

Crathorn äußert sich nicht nur in einigen Punkten kritisch zu *Ockham*, sondern auch zu seinem Socius *Robert Holcot*. Zwei Themen sollen hier zur Sprache gebracht werden, die in dem Abschnitt über *Holcot* nicht behandelt wurden: die logica fidei und die Lehre über die futura contingentia.

Die Forderung einer eigenen ‚Logik des Glaubens' kommt bei *Holcot* aus mehreren Motiven, die miteinander wenigstens teilweise zusammenhängen. Eine außergewöhnliche Vorstellung von der Transzendenz Gottes gebietet von vornherein eine gewisse Zurückhaltung bei der Anwendung natürlicher, menschlicher Redeweisen auf Gottes Wesen und Wirken. Gerade der Theologe macht bei der Reflexion über die Offenbarungsmysterien die Erfahrung, daß er mit seinem Denken und seinen Aussagen auf Grenzen stößt. Diese Erfahrung wird nicht nur im eigenen Bereich des Theo-Logischen erlebt, sondern auch auf dem Feld der Moral und der Ethik. Die Frage nach dem moralisch Guten und Bösen führt zu einer ambivalenten Antwort, wofür *Holcot* auf Autoritäten wie *Augustinus* und *Petrus Lombardus* hinweisen kann. So stellt sich angesichts der überragenden Bedeutung des *Aristoteles* für die scholastische Theologie, für die Methode ihrer Durchführung die Frage nach der Allgemeingültigkeit der aristotelischen Logik, nach ihrer Anwendbarkeit auf alle Gebiete der Wissenschaft, insbesondere auf die Theologie[311], aber auch auf die Ethik. Es ist ganz natürlich, daß dieses Problem sehr ausführlich in der Lehre von den futura contingentia behandelt wird, wo sich Theologie und Ethik in gewisser Weise umschließen. Da ich *Holcots* Anwendung der Logik auf theologische Themen bereits früher behandelt habe, soll hier dieses Thema nur im Vergleich mit *Crathorn* zur Sprache kommen, wobei sich einige Ergänzungen und Korrekturen zu meinen früheren Ausführungen ergeben.

[311] Bei Holcot finden wir eine ambivalente Haltung gegenüber dem Gebrauch der Logik in der Theologie. Einerseits warnt er vor ihrem durchgängigen Gebrauch: „Pro quo sciendum quod non est nimis logice loquendum in ista materia." (Vgl. Hoffmann, Die theologische Methode, 146, Anm. 187; Holcot, Sent. IV, q.3, Ink.fol.m VIII va 16–27). Andererseits macht er von ihr einen ausgiebigen Gebrauch und bemüht sich um ihre Verfeinerung bei der Anwendung in der Theologie (vgl. Hoffmann, Die theologische Methode, 148–150).

Die ‚Glaubenslogik' ist für *Holcot* motiviert durch die Erhabenheit der christlichen Mysterien, die einer ihre Tiefen durchdringenden Einsicht verschlossen sind. Zwei in sich verschiedene Argumente führt *Holcot* dafür ins Feld. Das erste besteht in der Autorität der Väter, besonders des hl. *Augustinus*, die sich in dem seit *Petrus Lombardus* immer wieder zitierten Satz niedergeschlagen hat: „Das Geheimnis des Glaubens kann unserem Heil dienen, wenn wir es gläubig annehmen, nicht jedoch, wenn wir es <neugierig> durchforschen."[312] Das zweite Argument entleiht *Holcot* einer Analogie aus den Erfahrungen des natürlichen Denkens und Forschens: Was dürfen wir uns wundern, wenn Gott vor seinen Mysterien unseren Verstand gefangen hält, wo dieser doch zu schwach ist, um die Natur irgendeines Dinges in dieser Welt zu erfassen.[313] So ergänzt *Holcot* von der Erfahrung her sein Hauptargument der logica fidei: Wenn wir in den Bereich der göttlichen Offenbarung eintreten, sind wir in einer anderen Welt, in der die natürlichen Maße und Regeln des Erkennens und Handelns nicht mehr gelten. Im Gegensatz dazu stellt sich *Thomas von Aquin* den Herausforderungen der Philosophen. Ich verweise auf zwei Beispiele für seinen Umgang mit der Philosophie, das erste im negativen Modus der Warnung, das zweite im positiven Modus einer autonomen philosophischen Argumentation. In der Frage, ob die Schöpfung einen zeitlichen Anfang habe, warnt *Thomas* vor dem Versuch, dies

[312] Holcot, Sent. IV, q.3 (Ink.fol.m VIII ra 52–b 26): „... Mysterium fidei credi salubriter potest, investigari non potest ..." (Vgl. Petrus Lombardus, Sent. IV, d.11, c.2; ed. 2, 1916, 802; zitiert in Hoffmann, Die theologische Methode, 147). Scharfe Kritik übt Holcot an Anselm von Canterbury, nicht jedoch wegen dessen Anwendung der Logik auf die theologische Argumentation, sondern weil sein Umgang mit der Logik fehlerhaft sei. Vgl. ebd., 148, Anm. 189; Holcot, Sent. I, q.4 (Ink.fol.d VII rb 12–17): „Ad aliud potest dici quod ratio Anselmi est sophistica et errat in veritate. Unde licet nos decipimur, licet hoc non percipiamus, ita etiam fuit de isto doctore, qui in multis etiam pertinentibus ad logicam deceptus fuit valde." Ausgelöst wird diese Kritik an der Logik des Anselm durch dessen „ontologischen Gottesbeweis"; vgl. Holcot, aO, (Ink.fol.d.VI rb 52–va 26).

[313] Holcot, Sent. IV, q.3 (vgl. den Text in Anm. 312): „Nec hoc est mirabile, si deus velit nos in quibusdam singularibus ab eo institutis captivare intellectum nostrum, cum intellectus noster sit tam debilis quod non sufficit cuiuscumque rei minimae de toto mundo demonstrando naturam comprehendere ..." Diese Worte erinnern an einen Text in der Theologischen Summe des hl. Thomas (S.Th. I, q.84, a.7): „Unde natura lapidis vel cuiuscumque materialis rei cognosci non potest complete et vere, nisi secundum quod cognoscitur ut in particulari existens. Particulare autem apprehendimus per sensum et imaginationem."

philosophisch zu beweisen, da ein solcher Beweis nicht zu führen sei. Der zeitliche Anfang der Schöpfung sei eine Glaubenswahrheit. Theologen, die sie philosophisch zu beweisen versuchen, würden den Glauben vor den Ungläubigen nur dem Spott ausliefern.[314] Dagegen führt *Thomas* einen philosophischen Beweis dafür, daß Gott der Urheber alles Seienden ist. Die Argumentation in seinem Physikkommentar ist sehr ausführlich und ohne jeglichen Rekurs auf die Theologie.[315]

Anders als *Thomas von Aquin* lehnt *Holcot* den Dialog mit den Philosophen über die Erkenntnis Gottes und den rechten Dienst vor Gott ab, weil diese aus ihrer Philosophie keine Gotteserkenntnis erhalten können. Wo Philosophen (in rechter Weise) über Gott lehren, dort erhielten sie ihr Wissen von den (alttestamentlichen) Patriarchen. Auch der wahre Gottesdienst hat in göttlicher Offenbarung seinen Ursprung.[316] *Crathorn* fegt dieses Argument mit seinem Einspruch gegen eine Logica fidei hinweg, weil eine solche die Allgemeingültigkeit der Logik als solcher aufhebe und damit jegliche Art von Beweisführung verunsichere.[317] Der Streit wird durch die Anwendung des syllogismus expositorius auf die Trinitätsspekulätion ausgelöst. Für *Holcot* ist er auf die Trinität nicht anwendbar, weil hier andere, d.h. theologische Denkregeln gebraucht werden müssen, um dem Geheimnis des innergöttlichen Lebens gerecht zu werden. Obwohl der Syllogismus nach den Regeln der Logik durchgeführt wird, z.B.: „Diese (göttliche) Wesenheit ist der Vater. Diese (göttliche) Wesenheit ist der Sohn. Also ist der Vater der Sohn" – ist die Schlußfolgerung falsch.[318] *Holcot* zeigt auch an bestimmten Aussageformeln die Forde-

[314] Thomas von Aquin, S.Th. I, q. 46, a.2.

[315] Ders., In octo libros Physicorum Expositio, cura et studio P. M. Maggiólo, O.P. Taurini/Romae 1954 (Marietti). L.VIII, l.2, com.973 u. 974 (ed. Maggiólo 505f.).

[316] Vgl. Holcot, Sent. I, q.4 (Ink.fol.d VI vb 7–10): „Ad auctoritatem Apostoli dico quod ante ortum magnorum philosophorum fuerunt patriarchae, et cultus dei fuit revelatus hominibus, et ideo philosophi hoc sciverunt ..."

[317] Crathorn, Quästionen, q.5 (ed. Hoffmann, 310,1–35, bes. 20–24): „Ideo videtur mihi quod iste modus dicendi praecludit nobis viam arguendi et syllogizandi et habendi aliquam certitudinem de quocumque. Ideo videtur mihi quod si modus aliquis arguendi de forma valet in aliquibus terminis, quod valet in omnibus."

[318] Holcot, Sent. I, q.5 (Ink.fol.e V ra 54–b 8): „Sunt igitur in logica fidei tales regulae: Quod omne absolutum praedicatur in singulari de tribus et non in plurali. Alia quod unitas tenet suum consequens, ubi non obviat relationis oppositum. Et ideo concessis praemissis dispositis in modo et in figura negatur conclusio, quia in conclusione obviat relationis oppsositio, sicut si arguitur sic: Haec essentia est pater; haec essentia est filius; ergo filius est

rung einer Glaubenslogik innerhalb der theologischen Argumentation, hier der Trinitätslehre. Eine lautet (zum eingängigen Verständnis hier umformuliert): Die Wesenheit darf für die drei Personen nur in der Einzahl ausgesagt werden, nicht in der Mehrzahl. D.h.: Aus der Prädikation der Wesenheit vom Vater, vom Sohn und vom Heiligen Geist kann nicht auf drei Wesenheiten geschlossen werden. Eine andere Regel betrifft die Einheit im göttlichen (innertrinitarischen) Leben, die mit logischer Konsequenz nur dort ausgesagt werden kann, wo kein Gegensatz der Relationen zu erwägen ist.[319]

Crathorn wirft *Holcot* nicht nur vor, daß dieser mit dem Argument einer ‚Logica fidei' die Gültigkeit und Stringenz der logischen Regeln in Verdacht bringt.[320] Obwohl dieser Ausdruck nicht wörtlich zitiert wird, ist die ganze Beweisführung *Crathorns* eindeutig gegen ihn gerichtet. *Crathorn* bestreitet ferner die logische Schlüssigkeit der Argumentation *Holcots* in sich.[321] (Ich fasse hier zusammen und verweise auf den ungekürzten Text in der Anmerkung). In der Aussage: „Diese Sache (nämlich die Wesenheit) ist der Vater; diese Sache (nämlich die Wesenheit) ist der Sohn. Also ist der Vater der Sohn." – liegt tatsächlich kein syllogismus expositorius vor; denn im Obersatz und im

pater. Et utraque praemissarum est vera et apparet dispositio tertiae figurae."

319 Vgl. ebd.

320 Vgl. Anm. 317.

321 Crathorn, aO (ed. Hoffmann, 310,23–29): „Ideo mihi videtur quod hic non est syllogismus expositorius, si praemissae sunt verae: ‚Haec res est Pater, haec res est Filius; igitur Filius est Pater.' In prima enim subiectum supponit pro persona Patris, in secunda pro persona Filii. Unde si praemissae accipiuntur, secundum quod verae sunt, non plus concludunt illam conclusionem: ‚Filius est Pater', quam istae praemissae: ‚Hic homo est Plato'; ‚hic homo – aliquo alio homine demonstrato – est Sortes'; ‚igitur Sortes est Plato'."
Diese Kritik Crathorns dürfte auch für die Opinio Ockhams von Bedeutung sein, die hier deshalb ausführlich wiedergegeben wird. Vgl. Ockham, Sent. I, d.2, q.11 (OT II, 374,11–22): „Et sic est in proposito, quia quamvis haec sit vera: ‚paternitas non est communicabilis', haec tamen est vera: ‚paternitas est illa res, quae est communicabilis.' Similiter quamvis haec non sit vera: ‚Pater est Filius', tamen haec est vera: ‚Pater est illa res, quae est Filius', quia Pater est illa essentia, quae est Filius. Et universaliter, quando ita est, tunc est illa distinctio possibilis; sed nunquam ita est nisi in Deo, et ideo est in solo Deo ponenda. Unde dico quod non potest esse distinctio formalis nec talis contradictio verificari, nisi ubi sunt distinctae res realiter, quae tamen sunt una res realiter, quod solum est possibile de personis divinis, quia sunt tres personae realiter distinctae et tamen sunt una essentia numero."

Untersatz wird der Begriff ‚diese Sache‘ (oder ‚Wesenheit‘) in je verschiedenem Sinne gebraucht. Übrigens trifft diese Kritik auch auf eine analoge Argumentation *Ockhams* zu, deren Text darum der zitierten Stelle aus *Crathorns* Quaestiones hier zugefügt wird. Wir ersehen daraus die kritische Haltung *Crathorns* zu einzelnen der Opiniones *Ockhams*.

In einem kurzgefaßten Exkurs möchte ich hier auf eine philosophiegeschichtliche Kuriosität hinweisen, aus der wir allerdings lernen können, wie differenziert wir mit Worten scholastischer Magister umgehen müssen. *Crathorn* kritisiert *Holcots* Logik mit einem Argument eben dieser Logik und der Stringenz ihrer Methode. *Holcot* andererseits kritisiert *Anselm von Canterbury* mit dem Vorwurf, dieser verletze die Regeln der Logik (vgl. Anm. 312). Alle drei erstrebten nichts anderes als die theologische Reflexion der Glaubensgeheimnisse mittels des scholastischen Instrumentariums.

Crathorn[322] schließt seine Ausführungen mit einer kritischen Analyse bestimmter Gottesprädikationen. Sie lesen sich wie eine Mahnung, mit Aussagen zu den göttlichen Personen und im Gebrauch der göttlichen Attribute vorsichtig umzugehen, um nicht in Widersprüche und Irrtümer zu geraten. Prädikationen, die den göttlichen Personen gemeinsam sind, würden dabei wie Dinge angesehen, obwohl sie doch nur Begriffe sind. Im Hintergrund dieser Warnung steht die für die Nominales so charakteristische rigorose Unterscheidung von Sache und Aussage, von intentio prima und secunda.

In dem von *Holcot* formulierten Begriff einer Glaubenslogik stellt sich wohl die schärfste Form der Kritik an der aristotelischen Logik und ihrem Gebrauch in der theologischen Argumentation dar. Doch reichen die Wurzeln solcher Kritik bis in *Ockhams* Theologie. In seinem Sentenzenkommentar ist zu lesen: „Da es bei den Geschöpfen nicht möglich ist, daß mehrere real verschiedene Dinge eine Sache

[322] Crathorn, Quästionen, q.5 (ed. Hoffmann, 310,36–311,9): „Sed illi, qui opinabantur quod quandocumque terminus ponitur de pluribus terminis supponentibus pro distinctis rebus, aliqua una res esset in illis rebus distinctis, et qui credebant rem praedicatam vel praedicabilem distinguendo rem contra terminum, habuerunt dicere dicendo consequens quod in illis propositionibus: ‚essentia divina est sapientia‘, ‚deus est sapientia‘, res significata per terminos esset res vere communis per praedicationem Patri et Filio et Spiritui Sancto, sicut isti termini ‚deus‘, ‚sapientia‘, ‚essentia‘ sunt communes per praedicationem. Sed ista vitanda est sicut falsa et impossibilis et includens contradicitonem. Videtur igitur mihi quod nullus terminus sit communis per praedicationem Patri et Filio et Spiritui Sancto modo praedicto.“

seien, darum ist eine solche Unterscheidung bei den Geschöpfen nicht anzunehmen noch sonst jemals anzusetzen, wo es der Glaube nicht fordert."[323] „Dies gilt nur im göttlichen Bereich, daß eine in sich einfache und nicht unterschiedene Sache drei Dinge ist."[324] Wie wir sehen, setzen auch hier Kritik und Skepsis an der Trinitätslehre an.

Zum Nachweis der Kritik *Crathorns* an *Ockham* greife ich aus *Crathorns* Quaestiones nur einige Passagen heraus. *Crathorn* verwirft *Ockhams* Unterscheidung von intuitiver und abstraktiver Erkenntnis als zwei der Art nach verschiedene Erkenntnisweisen.[325] Im Unterschied zur abstraktiven Erkenntnis führe die intuitive Erkenntnis den Erkennenden zur Evidenz über die Existenz eines Dinges.[326] Für *Crathorn* ist Erkenntnis gleich Erkenntnis, ob sie nun intuitiv oder abstraktiv ist.[327]

Noch entschiedener ist das zweite Motiv *Crathorns*, das er gegen die Argumente *Ockhams* anbringt. In diesem Leben kann der Mensch überhaupt nicht zu der evidenten Erkenntnis eines Dinges oder eines Menschen gelangen und damit auch nicht zur evidenten Erkenntnis eines Satzes, der lauten würde: „Dieses Ding ist" oder „Dieser Mensch (Sokrates) ist"; dies setzt nämlich voraus, daß er jenes Ding oder jenen Menschen evident erkennt. Dem steht jedoch im Wege, daß im Erkenntnisakt das Erkenntnisobjekt nur durch seine species erfaßt wird, so daß der Erkennende nicht zwischen beiden unterscheiden

[323] Ockham, Sent. I, d.2, q.11 (OT II, 374,22–25): „Et ideo cum non sit possibile in creaturis quod plures res distinctae realiter sunt una res, ideo in creaturis non est talis distinctio ponenda; nec unquam est ponenda, ubi credita non compellunt ..."; vgl. Anm. 321.

[324] AO, d.33 (OT IV, 420,22f.): „Sed hoc est speciale in divinis, sicut est ibi speciale quod una res simplex et indistincta est tres res."

[325] Crathorn, Quästionen, q.2 (ed. Hoffmann, 129,23–28): „Ex praedictis patet quod illae quinque conclusiones, quas Wilhelmus Ockham nititur probare prima quaestione sua, sunt falsae, quarum prima est quod intellectus noster pro statu isto respectu eiusdem obiecti et sub eadem ratione potest habere duas notitias incomplexas specie distinctas." Vgl. Ockham, Sent. I, Prol., q.1 (OT I, 15,22f.).

[326] Ockham, Sent. I, Prol., q.1 (OT I, 23; 31,10–14): „... quia notitia intuitiva rei est talis notitia, virtute cuius potest sciri, utrum res sit vel non, ita quod si res sit, statim intellectus iudicat eam esse et evidenter cognoscit eam esse, nisi forte impediatur propter imperfectionem illius notitiae."

[327] Crathorn, Quästionen, q.1 (ed. Hoffmann, 133,17–31, bes. 28ff.): „Et idem est dicendum de cognitione aliarum rerum et cognitione complexorum eis correspondentium, quia eadem re numero homo cognoscit, quidquid cognoscit, vocando cognitionem et notitiam id, quo formaliter homo cognoscit."

kann.[328] Ich hatte in meiner Edition der Quästionen *Crathorns* gezeigt, wie selbstsicher dieser Magister seine Erkenntnistheorie gegen die Autoritäten verteidigt. Hier richtet sich seine Kritik über *Ockham* hinaus auf *Aristoteles*. Von dessen Argumenten läßt er im vorliegenden Falle nur das eine gelten: Von einer nicht anwesenden Sache können wir keine intuitive Erkenntnis haben.[329] Seine Lehre aber, daß wir mit dem intuitiven Erkennen einer sinnenhaften Sache auch ihrer realen Existenz gewiß sind, schränkt *Crathorn* mit der Begründung ein: Der Philosoph hatte noch nicht erkannt, wie eine species (im Erkenntnisvermögen) hervorgebracht und bewahrt werden kann, ohne daß ein sinnenhafter Gegenstand in der Außenwelt existiert.[330] Dennoch glaube er – *Crathorn* -, daß es nicht in der Absicht des *Aristoteles* lag, die intuitive Erkenntnis eines sinnenhaften Dinges und die Aussage darüber als real verschieden aufzuweisen, wenn wir ‚Erkenntnis' so verstehen, wie wir es zuvor dargestellt haben.[331] Doch ob *Aristoteles* so oder anders gedacht habe, sei nicht so wichtig; hier gehe es vielmehr darum zu sehen, wie es sich in Wahrheit verhält.[332] *Crathorn* zeigt sich als ein selbstbewußter, kritischer Denker, nicht nur gegenüber den Zeitgenossen, selbst wenn sie zu den Häuptern von Schulen und Bewegungen gehören. Auch die Philosophen der Antike und die Väter werden nicht geschont. Ich möchte die Aufzählung von Beispielen hier beenden und auf meine wiederholt zitierte *Crathorn*-Edition verweisen. Doch ein für *Crathorn* charakterisches Dictum über den hl. *Augustinus* soll hier dem Leser noch vorgestellt werden. *Crathorn* beginnt seine Quaestio (XVI) über die Zeit mit einem *Augustinus*-Zitat,

[328] Ausführlich von Crathorn dargestellt in Hoffmann, Crathorn. Quästionen, q.1 (ed. Hoffmann, 122,19–127,4); vgl. dazu ebd., ‚Einführung', 19.

[329] Crathorn, ebd. (ed. Hoffmann, 134,19–21): „Auctoritas vero Philosophi secundo Priorum (Anal. priora II, c.21; 67 a 34–b 1) et sexto Ethicorum (Eth. Nic. VI, c.3; 1139 b 21–22) non est ad propositum nisi quantum ad partem conclusionis scilicet quod de sensibili pro statu isto, quando est absens, non poterimus scire, utrum sit vel non."

[330] Ebd. (ed. Hoffmann, 134,21–24): „Et licet fuerit de intentione Philosophi quod de sensibili, quando sentitur, possit cognosci evidenter ipsum esse, quia non intellexit, quomodo posset generari et conservari sine obiecto sensibili extra ..."

[331] Ebd. (ed. Hoffmann, 134,24–27): „... tamen credo quod non fuit de intentione sua dicere quod notitia intuitiva sensibilis vel rei sensatae et notitia intuitiva istius complexi: ‚Res sensata est', sint distinctae res accipiendo notitiam modo superius exposita."

[332] Ebd. (ed. Hoffmann, 134,27–29): „Tamen utrum Philosophus sic senserit vel non, non est multum curandum, sed insistendum est ad videndum veritatem."

Gott habe die Zeit geschaffen. Es gibt keine Zeiten, deren Schöpfer nicht Gott ist.[333] *Crathorn* weist nun in dieser Quaestio nach, daß die Zeit in Wirklichkeit ein Nichts ist, weil sie aus lauter Augenblicken zusammengesetzt ist, die, kaum eingetreten, schon vergangen sind. Am Ende der Quaestio kommt er noch einmal auf das *Augustinus*-Zitat zurück, von dem er ausgegangen war. Mit einem vorsichtigen Bedingungssatz schont er die Autorität des Kirchenvaters. Dieser habe nur sagen wollen, daß Gott der Schöpfer der Zeiten sei, wenn es Zeiten gibt. Er fügt dann ironisch hinzu: In dieser Quaestio ginge es nicht um die Lehre des hl. *Augustinus*, sondern um die Frage, ob die Zeit eine Wirklichkeit habe. Nun steht aber beides zugleich nebeneinander, nämlich daß die Zeit ein Nichts sei und daß *Augustinus* meinte, die Zeit sei etwas Wirkliches.[334]

2.5 Der Streit um die Erkenntnisbilder (species)

Ockham hat unter den Magistern in Oxford eine Diskussion über die Erkenntnisbilder als Mittler zwischen Gegenstand und Erkennen ausgelöst, in der es nicht um akzidentelle Teilfragen, sondern um Grundprobleme des Erkennens geht. Dies zeigt sich in der Stellungnahme zu *Ockham*, der die ‚species in medio' ablehnte.[335] Er begründete dies mit dem ‚Ökonomieprinzip': Zur Erkenntnis der extramentalen Welt bedarf es keiner species.[336] Der tiefere Grund liegt wohl in einer veränderten Ontologie. Die Welt, die sich dem menschlichen Erkennen darbietet, besteht aus einzelnen Dingen[337], die der Geist unmittelbar erkennt. Vor *Ockham* distanzierte sich bereits *Durandus de*

[333] AO, q.16 (ed. Hoffmann, 444,1–6): „Utrum tempus sit aliquid positivum reale vel aliqua res producta a deo vel ab aliquo alio. Et videtur quod sic, quia beatus Augustinus dicit 4. Super Genesim ad litteram c. 26: Tempus est creatura nec aliqua tempora esse possunt, quorum deus non sit creator." Vgl. Augustinus, De Genesi ad litteram, IV, c.20 (CSEL 28,1, 118ff).

[334] Crathorn, ebd. (ed. Hoffmann, 458,32–459,5): „Ad argumentum in oppositum dicendum quod Augustinus intendit dicere quod deus est creator temporum, si tempora sint aliquid, et ista condicionalis est vera. Vel dicendum quod quaestio non comparuit, utrum beatus Augustinus sensit vel opinabatur tempus esse aliquid, sed utrum tempus sit aliquid. Stant autem simul quod tempus nihil sit et quod beatus Augustinus opinatus fuerit, tempus esse aliquid."

[335] Vgl. dazu und zu Folgendem: Katherine H. Tachau, The Problem of the ‚Species in Medio' at Oxford in the Generation after Ockham. MS 44 (1982) 394–443.

[336] Vgl. o. S. 70.

[337] Vgl. o. S. 27, 86, 93.

Sancto Porciano von der species-Lehre. Er führte ihre Einführung auf die hervorragende Bedeutung des Gesichtssinnes (visus) für das menschliche Erkennen zurück.[338] Übrigens bezeichnete schon *Thomas von Aquin* das Sehen als den vornehmsten Sinn; er ist unter den Sinnen geistiger und edler als alle anderen.[339]

Eine Annäherung des sinnenhaften Sehens an das Geistige ist vor *Thomas* von *Roger Bacon* in radikaler Weise vorgenommen worden. Um *Crathorns* Einschätzung der Mittlerrolle der species zu würdigen, ist es geraten, *Bacons* Lehre heranzuziehen, die von Ms. *Tachau* mit sorgfältigen Quellenhinweisen dargestellt wurde.[340]

Bacon bezeichnet mit dem Begriff ‚species' die Wirkung des Sonnenlichtes auf die Luft. Das Licht, über die ganze Welt ausgegossen, wird so zu einer Macht, die alle Dinge dem Erkennen aufscheinen läßt. *Bacon* gebraucht für dieses Phänomen ‚species' verschiedene Namen: Imago, idolum, simulacrum, phantasma, forma, intentio, passio, impressio, umbra. Wie diese Namen schon andeuten, sind für *Bacon* die species materiell und geistig.[341] *Crathorn* bestimmt die Mittlerrolle der species auf einem ganz eigenen Weg, nämlich als einen ununterbrochenen Vorgang von der Einwirkung auf das Sinnesorgan über die Nervenbahnen bis zu den Gehörzellen. Erst am Ende dieses Prozesses schaut der menschliche Geist spontan auf das Sinnenbild und erkennt so das Objekt.[342] Der Unterschied zu *Bacon* ist mehr als nur eine Nuance; jedoch kann uns von *Bacon* her ein Verständnis für *Crathorns* eigenwillige Opinio aufgehen. Dies gilt besonders für seine Vorstellung, daß der Sinneseindruck eine reale, materielle Wirkung

[338] Durandus de S. Porciano, Sent. II, q.3, a.6 (ed. Venice 1571, fol.139 rb–va): „Istae autem species originaliter introductae videntur esse propter sensum visus et sensibilia illius sensus. ... Sed quia quidam credunt quod species coloris in oculo repraesentat visui colorem, cuius est species, ideo ponunt tam in intellectu nostro quam angelico quasdam species ad repraesentandum res, ut cognoscantur tam a nobis quam ab angelis. Hoc autem non reputo verum esse nec in sensu nec in intellecto nostro nec in angelico." Zit. bei Tachau, aO 395f., Anm. 4.

[339] Thomas von Aquin. In de An. II, l.14 (ed. Pirotta, n.417, 105): „Quod autem lumine et his, quam ad visum pertinent, utamur in rebus intellecutalibus, contingit ex nobilitate sensus visus, qui est spiritualior et subtilior inter omnes sensus." Vgl. auch S.Th. I, q.78, a.3c; q.84, a.2c.

[340] Vgl. Tachau, aO 396f.

[341] Vgl. ebd., 396f.; zitiert wird aus der Edition von J. H. Bridges, The Opus Maius of Roger Bacon, 3 Bde., London 1900.

[342] Vgl. o. S. 101, Anm. 281.

in der Geistseele hervorrufe[343], worin er von seinem Socius *Robert Holcot* mit einem spöttischen Unterton kritisiert wurde.[344] Dabei übersieht *Holcot* (geflissentlich?) die differenzierende Argumentation *Crathorns* in der ganzen Passage, durch die sich dieses Thema bewegt.[345] *Crathorn* sagt nicht, daß die Substanz des extramentalen Objektes im menschlichen Geist ist, wenn dieser erkennt. Vielmehr lehnt er diese Auslegung seiner Opinio ausdrücklich ab.[346] Er beruft sich dafür auf *Aristoteles*, nach dessen Lehre nicht der Stein, sondern die species des Steines vom Geist aufgenommen wird.[347] Doch beachte, daß *Crathorn* hier, wie der zitierte Text zeigt, unter ‚species des Steines' die Akzidentien des Steines versteht. Nun gleicht die species im erkennenden Geist derjenigen des extramentalen Objektes so sehr, daß man sagen kann: Der erkennende Geist wird eins mit dem erkannten Objekt. Diese Aussage erinnert an das thomistische Axiom: Intellectus in actu est intellectum in actu.[348] Was *Crathorn* allerdings davon trennt, ist die

[343] Vgl. Crathorn, Quästionen, q.1 (ed. Hoffmann, 120,19–29): „Secundo etiam modo forma immaterialis potest esse eiusdem speciei cum forma materiali. Unde concedo quod color, qui est in lapide, et similitudo coloris in anima vidente lapidem sunt eiusdem speciei. Tertio modo accipiendo formam immaterialem non est eiusdem speciei cum forma materiali, et hoc loquendo de forma substantiali. Loquendo tamen de forma accidentali non video inconsequens dicere quod forma separata naturaliter a materia corporali sit eiusdem speciei cum forma, quae naturaliter perficit materiam corporalem. Unde quando angelus intuetur colorem, species coloris, quae stante visione naturaliter est in mente angelica et ab omni materia corporali separata, est eiusdem speciei cum colore, quem angelus intuetur supposito quod in mente angeli sit talis species rei intellectae."

[344] Vgl. Holcot, Conferentiae, a.3 (ed. Hoffmann, 106,6–10): „Concedit etiam quod anima est vere et realiter colorata per colorem, quando intelligit colorem, et vere calida, quando intelligit calorem, et quod aliquando est nigra et aliquando est fusca et sic de singulis coloribus, quos sentit, sicut dicitur sive vere sive fabulose de chamaeleone secundum Isidorum in Libro Ethymologiarum c.2. quod vario modo mutat colorem ad aspectum coloris, quem videt."

[345] Vgl. Crathorn, Quästionen, q.1 (ed. Hoffmann, 120,17–122,13).

[346] Ebd. (ed. Hoffmann, 121,24–27): „Ad quintum dicendum quod Philosophus vocat speciem lapidis similitudinem accidentis lapidis scilicet coloris vel caloris vel alicuius alterius accidentis, non autem similitudinem substantiae lapidis, quia nulla talis est in anima humana pro statu isto."

[347] Vgl. Aristoteles, De anima III, c.8 (431 b 31); Thomas von Aquin, i.h.l. l.13 (ed. Pirotta, n.789, 187).

[348] Vgl. Thomas von Aquin, S.Th. I, q.84, a.1, ad 2; q.55, a.1, ad 2; S.c.G. I,48; in De An. II, l.12 (ed. Pirotta, n.377, 98); III, l.12 (ed. Pirotta, n.784, 185).

sensualistische Note seiner Erkenntnistheorie, die vielleicht auch *Holcots* scharfe Kritik ausgelöst hat.

Im Hintergrund dieser manchmal heftig vorgetragenen Opiniones steht das Problem der geistigen Erkenntnis der materiellen Welt. Daß sich in der Diskussion darüber auch philosophische, ontologische Gegensätze zu Wort melden, ist nur natürlich. Ms. *Tachau* weist darauf hin. Sie sieht von *Bacons* Lehre Verbindungslinien zu *Avicenna* und *Alhazen*, aber auch zur Tradition des emanationistischen Neuplatonismus (*Robert Grosseteste*).[349]

Der Streitpunkt selbst und seine Problematik, nämlich die geistige Erkenntnis des Materiellen, waren nicht neu, wurden aber durch *Ockhams* Ablehnung der species wieder in den Mittelpunkt einer Diskussion gerückt, die nun die Fäden zu weiteren Fragen der Erkenntnistheorie und der Ontologie zog. Die ‚Opiniones' der einzelnen Magister sind jeweils so eigen, daß sie sich nur zitieren, kaum aber systematisieren lassen.

Die klassische Stelle bei *Ockham* dürfte in Sent.II, Quaestio XII – XIII stehen[350], aus der drei Aussagen herauszuheben sind. Da ist erstens die Begründung für die Leugnung der species durch das Ökonomieprinzip. Wichtig ist der Argumentationsweg, den man genau verfolgen sollte. *Ockham* erläutert seine These über die species an der intuitiven Erkenntnis. Sie kommt immer dann zustande, wenn sich dem intellectus agens ein Objekt bietet, auf das er sich richtet und dessen Erkanntsein er dem intellectus possibilis einprägt. Das letzte wird nicht ausdrücklich gesagt, ergibt sich aber aus dem folgenden. Der Erkenntnisprozeß wird als ein Vorgang dargestellt, dem im physikalischen Bereich der Prozeß des aktiven Wirkens und des erleidenden Empfangens entspricht. Ein solcher Vorgang vollzieht sich wie von selbst, wenn ein entsprechendes Aktives einem Passiven nahekommt. Die Wirkung kommt zustande, ohne daß irgendein anderes noch hinzukommen muß.[351] Wie gesagt führt *Ockham* seine Argumentation am Beispiel der intuitiven Erkenntnis durch.

[349] Vgl. Tachau, aO 397.

[350] Ockham, Sent. II, q.12–13 [conclusiones] (OT V, 268,4–269,6).

[351] Vgl. ebd. (OT V, 268,4–11): „Prima <conclusio> est quod ad cognitionem intuitivam habendam non oportet aliquid ponere praeter intellectum et rem cognitam, et nullam speciem penitus. Hoc probatur, quia frustra fit per plura, quod potest fieri per pauciora. Sed per intellectum et rem visam, sine omni specie, potest fieri cognitio intuitiva, igitur etc. Assumptum probatur: quia posito activo sufficienti et passivo et ipsis approximatis, potest poni effectus sine omni alio. Intellectus autem agens cum obiecto sunt

Einen Abschnitt weiter stoßen wir auf eine zweite, in diesem Zusammenhang besonders zu beachtende Aussage. *Ockham* spricht intuitive Erkenntnis nicht nur dem Intellekt, sondern auch den Sinnen zu, und zwar allen Sinnen, nicht nur dem Gesichtssinn. An dieser Stelle definiert er den Begriff ‚intuitive Erkenntnis' als jene, mit der ich erkenne, ob eine Sache ist oder nicht ist. Eine solche Erkenntnis schreibt er jedem menschlichen Sinn zu.[352]

An dritter Stelle ist eine Bemerkung zu beachten, die *Ockham* anscheinend nebenbei macht. Er sagt in einem Abschnitt kurz zuvor, daß man die species weder mit der Vernunft schlußfolgernd aus Sätzen, die durch sich einsichtig sind, noch aus der Erfahrung beweisen könne. Für die zweite Aussage führt er an, daß jemand zwar die weiße Farbe an einem Gegenstand erfahren (sehen) kann, aber niemand sieht die species intuitiv.[353]

Crathorn hat dieses Argument umgedreht und damit eine Aporie anderer Art heraufbeschworen. Für ihn sind die species (Erkenntnisbilder) ein unverzichtbares Element der Erkenntnistheorie. Die species gewährleisten die Objekttreue der menschlichen Erkenntnis, weil sie die gnoseologische Gegenwart des realen, extramentalen Dinges für den erkennenden Geist herstellen.[354] *Crathorn* spricht von einer solchen Gleichheit zwischen dem erkannten Objekt und seiner species, daß der erkennende Geist nicht zwischen beiden zu unterscheiden vermag. Die Sicherheit der menschlichen Erkenntnis rettet er durch den Regreß auf die Treue und Barmherzigkeit Gottes, der den

agentia sufficientia respectu illius cognitionis; possibilis est patiens sufficiens, igitur etc."

[352] Ebd. (OT V, 268,20–269,6): „Si dicas quod in aliis potentiis sensitivis a visu, tam interioribus quam exterioribus, est cognitio experimentalis, non tamen intuitiva, respondeo quod in quolibet sensu, qui habet aliquam cognitionem, virtute cuius potest cognoscere rem esse quando est et non esse quando non est, est cognitio intuitiva et experimentalis. Quia illa est cognitio intuitiva, per quam sic cognosco rem esse vel non esse. Et ideo concedo quod in omni sensu, tam interiori quam exteriori, est cognitio intuitiva, hoc est talis cognitio, virtute potest praedicto modo cognoscere rem esse vel non esse ..."

[353] Ebd. (OT V, 268,12–19): „Item nihil est ponendum necessario requiri naturaliter ad aliquem effectum, nisi ad illud inducat ratio certa procedens ex per se notis vel experientia certa; sed neutrum istorum inducit ad ponendum speciem; igitur etc. Assumptum probatur: quia experientia non inducit ad hoc, quia illa inclucit notitiam intuitivam. Sicut si aliquis experitur aliquid esse album, videt albedinem sibi inesse; sed nullus videt speciem intuitive; igitur experientia non inducit ad hoc."

[354] Vgl. o. S. 100.

Menschen nicht sein ganzes Leben hindurch in den Irrtum fallen läßt[355], wenn er nicht weiß, ob die species oder die res extra Objekt seiner Erkenntnis ist. Damit gibt der Philosoph die Antwort an den Theologen weiter.

Den Abstand *Crathorns* zu *Ockham* vermag man am deutlichsten zu ermessen, wenn man beider Umgang mit *Augustinus* in einem Stück der Erkenntnislehre vergleicht. Ich meine den je verschiedenen Bedeutungsgehalt von ‚verbum'. Daß ich dieses Thema in diesem Abschnitt über die species behandle, liegt in dem Textzusammenhang sowohl bei *Crathorn* wie bei *Ockham* begründet. *Crathorn* spricht von einer species der extramentalen Sache und bezeichnet diese auch als verbum naturale oder verbum mentis, das „eine Wirkung der Sache" ist. Er wendet darauf ein *Augustinus*-Wort an: „Nullius linguae est."[356] Jedoch hat jene species und jenes verbum, auf die *Crathorn* das zitierte Wort bezieht, mit dem ‚verbum nullius linguae' des hl. *Augustinus* nichts zu tun.[357]

Ockham bietet uns eine ausführliche und tiefgründige Spekulation zur Lehre des *Augustinus* über das ‚verbum'. Er leitet sie mit Fragen (und Thesen) zu den ‚species in mente' ein, die er ablehnt.[358] Bald danach geht er mit zahlreichen *Augustinus*-Zitaten zur Erörterung des

355 Vgl. o. S. 110, Anm. 310. In anderem Zusammenhang begegneten wir bereits einem solchen Regreß auf die Barmherzigkeit Gottes bei Holcot. Gott unterläßt eine ihm frei zustehende Handlung aus Mitleid mit dem Geschöpf; vgl. o. S. 93f, Anm. 257.

356 Vgl. Crathorn, Quästionen, q.2 (ed. Hoffmann, 160,18–24): „Si igitur species vel verbum naturale albedinis sit illius albedinis signum naturale, vel quia est eius similitudo vel quia est illius effectus, eadem ratione species verbi prolati vel termini scripti est signum naturale termini prolati et species termini scripti. Dico igitur quod species termini prolati ut istius termini prolati ‚homo' est ita naturale signum termini prolati et terminus correspondens termino scripto est ita naturale signum termini scripti sicut species albedinis lapidis ipsius albedinis lapidis." (Ebd. 171,25–30): „Quando vero dicit beatus Augustinus quod verba mentalia sunt illa, quae nullius sunt linguae, intelligit de verbis rerum significatarum, quae non sunt propositiones vel termini propositionum, et non de omnibus verbis terminorum vocalium vel scriptorum significativorum; illa enim qualitas mentalis, quae est verbum albedinis, nullius linguae est."

357 Vgl. o. S. 102f.

358 Vgl. Ockham, Sent. I, d.27, q.2 (OT IV, 205,4–13). An dieser Stelle spricht Ockham von einem ‚dubium' in der Frage der ‚species in medio'; doch seine ablehnende Antwort hat er mehrmals erklärt.

Verbum-Begriffes und seiner Rolle im Erkenntnisprozeß über.[359] In seinen Ausführungen wird deutlich, daß die Autorität des hl. *Augustinus* ihn motiviert hat, ein Erkenntnisbild im Geiste des Erkennenden (verbum, idolum) anzunehmen, obgleich er dies mit großer Zurückhaltung und unter Berufung auf viele, die gleicher Meinung sind, tut.[360] Man beachte, daß für *Ockham* die Lehre von einem Erkenntnisbild im Geist ähnlich der Lehre von den species in mente ein ‚dubium' ist.[361] Er tritt ja immer wieder für eine unvermittelte Erkenntnis der Objektwelt ein, wie es auch eine knappe Redewendung im zitierten Text (Anm. 360) andeutet („...quamvis ... cognosci"). Schließlich steht die Spekulation über das ‚verbum in mente' bei ihm im Zusammenhang mit der gnoseologischen Rolle des Allgemeinbegriffes.

Für *Ockhams* unermüdliche und vertiefte Erörterung des augustinischen ‚verbum', die bis zum Ende der Quaestio reicht, zitiere ich hier den Eingang, der wie ein Programm über den danach folgenden Ausführungen steht.[362] Besonders hinweisen möchte ich auf die Bedeutung, die *Ockham* der Rolle von amor, volutio in der augustinischen Darstellung des Erkennens zuweist. Er sieht diese nicht nur im Zusammenhang mit dem Abbild der Trinität, sondern auch von der Anthropologie her. Den Menschen treibt ein Verlangen, ein geistiger Trieb der Seele zum Erkennen, der sich real vom Erkennen unter-

[359] Ebd. (OT IV, 206,6). Die gesamte Erörterung erstreckt sich bis zum Ende der Quaestio (aO 227,34).

[360] Ebd. (OT IV, 205,19–206,5): „Sed de secundo dubio est mihi magis dubium. Hoc tamen est mihi probabile, – quamvis hoc non affirmo – quod in intellectu praeter ipsum actum intelligendi, quando intelligitur aliquod commune ad plura, est aliquid in intellectu – vel subiective vel obiective –, quod est aliquo modo simile rei extra intellectae, quod a multis vocatur quasi quoddam idolum, in quo aliquo modo ipsa res cognoscitur, quamvis rem singularem cognosci in illo non sit aliud quam ipsum cognosci ..." Die Editoren weisen auf den Ursprung von ‚idolum' bei Demokrit hin. Darf man annehmen, daß Ockham die Begriffsbedeutung bewußt auf das ‚verbum' des Augustinus umdeutet?

[361] Ebd. (OT IV, 205,9–11): „Utrum etiam praeter actum intelligendi sit aliquis conceptus formatus per actum intelligendi, vel etiam sit aliquis conceptus habens tantum esse obiectivum, est dubium."

[362] Ebd. (OT IV, 207,5–13): „Ex isto ad propositum dico quod, secundum intentionem beati Augustini, verbum multipliciter sumitur. Uno modo accipitur largissime, et sic verbum est actus intelligendi genitus vel productus. Aliquando accipitur pro verbo complexo, et sic omnis actus complexus verus vel falsus est verbum. Aliquando accipitur stricte pro verbo vero. Aliquando accipitur strictius pro verbo cum amore prolato. Aliquando autem accipitur verbum pro conceptu mentis, sive sit subiective in anima sive obiective tantum, sive etiam distinguatur ab actu intelligendi sive non."

scheidet. Der Intellekt wird in seinem Streben nach Einsicht angetrieben von einem Verlangen, das der Einsicht vorausgeht und erst zur Ruhe kommt, wenn das Erkennen sein Ziel erreicht hat. Die Ausdrücke ‚amor', ‚appetitus' samt ihrer Unterscheidung von der ‚notitia' zitiert *Ockham* aus *Augustinus.*[363] Er bekennt sich zu dieser Autorität. Das ist festzuhalten, auch wenn sich an dieser Stelle eine Aporie für *Ockhams* Lehre von der Einheit der Seele und ihrer Potenzen ergibt.[364] Wir stoßen hier aber auf einen großen Unterschied zu *Crathorns* Ausführungen, in denen uns zwar die gleichen augustinischen Elemente begegnen, die aber an ontologischer und theologischer Tiefe mit *Ockhams Augustinus*-Interpretation nicht zu vergleichen sind.

Crathorn nimmt vielmehr die von *Augustinus* in Analogie zur göttlichen Trinität formulierte Lehre vom Erkennen und Lieben des menschlichen Geistes in den Dienst der eigenen Erkenntnistheorie[365], die durch einen sensualistischen Grundzug bestimmt ist. Der Schnittpunkt, an dem sich *Crathorns* Gebrauch der augustinischen Begriffe von deren ursprünglichen Bedeutung trennt, ist seine Vorstellung von den species, die den sensualistischen Charakter seiner Erkenntnistheorie deutlich macht.[366] Dies wirkt sich auch auf die Umdeutung der augustinischen Spekulation über das ‚verbum' aus. So sieht *Crathorn* in dem amor spiratus ein formales Postulat der trinitarischen Analogie, wobei die von *Augustinus* gebotene (mystische) Tiefe nicht

[363] Vgl. ebd. (OT IV, 219,3–220,4): „... secundum beatum Augustinum, IX De Trinitate, cap.13 (PL 42,972; CCL 50,310): ‚Partum mentis antecedit appetitus quidam, quo id, quod nosse volumus, quaerendo et inveniendo nascitur proles ipsa notitia.' Ex ista auctoritate habetur quod gignitionem verbi praecedit appetitus ..." Ebd. (OT IV, 221,6–17): „Ad primum istorum <cf. textus praecedens> respondeo quod secundum intentionem beati Augustini in nobis ... verbum quo aliquid scimus praecedit appetitus, quia frequenter tale verbum gignitur per inquisitionem, quae inquisitio non fit nisi mediante appetitu. Unde beatus Augustinus assignans rationem, quare amor, quo anima amat se, non dicitur genitus sicut notitia dicitur genita, dicit sic: ‚Ideo non recte dicitur genitus ab ea – supple amor – sicut notitia sui, qua se novit, quia notitia iam inventum est, quod partum vel repertum dicitur, quod saepe praecedit inquisitio eo fine quietura. Nam inquisitio est appetitus inveniendi' (Augustinus, De Trinit. IX, c.12, n.18, PL 42,971; CCL 50,309f.). Ex ista auctoritate patet quod saepe praecedit inquisitio." Vgl. Ockham, ebd. (OT IV, 223,20–23; 225,5–12).

[364] Vgl. Ockham, ebd. (OT IV, 217,15–20; 218,5–6).

[365] Vgl. Crathorn, Quästionen, q.7 (ed. Hoffmann, 340ff.); vgl. o. Anm. 281–286; 293–299.

[366] Vgl. o. S. 98–103.

mehr in den Blick kommt.[367] Die augustinischen Begriffe und ihre gegenseitige Zuordnung werden von ihm in die Struktur seiner Erkenntnistheorie eingebaut. Angesichts dieser ‚sensualistischen' Note in seiner Lehre über das menschliche Erkennen darf man *Crathorn* aber nicht als ‚Sensualist' oder gar ‚Materialist' im neuzeitlichen Sinne einstufen. Schon in seiner Darstellung des Erkenntnisprozesses spielt der Geist (die Geistseele) die entscheidende Rolle.[368]

Das klarste Zeugnis finden wir in der folgenden Conclusio 10, wo *Crathorn* die Geistseele des Menschen als Grund seiner Gottebenbildlichkeit bezeichnet, gestützt auf *Augustinus*, den er in dieser Conclusio zweimal zitiert.[369]

Wir gehen über zu *Holcots* Äußerungen in der Diskussion über die ‚species in medio'. Sie sind in dreifacher Hinsicht bemerkenswert. *Holcot* weist erstens die Fictum-Theorie *Ockhams* zurück, indem er sich dessen eigener Waffe bedient. In der Entgegnung gebraucht er die Ausdrücke ‚fictum' und ‚species' synonym.[370] Zweitens wendet sich

[367] Vgl. Crathorn, Quästionen, q.7 (ed. Hoffmann, 342,6–21): „Nona conclusio est quod amor spiratus vel volutio procedens distinguitur realiter ab illo, quod vocatur verbum et notitia genita, quia aliter in homine non esset trinitatis imago quoad emanationem et distinctionem personarum; sicut enim verbum increatum emanat a solo Patre et Spritus Sanctus a Patre et Filio, ita in homine intelligente notitia genita emanat a specie in memoria et amor spiratus a notitia et a specie. ... Per illam autem rem, quam voco volutionem vel amorem spiratum, nihil aliud intelligo nisi unam qualitatem productam a notitia genita, quae volutio vel amor immediate diligitur a voluntate vel anima volentis ita quod qualitas illa non est id, quo formaliter volens vult vel amans amat, sed dicitur volutio vel amor obiective vel materialiter, quae scilicet est res volita et amata. Praedicta vero qualitas, quae sic procedit et causatur a notitia genita, sicut immediate ab ipsa anima diligitur, ita immediate ab anima cognoscitur ..."

[368] Vgl. o. S. 101.

[369] Vgl. Crathorn, Quästionen, q.7 (ed. Hoffmann, 342,24–343,13): „Decima conclusio est et sequitur ex praedictis quod anima per essentiam suam est imago Dei quoad deitatem. ... Unde dicit beatus Augustinus libro 83 quaestionum ... quod non omnis similitudo est imago nec omnis aequalitas, sed solum imago est illa similitudo, quae est ab alio expressa sive genita; et quia istae conveniunt creaturae rationali per essentiam suam, ideo anima propria essentia omni alio circumscripto potest dici imago Dei quoad essentiam Dei ..." (Dort auch die Augustinusstellen).

[370] Vgl. Holcot, Sent. IV, q.10 (RBM) – Prologus (O). (RBM fol.131 va 23–28; O fol.207 rb 11–14): „De tertio quod dicit quod omnis cognitio habet pro obiecto ens tale fictum vel speciem talem subiective in intellectu, non videtur verum de facto, quod per argumentum eorum probatur: Omnia salvantur ponendo actum intelligendi solum in anima; igitur illud fictum super-

Holcot in der Erörterung der ‚species in medio' sowohl gegen *Ockhams* Ablehnung dieser wie gegen *Crathorns* sensualistische Deutung. Gegen *Ockham* beruft er sich auf die Erfahrung, die uns lehrt, daß viele Erscheinungen sich in factis nostris nur durch die Annahme von species erklären lassen, aber nicht durch deren Leugnung.[371] Zu *Crathorns* Species-Lehre gibt es ja eine ausführliche Entgegnung *Holcots*, auf die ich hier nur verweisen möchte.[372] Er weist zwar den in seinen Augen groben Sensualismus seines Socius zurück, vertritt nun aber eine ‚nominalistische' species-Theorie, auf die (drittens) hier besonders hingewiesen sei. Sie kommt in der These zum Ausdruck, daß die Ähnlichkeit einer species zu einer anderen größer, ja eigentlicher sei als die Ähnlichkeit der species zu einer res extra.[373] Der zitierte Text zeigt, daß *Holcots* Formulierungen noch radikaler sind. Andrerseits ist *Holcot* sorglos in der Festlegung der Bezeichnungen, wenn er sagt, daß jene Qualitäten, die er ‚species' nennt, auch als ‚Wissenshabitus' bezeich-

fluit." Ockham hat unter dem Eindruck der Kritik seiner Socii die fictum-Theorie aufgegeben; s.o. S. 53; vgl. Hoffmann, Die theologische Methode, 233f.

[371] Holcot, Sent. IV, q.10 (RBM fol.131 rb 41–va 4; O fol.207 ra 47–69): „... Dicit enim Ockham Super primum d.21 (l.27) quod actus intelligendi et habitus esse in mente certum est et dicit quod <non> est species realiter distincta ab habitu et actu vel precedens intentionem, quia quod potest fieri per pauciora etc. ... Quantum ad ista credo quod primum sit verum sed secundum falsum; salvantur enim multae apparentiae in factis nostris ponendo species in memoria, quae non salvantur eas negando. Nec concludit argumentum suum, quando arguitur: Quaelibet res prius causat notitiam sui quam alterius; si igitur species poneretur, citius causaret species notitiam sui, nec intentio nec habitus nec huiusmodi. Ideo dico quod hic est nulla talis qualitas (quantitas RBM), quae causat notitiam alterius et non sui. Alias notitia intuitiva causaret aliam notitiam sui et ista aliam et sic in infinitum." Vgl. Ockham, Sent. I, d.27, q.3 (OT IV, 235,21–236,6; 255,10–15); Hoffmann, Die theologische Methode, 233, Anm. 77; Tachau, aO, 414f.

[372] Vgl. o. S. 100.

[373] Vgl. Holcot, Sent. IV, q.10 (RBM fol.131 va 38–62; O fol.207 rb 20–38): „Illa res, quae est species in intellectu, non est naturalis similitudo obiecti eo modo, quo duo alba dicuntur similia vel aliquid huiusmodi, quibus demonstratis vere dicitur: Ista sunt similia. Sed similitudo omnino dicitur aequivoce de talibus qualitatibus spiritualibus et qualitatibus extra. Immo duae species sunt similes inter se vere et una species est similitudo alterius, sed non est similitudo obiecti sive rei extra proprie loquendo et univoce, quia sic forent eiusdem speciei ..."; vgl. Hoffmann, Die theologische Methode, 235f., Anm. 84.

net werden können. „Wenn über die Sache Klarheit besteht, brauche man sich um die Namen keine Sorge zu machen.“[374]

Auf jeden Fall zeigt das Jahrzehnt in Oxford, das mit *Wilhelm von Ockham* beginnt und sich bis 1331/32 erstreckt, ein buntes Bild der Diskussionen über erkenntnistheoretische Fragen, in denen die einzelnen Magister in den verschiedensten Rollen auftreten; sie kritisieren *Ockhams* Lehre, sie verteidigen sie oder führen sie weiter. Manchmal spielt ein Magister alle drei Rollen wie etwa *Adam de Wodeham.* Aber auch entschiedene Kritiker kleiden ihre Einwände in ein Gewand respektvoller Diskussion, wie wir es schon bei *Walter Chatton* beobachtet hatten.[375] Dies gilt auch von *Johannes Reading*, der zu *Ockhams* Leugnung der species kritisch Stellung genommen hat.[376]

Nach den Forschungen von *Gál, O.F.M.* ging es beiden Magistern um die Verteidigung und Herausstellung der Autorität des *Johannes Duns Scotus.*[377] Ihm sollte als Haupt einer ‚Schule' eine ähnliche Bedeutung zukommen, wie sie sich für *Thomas von Aquin* im Dominikanerorden anbahnte und von einem Teil der Ordensbrüder/Magister erstrebt wurde. Diese Entwicklung wurde in ihren Augen durch die Kritik *Ockhams* gefährdet, die sich besonders gegen die Logik und Erkenntnislehre des *Duns Scotus* richtete. *Gál* vermutete, daß auch der Vorstoß des Kanzlers *Johannes Lutterell* in diese Bestrebungen, die Minderung oder Derogation der Autorität des *Duns Scotus* durch *Ockham* abzuwehren, eingebunden war.[378]

Was *Chatton* an *Ockham*-Kritik auf dem Felde der Fictum-Theorie leistete[379], das besorgte *Reading* beim Thema ‚species in medio'. In beiden Fällen werden die Grundfragen der Erkenntnistheorie zur Sprache gebracht. Daraus erklärt sich rein formal der Umfang der von *Gál* edierten Quaestio aus *Readings* Sentenzenkommentar[380], den

[374] Vgl. Holcot, Sent. IV, q.10 (O fol.159 rb): „Ideo istae qualitates, quas ego voco ‚species', possunt rationabiliter dici ‚habitus scientialis'. Et cum de re constat, de nominibus non est cura.“ Vgl. Tachau, aO, 415.

[375] Vgl. o. S. 54.

[376] Vgl. Gedeon Gál, Quaestio Johannis de Reading de necessitate specierum intelligibilium. Defensio doctrinae Scoti. FrS 29 (1969) 66–156, Einleitung: 66–77; Edition: 77–156 (zitiert: Reading, ed. Gál).

[377] Vgl. dazu ebd., bes. 67.

[378] Vgl. ebd.

[379] Vgl. o. S. 54ff.

[380] Gál gibt folgenden Hinweis: „Quaestio Johannis de Reading, quam hic primo evulgamus, habetur in suo scripto Super Sententias, I, d.3, q.3, quod sine dubio est redactio secunda, probabiliter Avenione compilata. Codex autem manuscriptus asservatur Florentiae, Bibl. Nat., Conv. soppr. D IV, 95, ubi nostra quaestio occupat pp. 450–480.“

er wahrscheinlich in Avignon (vielleicht auch anderswo) verfaßt hat, nicht mehr in Oxford, ein Unterschied zu *Chatton*, dessen Anwesenheit und Wirken in Oxford sich über das ganze Jahrzehnt nach *Ockham* erstreckte. Bemerkenswert ist jedenfalls, daß beide *Ockham*-Kritiker Franziskaner waren, was natürlich genau zur Motivierung und Zielsetzung ihres Verhaltens gegenüber dem *Venerabilis Inceptor* paßt.[381]

Reading läßt in der Quaestio Verfechter und Gegner[382] der ‚species in medio' zu Wort kommen, am ausführlichsten *Ockham*, aus dessen Sentenzenkommentar er seitenlang (in Ich-Formulierung!) wörtlich zitiert.[383] Der Scopus seiner Argumentation läßt sich in drei Thesen wiedergeben: Erstens muß das Erkenntnisobjekt dem Erkenntnissubjekt entsprechen. Anders sind beide in der sinnenhaften Erkenntnis, anders in der geistigen.[384] Zweitens bedarf es in beiden Fällen eines Erkenntnisbildes (species), da das extramentale Objekt als solches nicht in die menschliche Seele gelangen kann.[385] Dies kann allein ein dem jeweiligen Erkennen entsprechendes Objekt. Drittens muß dieses Objekt dem Erkenntnis- und Wahrnehmungsakt vorausgehen. Erst muß das Objekt gegenwärtig sein, dann kann der Erkenntnisakt er-

381 Vgl. Anm. 377.

382 Aufgelistet bei Gál, aO, 69.

383 Vgl. ebd., 71f.: „Maiorem partem harum quaestionum Reading verbotenus exscripsit, adeo verbotenus, ut nec primam personam in tertiam mutavit."

384 Vgl. Reading, Quaestio (ed. Gál, 107, n.107): „... dico quod obiectum, ut habet esse sufficiens et praesens requisitum ante actum nostrum intelligendi, et illud est <obiectum> relucens in specie intelligibili in intellectu." Ebd. (ed. Gál, 103, n.110a): „... licet enim species in phantasia repraesentet rem quando non est, non tamen universaliter et sub indifferentia, sicut species intelligibilis, sed sub figura et huiusmodi condicionibus, ut dictum est. Et haec est intentio Anselmi, Monologion, cap.7 (c.9, PL 158, 159 C; ed. Schmitt, I, 25), ubi dicit: „»Aliter hominem mens per corporis imaginem et per rationem intuetur; per corporis imaginem, ut cum eius sensibilem figuram imaginatur, per rationem vero ut cum eius universalem essentiam, quae est animal rationale mortale, cogitat.«"

385 Ebd. (ed. Gál, 104, n.113): „Item haec est intentio beati Augustini, XI De Trinitate, cap.9 (cap.9, n.16, PL 42,996), ubi dicit sic: ‚A specie corporis, quod cernitur, exoritur ea quae fit in sensu cernentis, et ab hac, quae fit in memoria, et ab ea quae fit in acie cogitantis.'; et sequitur post: ‚Ut autem possit esse visio cogitantis, ideo fit in memoria de visione sentientis simile aliquid, quo se ita convertat in cogitando acies animi sicut se in cernendo convertit ad corpus acies oculorum.' Vult dicere quod sicut visio sensus extrinseci causatur a re sensibili, sic cognitio intellectus a specie recepta, sive illa sit in phantasia sive in intellectu, non curo modo, quia saltem sequitur quod res extra non causat immediate cognitionem."

folgen. Für die geistige Erkenntnis ist daher eine species intelligibilis erforderlich.[386] *Reading* hat somit die entschiedensten Formulierungen für die Notwendigkeit der species im Erkennen. Ohne auf die entgegengesetzten Richtungen ausführlich einzugehen, setzt er sowohl die platonisierenden wie die averroistischen Opiniones außer Betracht. Im Geist angenommene Ideen derogieren einen echten Erkenntnisprozeß. Gleiches gilt von der Vorstellung, daß ein intellectus separatus über die Phantasmata die subjektive Erkenntnis zustande bringt.

Ich verweise zum Abschluß dieses Abschnittes nochmals auf die von *Gál* edierte Quaestio, aus der in der Anmerkung einige wesentliche Passagen zitiert werden.

[386] Ebd. (ed. Gál, 109, n.130): „Contra istud est illud, quod dictum est prius de Augustino et Anselmo (vgl. Anm. 384) quod res extra non causat intellectionem, et ita intellectus agens cum re extra non causat cognitionem intuitivam, sicut ipsi volunt. Ex hoc arguo: cum obiectum sit prius praesens quam intellectus intelligat, et praesentia tali, qua potest movere intellectum, cum illa praesentia non habentur per praesentiam realem obiecti extra secundum illas auctoritates, hoc erit per actionem intellectus agentis, non in phantasmate, etiam secundum istos, igitur in specie intelligibili, praecedente intellectionem in intellectu." Vgl. ebd. (ed. Gál, 105, n.115): „Secundo modo arguit Doctor sic (Duns Scotus, Ordinatio, I, d.3, p.3, q.1, n.359; ed. Vaticana, III, 416): Intellectus agens est potentia realis <mere Scotus> activa, cuius actus est abstrahere et facere de intelligibili in potentia intelligibile in actu, igitur habet terminum realem suae actionis; huiusmodi non est aliquid in phantasmate, igitur est species intelligibilis."

II. Teil

Auswertung der Quellen

3. Methodische Erinnerungen

Die hier vorgestellten Magister stellen gewiß nur eine Auswahl dar; sie dürften jedoch in einem beträchtlichen Maße für die geistesgeschichtliche Entwicklung an der Universität von Oxford in dem Jahrzehnt nach *Ockham* repräsentativ sein. Der Bedeutung ihrer Wirksamkeit in jener kurzen Zeitspanne soll nun in dreifacher Hinsicht nachgegangen werden, in einer methodischen, einer inhaltlichen und einer forschungsgeschichtlichen.

Die Ausführungen zum ‚Methodischen' lassen sich hier kurz zusammenfassen, da uns bereits durch den ganzen ersten Teil eine Methodenreflexion begleitete. Mit *Ockham* und unter seinem Einfluß tritt in der ersten Hälfte des 14. Jahrhunderts ein Wandel der Methode in der Beweisführung ein. Meine früheren Hinweise darauf[387] möchte ich heute in mehreren Richtungen erweitern.

3.1. Die Vorliebe zur Disputatio

An erster Stelle bemerken wir eine zunehmende Verwendung der Disputation im Umgang mit den Fragen der Philosophie und der Theologie. Zwar gehörte die Disputation von Grund auf zum scholastische Wissenschaftsbetrieb. Vor drei Jahrzehnten schrieb *Josef Koch* in dem von ihm für das RGG verfaßten Artikel ‚Scholastik', daß lectio und disputatio von „säkularer Bedeutung" waren; sie „bestimmen auch heute noch als Vorlesung und Übung den Charakter des akademischen Unterrichtes."[388] Diese Feststellung läßt sich dahingehend erweitern, daß auch die lectio in immer stärkerem Maße disputativ betrieben wurde. Wie wir im ersten Teil dieser Untersuchung sahen,

[387] Vgl. Fritz Hoffmann, Der Wandel in der scholastischen Argumentation vom 13. zum 14. Jahrhundert, aufgezeigt an zwei Beispielen: Robert Holcot und William (Johannes?) Crathorn, MM 23, hg. v. A. Zimmermann. Berlin/New York 1995, 301–322.

[388] Josef Koch, Scholastik, in: RGG V (Tübingen ³1961) 1494–1498, 1496.

haben *Ockhams* Sentenzen eine lebhafte Diskussion, ausgelöst die mit logisch ausgeschliffenen Argumenten durchgeführt wurde. Spätere Zeiten haben die scholastische Disputation als spitzfindige Spielerei in Mißkredit gebracht. Besonders von seiten der Humanisten kam solche Kritik, die mit beißendem Spott verbunden war. Heute tritt an deren Stelle die Einsicht, daß die akademische Disputation ein Motor der wissenschaftlichen Erkenntnis war, auch wenn sie nicht in der institutionellen Form, wie sie zum Lehrbetrieb der mittelalterlichen Universität gehörte, geführt wurde, sondern im Verlauf der Vorlesung durch die (kritische) Zitation von unterschiedlichen oder entgegegesetzten Meinungen und den Responsiones dazu.[389] Die Disputation machte den wissenschaftlichen Fortschritt zu einem Gemeinschaftswerk. Ihre Wurzeln reichen zurück bis in die Antike, näherhin bis in die aristotelische Topik und Elenchik.[390] Die disputative Methode erreichte einen Höhepunkt in der im 14. Jahrhundert aufblühenden und z.T. ausufernden ars obligatoria, ausufernd, wenn anstelle der gemeinsamen Wahrheitsfindung die Bekämpfung des Opponens und seine Niederringung mit sophistischen Tricks das Ziel wurde.[391] Die scholastischen Magister waren sich dessen bewußt, daß beide Möglichkeiten ihren Ursprung bei *Aristoteles* hatten.[392] Man muß sie beide im Auge behalten, wenn man den verschlungenen Argumentationswegen der nachockhamischen Magister nachspürt. Dies war auch eine Seite des scholastischen Studien- und Universitätsbetriebes, daß die Doctores, besonders die Bakkalare, miteinander in Streitgesprächen ihre Kräfte maßen.[393] Man kann sich denken, daß sie dazu gern die lectio als Forum benutzten, weil ihnen die Zuhörerschaft ihrer Scho-

[389] Vgl. o. S. 51ff.

[390] Vgl. De Rijk, Die mittelalterlichen Traktate De modo opponendi et respondendi, 77.

[391] So besonders in dem ‚Thesaurus philosophorum' des „Aganafat", De Rijk, aO, 11–25.

[392] Dazu De Rijk, aO, 77: „Indessen ist es interessant daran zu erinnern, daß die Obligationes und die cautelae-Abschnitte des Thesaurus c.s. auf dieselbe Quelle zurückgeführt werden können, gehen doch beide auf die aristotelische Topik und Elenchik zurück. Die mittelalterlichen Schriftsteller waren sich dieses Ursprungs der Obligationes bewußt, was aus der Tatsache hervorgeht, daß z.B. Gottfried von Fontaines von der ‚Ars obligatoria habita in Octavo Topicorum' spricht (Quodlibet VIII, q.4, 295, ed. M. de Wulf/J. Hoffmann, Godefreid de Fontaines, Les quodlibets cinq, six et sept. Texte inédit, in: Les philosphes belges. Texte et études III, Löwen 1914)."

[393] Die ‚Conferentiae' des Robert Holcot können dafür als Beispiel dienen; vgl. meine Edition (Anm. 3), 1f.

lares willkommen war. Wir erinnern an die gegenseitigen Repliken zwischen *Ockham* und *Chatton*, die wir oben bereits dargestellt haben.[394]

Die solide akademische Disputatio gehörte auch über die Grenze zwischen Mittelalter und Neuzeit hinaus, die *Odo Marquardt* überzeugend in Frage gestellt hat[395], zu den Verpflichtungen, die das Magisteramt dem Universitätslehrer auferlegte. *Martin Luther* hat seine Reformationstheologie in der Form von Disputationen vorgelegt.[396] Er besaß geradezu eine Vorliebe für diesen Weg, theologische Argumentation zu führen. Das Eros des scholastischen Universitätslehrers wird ihn dazu motiviert haben.

3.2 Die Prädominanz von Logik und Dialektik

Die Vorliebe für die Disputatio zog folgerichtig eine stärkere Einbeziehung von Logik und Dialektik nach sich. Dieser Trend ist im 14. Jahrhundert bei an sich unterschiedlichen, ja sachlich gegensätzlichen Schulen und Richtungen zu finden. So hat sich *Johannes Lutterell*, der gegen *Ockham* in Avignon intervenierte, dem Vorwurf stellen müssen, er und seine Landsleute in England argumentierten nur mit der Logik statt mit der Theologie.[397] Doch auch die sarkastische Antwort *Lutterells* ist beachtenswert[398]: Ein Theologe ohne Logik ist ein gehörnter Esel. Die Logik wurde nicht nur als Instrument für den Aufbau eines theologischen Entwurfes eingesetzt, wofür *Holcot* ein hervorragender Zeuge ist[399], sie wurde auch als Waffe gebraucht, um den Gegner zu widerlegen.[400] Der erste Teil dieser Arbeit zeigt passim das Ge-

[394] Vgl. o. S. 51ff.

[395] Odo Marquardt, Neuzeit vor der Neuzeit? Zur Entdramatisierung der Mittelalter-Neuzeit-Zäsur. In: Philosophie im Mittelalter, hg. v. Jan P. Beckmann u.a. Hamburg 1987, 369–373 (Ehrengabe Wolfgang Kluxen).

[396] Vgl. Graham White: Luther as Nominalist (Luther–Agricola–Gesellschaft Bd. 30). Helsinki 1994.

[397] Vgl. Johannes Lutterellis Epistula de Visione Beatifica. In: F. Hoffmann, Die Schriften des Oxforder Kanzlers Johannes Lutterell (s. Anm. 3), 117: „Sed mihi opponitis, quod nobis Anglicis frequenter hic opponunt: Ecce secundum logicam respondisti[s]. Tolle! Tolle! Secundum theologiam responde! Ergo apud theologos superfluit logica."

[398] Ebd.: „Re vera non est periculosior bestia, si assit praesumtio, quam theologus sine logica. Vultis tractare quaestionem sine logica, materiam quaeritis murum sine cemento. Audivi cum essem iuvenis quemdam magnum dicentem quod theologus sine bona logica asinus esset cornutus."

[399] Vgl. Hoffmann, theologische Methode (s. o. Anm. 3).

[400] Vgl. o. S. 50ff.

wicht der Logik in der Theologie der zitierten Magister. Außerdem verweise ich auf den Abschnitt: „Wandel in der Forschungsgeschichte", in dem auf das Interesse der neuzeitlichen Logik und Sprachtheorie an der Logik des 14. Jahrhunderts hingewiesen wird.[401]

3.3 Interdisziplinäre Orientierung

Es ist bekannt, daß die scholastischen Magister in ihrer Beweisführung auch disziplinüberschreitende Argumente einsetzten. Negative Zeugnisse dafür finden wir bereits im frühen Mittelalter. Theologen bekämpfen eine allzu ausgiebige Verwendung der Logik in ihrer Disziplin, wie der Streit zwischen den ‚Dialektikern' und ‚Antidialektikern' zeigt. Noch bei *Holcot* stoßen wir auf ein spätes Echo, wenn er vor einer unbedenklichen Verwendung logischen Beweisens in der Theologie warnt.[402] Im 14. Jahrhundert kam es zu einer üppigen Einbeziehung außerdisziplinärer Argumentationen in die Theologie. Als ein Beispiel sei hier auf die Proportionsrechnung (Calculatio) verwiesen.[403] Sie ist wohl in ihrer Art am ehesten verwandt mit der Logik, in ihrer Durchführung in krasser Weise artfremd zur Theologie. In der Arithmetik wurde es üblich, Zahlenbeispiele in Buchstabensymbolen darzustellen. Philosophen und Theologen übernahmen diese Methodik, indem sie Begriffe, mit denen sie häufig argumentierten, durch Buchstaben ersetzten. Von hier aus war es nur ein Schritt, das ganze Literalkalkül in die philosophische Argumentation hineinzunehmen. Das Eindringen dieser Methodik in die ihr eigentlich artfremden Fächer der Philosophie und Theologie hatte eine Rückwirkung auf die Problemstellung: Man formulierte die Fragen so, daß sich die neue Methode darauf anwenden ließ. „Man fragt z.B. nach dem Verhältnis von peccatum und poena und fängt an, die Proportionen zu berechnen, wenn etwa Socrates ein peccatum actuale a und ein peccatum habituale b hat und ihm das peccatum b erlassen wird usw." (So *Thomas Buckingham* in seinem Sentenzenkommentar, ed. Paris 1505, nicht foliiert). Oder man berechnet die genaue Geschwindigkeit, mit der sich die caritas infusa unter gegebenen Bedingungen vergrößert (z.B. *Gregor von Rimini*, Sent.1, d.17, q.2).[404]

[401] S. u. S. 149.

[402] Vgl. Hoffmann, Die theologische Methode, 146.

[403] Im einzelnen aus den Quellen dargestellt bei Anneliese Maier, Studien zur Naturphilosophie der Spätscholastik, Bd. III: An der Grenze von Scholastik und Naturwissenschaft, Kap. III: Die Mathematik der Formlatituden. 1. Calculationes des 14. Jahrhunderts und die Wissenschaft von den Formlatituden, bes. 258ff.; 275; vgl. o. S. 17, Anm. 4.

[404] Vgl. Maier, Studien, aO, 259.

In diesem Zusammenhang ist auch an *Thomas Bradwardine* zu erinnern, der 1325 Prokurator der Universität Oxford war.[405] Auch er war zu *Ockhams* Zeit ein Beispiel für die Übernahme der ‚naturalia' in die Theologie. Als Magister Artium war er ein angesehener Mathematiker, den man wohl als den einflußreichsten Inaugurator der Proportionenrechnung im 14. Jahrhundert bezeichnen darf. Als Theologe hat er sein mathematisches Können in die Theologie eingebracht, ohne daß es zu einem Bruch zwischen dem Mathematiker und dem Theologen kam. Heute liegt über dieses Phänomen von Assimilierung die Studie von *Edith Wilks-Dolnikowski* vor.[406] Zwei wichtige Ergebnisse möchte ich daraus hervorheben. Die Verfasserin glaubt für die Theologie des 12. bis 13. Jahrhunderts zwei richtungsweisende Aufgaben feststellen zu können, nämlich den Aristotelismus zu korrigieren, um ihn in die christliche Theologie aufnehmen zu können, und den Augustinismus mit dem Aristotelismus zu einer Art Konvergenz zu bringen.[407] In diesem Prozeß bereitete das (12. und 13.) Jahrhundert das Material für die Theologie der Folgezeit und ihre Rückbindung an die Philosophie.[408] *Bradwardines* Lebenswerk kann als Krönung dieser Entwicklung angesehen werden. Als Magister Artium lag das Schwergewicht des Interesses auf den physikalisch – mathematischen Gebieten. Der Theologe *Bradwardine* wendet sich nun den philosophisch – theologischen Argumenten zu.[409] Der Übergang ist nahtlos. Das Motiv zur Analysis der Natur geht nämlich nicht aus einem Schwinden des metaphyischen Interesses hervor, sondern besteht in dem Verlangen, die Natur besser zu erkennen und zu erklären. In De proportionibus ist der Schlüssel dazu die Mathematik. *Bradwardine* bekennt sich dabei zu einem metaphysischen Ziel seiner mathematisch – physikalischen Analyse.[410] An dem konkreten Beispiel von Raum, Zeit und Größe läßt sich zeigen, in welcher Weise *Bradwardine* und *Ockham* das gleiche Problem angehen. Beide sind sich einig in der Zurückweisung der Lehre *Avempaces*. Doch *Ockham* benutzt dazu Argumente der Logik als Kunst der Unterscheidung und Definition, während *Bradwardines*

[405] Vgl. Bernhard Geyer, Die patristische und scholastische Philosophie (F. Ueberweg, Grundriß der Geschichte der Philosophie II). Berlin [11]1928, 622.

[406] Edith Wilks-Dolnikowski, Thomas Bradwardine. A View of Time and a Vision of Eternity in the Fourteenth Century Thought. Leiden/New York/Köln 1995.

[407] Vgl. ebd., 72.

[408] Vgl. ebd.

[409] Vgl. ebd., 148f.

[410] Vgl. ebd., 97–99.

Beweis von Grund auf ein mathematisches oder geometrisches Exerzitium ist.[411]

Die Vergleiche der beiden Lehrer lassen sich auch auf anderem Gebiete fortsetzen, wie die Verfasserin des genannten Werkes zeigt, etwa für Zeit und Kontingenz, wobei wir immer zu demselben Ergebnis einer Unterscheidung in der Methodik gelangen. Hier möchte ich jedoch die Aufmerksamkeit auf ein übergreifendes Phänomen lenken, das auch auf dem Gebiet der Methodik liegt. Es ist viel gesprochen und geschrieben worden über das Verhältnis von Philosophie und Theologie, im Zusammenhang damit von einer Überwucherung oder Verfremdung der Theologie durch philosophische Disziplinen: Metaphysik, Logik, Naturphilosophie, Mathematik. Daß solche Möglichkeiten und ‚Gefahren' bestanden haben (und immer bestehen), kann gar nicht bestritten werden. Ich erinnere nur an den Prozeß der Emendierung des Aristotelismus im 12. und 13. Jahrhundert. Jedoch sollte man dieses Phänomen auch von der konträren Seite her sehen. Dann gewahren wir einen ganz anderen Vorgang, nämlich den einer Hineinnahme und Beheimatung von natürlichen Erkenntnissen und Erkenntnisweisen in die theologische Reflexion des christlichen Glaubens. Doch soll hier noch ein Argument eingebracht werden, das auf der Ebene der Methodik im weiteren Sinne, nämlich als Vermittlung des Sinnverständnisses, liegt. Ich meine damit, daß wir den Sinn eines (philosophischen) Zitates in einem (theologischen) Text erst dann verstehen können, wenn wir der Frage nachgehen, wie dieses von dem Autor verstanden wurde, der es in seinen Text eingebracht hat. Es genügt nicht, die literarischen Quellen summarisch aufzuzeigen.[412] Um die Lehre eines Autors darzustellen, muß man in einer Weise hörenden und sehenden Sich-Einlassens auf ihn zugehen. Der angelsächsische Theologe *Lonergan* hat diese Aufgabe (in seinem bahnbrechenden Werk über die Methode in der Theologie)[413] als ‚Bekehrung' (conversion) bezeichnet. Für das rechte Verständnis dieses Begriffes ist die Unterscheidung zwischen intellektueller, moralischer und religiöser Bekehrung zu beachten, die *Lonergan* vornimmt. An dieser Stelle kann ich nur empfehlen zu lesen, was *Lonergan* über die intellektuelle und die moralische Bekehrung schreibt, in denen er dem Kontext nach Grundvoraussetzungen für die Aussa-

[411] Vgl. ebd., 96f.

[412] So Kurt Flasch über die Ethik des Thomas von Aquin in: Das philosophische Denken im Mittelalter. Stuttgart 1987, 337.

[413] Bernard J. F. Lonergan, S.J., Methode in der Theologie (Titel der Originalausgabe: Method in Theology), übers. u. hg. von Johannes Bernard (+). Leipzig 1991.

gen der Forschung, insbesondere auf dem Gebiet der Geschichte, sieht.[414] Die historische Forschung bedarf mehr als andere solchen selbstlosen Sich-Einfühlens auf Vorgänge und Personen; denn in ihr taucht zuerst die Gefahr auf, Erkenntnis- und Wertungsmaßstäbe der Moderne anzulegen. Dies mag den Eindruck auf die Zeitgenossen der Gegenwart verstärken, wird aber nicht der historischen Wahrheit gerecht. Auf die Bewertung von Zitationen in den Werken der scholastischen Autoren angewandt bedeutet dies: Aus einer summarischen Aufzählung der Quellen bei einem Autor läßt sich noch nicht dessen Lehre und deren Herkunft erweisen. Neben der gewissenhaften Eruierung muß man auch der Art und Weise ihrer Verwendung nachgehen, wie es in dem Werk von *Werner Beierwaltes* über *Eriugena* geschieht.[415] Die Feststellung der Quellen ist nur eine Seite, ebenso wichtig und wohl noch entscheidender ist ihr Gebrauch durch den Autor, die Art und Weise der Einbringung in das Ganze seiner Lehre.

Ich bringe diese Hinweise, um Verständnis für die oft so sehr in das Detail gehende Argumentation der nach-ockhamischen Magister zu motivieren. Diese hatte nicht immer eine großartige Synthese zum Ziel, sondern war beseelt vom Interesse am Detail, von dem Bestreben, „die überkommenen Probleme in Teilprobleme zu zerlegen, jeder Nuance, jeder möglichen Differenzierung nachzugehen, jede Denkmöglichkeit bis in ihre letzten Konsequenzen zu verfolgen, um ein möglichst detailliertes Bild in jedem Einzelfall zu erhalten."[416] In manchen Darstellungen der Philosophiegeschichte des Mittelalters finden wir die Tendenz zur Synthese, zu ganzheitlichen Konzeptionen, bei denen die Bedeutung der ins einzelne gehenden Argumente, die von der Logik, von der Sprachtheorie, von der Naturphilosophie und oft einfach von der Praxis und Kasuistik des Glaubenslebens her kamen, ganz in den Schatten treten. Eine systembildene und allein ontologische Deutung eines Textes gibt keine Garantie, einer von dem scholatstischen Magister gestellten Frage und ihrer Lösung wirklich gerecht zu werden. Schon im Umgang mit der Theologie des hl. *Thomas* sollten in ontologischen Textanalysen die Art und Weise des Ausdrucks und der Bezeichnung einbezogen werden, worauf *Josef de Vries* bereits vor vielen Jahren hingewiesen hat: „Wer *Thomas* viel gelesen hat, weiß, einen wie überraschend breiten Raum in seinen Werken denklogische und bloß sprachlogische Überlegungen einneh-

[414] Vgl. ebd., 240–248.

[415] Werner Beierwaltes, Eriugena. Grundzüge seines Denkens. Frankfurt a.M. 1994, 33–37. Zur Ethik des Thomas von Aquin vgl. u. S. 147, Anm. 450ff.

[416] A. Maier, aO, 276.

men."[417] Synthesen und Gesamtkonzeptionen sind hilfreich für das Allgemeinverständnis und auch didaktisch nützlich. Sie sollten natürlich ihr Fundament in den geschichtlichen Fakten haben. Daß sie in Pauschalurteile abgleiten, manchmal mit pejorativer Zielsetzung[418], kann nur durch detaillierte Quellenforschung verhindert werden. Dazu gehört besonders im 14. Jahrhundert auch die Einbeziehung von Begriffsanalyse (Sprachlogik) und ein Gespür für die theologische Zielvorstellung eines Autors, die letztlich aus christlich-biblischem Glauben hervorgeht. Mit dem letzten Hinweis ergibt sich der Übergang von der methodischen zur inhaltlichen Reflexion.

4. Theologische Ausrichtung

4.1 Die Hauptthemen

In Hinsicht auf den Inhalt konnten wir im ersten Teil („Die Quellen") ganz bestimmte theologische (und philosophische) Themen feststellen, denen die dort vorgestellten Autoren vorzüglich ihre Aufmerksamkeit widmeten. In der Gotteslehre gehören dazu die Allmacht und die Freiheit Gottes im Werk der Schöpfung und im Wirken für das Heil seiner Geschöpfe. In der Heilslehre erhält der Begriff der acceptatio ein besonderes Gewicht. Das Heil der Geschöpfe hängt von der gnädigen Annahme durch Gott ab. Philosophisch wie theologisch tritt in der Seinslehre die Kontingenz alles außergöttlichen Seienden hervor. Diese beiden Grund-Sätze, von der Freiheit Gottes und von der Kontingenz alles Geschöpflichen, zogen einen Wandel in der Theologie nach sich, seit *Ockham* 1322 in Oxford seine Vorlesungen über die Sentenzen des *Petrus Lombardus* vorgetragen hatte. Zu dem Wandel in der Methode trat also noch ein solcher des Inhaltes. *Ockham* hat die Lehre von der Allmacht Gottes durch das Begriffspaar

[417] Josef de Vries,S.J., Das esse commune bei Thomas von Aquin, in: Schol 39 (1964) 163–177; 176f.

[418] In der DDR waren solche Monographien für ihren Umgang mit der Scholastik charakteristisch. Genannt seien nur: H. Ley, Zur Geschichte des Materialismus im Mittelalter. Berlin (Ost) 1957. Ferner das ‚Nachwort' in: Wilhelm von Ockham. Kurze Zusammenfassung zu Aristoteles' Büchern über Naturphilosophie (Summulae in libros Physicorum). Aus dem Lateinischen herausgegeben und übersetzt von Hans-Ulrich Wöhler, Leipzig 1983. Den (oft unrichtigen) Äußerungen Leys über Autoren der Scholastik ist Karl Albert entgegengetreten. Vgl. ders., Meister Eckharts These vom Sein. Saarbrücken/Kastellan 1976, Namensregister ‚Ley'.

‚potentia Dei absoluta-ordinata' besonders herausgestellt. Wir hatten gesehen, daß er mit dieser Gegenüberstellung nicht der erste war.[419]

Zwei Fragen sind an diese Theologie zu richten. Erstens: Wo liegen ihre Ursprünge und ihre Begründungen? Zweitens: Wie ist mit einer aus Gottes Allmacht hervorgegangenen und seiner Güte anvertrauten Welt das Phänomen des Bösen auf ihr zu verstehen? Wir beginnen mit der zweiten Frage und werden zu dem Ergebnis kommen, daß beide Fragen miteinander wesensmäßig verbunden sind.

4.2 Das Zeugnis der Magister

4.2.1 *Ockham*

Die radikalste Lösung scheint zu sein, das Böse auf Gottes absolute Macht zurückzuführen; ein solcher Radikalismus wurde *Ockham* angelastet. Als Beweis dafür sollte seine These dienen, daß Gott einem Menschen auch den Gotteshaß gebieten könne. Wir hatten diese These schon im ersten Teil in allen Richtungen analysiert.[420] Wir kamen zu dem Ergebnis, daß *Ockhams* subtile Argumentation zu der Einsicht in die natürliche, wesenhafte Gutheit des Geschöpfes und jeder seiner Handlungen gelangt.[421] Sprachlich benutzt er dazu die Unterscheidung zwischen voluntas absoluta und voluntas malitia annexa. Unter voluntas absoluta versteht *Ockham* den menschlichen Willen an sich, der als ein Gut der Schöpfung Gottes seiner Natur nach niemals böse sein kann. Damit bekennt sich *Ockham* wie *Thomas Aq.*, auf den vergleichend hingewiesen wurde[422], zur Gutheit der Schöpfung als Werk eines guten Schöpfergottes.

Nun stellt sich die Frage, ob *Ockhams* These, Gott könne sogar den Gotteshaß gebieten, ja als verdienstliches Werk annehmen, die Rechtfertigung der Gutheit Gottes noch mehr erschwere. Geht man *Ockhams* Äußerungen zu dem ganzen Problemkreis, für den seine extreme Äußerung über das Gebot des Gotteshasses nur die Spitze ist, begriffsanalytisch und theologisch nach, so zeigt sich, daß auch in seiner Theologie ein Schlüssel zur Lösung des Problems zu finden ist. Ich verweise auf meine früheren Ausführungen[423], die ich hier aber ergänzen und auf das Theodizee-Problem hin erweitern will. Der Beweisweg kreist hier ständig um die Fragen nach der Gutheit Gottes und der Gutheit der Welt (Schöpfung). Die einzelnen Autoren sollen

[419] S.o. S. 21, Anm 17.
[420] S.o. S. 18ff; 22ff; 25f.
[421] S.o. S. 30ff.
[422] Ebd.
[423] S.o. S. 17–35.

dabei im Wechsel zur Sprache kommen, um jeweils einen Beitrag zu bringen.

Zuerst nochmals *Ockham.* Die in Teil I („Die Quellen") durchgeführte Analyse seines Umgangs mit dem Begriffspaar potentia Dei absoluta – ordinata führte zu dem Ergebnis, daß der gegen ihn erhobene Vorwurf, er lehre eine Willkürherrschaft Gottes[424], von den Texten her nicht zu rechtfertigen ist. Noch einmal sei darauf hingewiesen, daß sich *Ockhams* Argumentation sowohl auf dem Felde einer ins einzelne gehenden Analyse der Begriffe und Aussagen als auch einer damit verbundenen Reflexion über das menschliche Verhalten vor Gott und gegenüber seinen Geboten bewegte. *Ockham* hebt mit radikalen Bemerkungen die unbedingte Gutheit, die jedem geschöpflichen Sein und jedem geschöpflichen Handeln von Natur aus zu eigen ist, hervor. Auf dieses Ziel hin unterscheidet er zwischen einem Handeln als solchem (actus absolutus) und einem mit dem Böse-Sein verknüpften Handeln (actus cum malitia annexa).[425] Wir hatten bereits gesehen, daß *Thomas von Aquin* eine ähnliche Unterscheidung vornimmt, wenn er nach der Ursächlichkeit Gottes beim sündhaften Akt fragt. Die Antwort lautet: „Die Handlung der Sünde (actio peccati) ist von Gott verursacht, nicht aber die Sünde (peccatum)."[426]

Von einer anderen Seite her fragt *Ockham* nach dem Grund für die Moralität einer menschlichen Handlung. Seine Antwort lautet: Das Gut-Sein oder Böse-Sein einer Handlung ist zwar durch Gottes Gebot und Setzung verursacht, doch kann der Mensch den so anordnenden göttlichen Willensentscheid im Lichte der recta ratio erkennen. Im Gehorsam gegen Gottes Gebot erfüllt dann der Mensch das Gebot der Gottesliebe.[427] Zwei Feststellungen lassen sich als Ergebnis dieser Ausführungen machen: Erstens die Absicht, die naturhafte Gutheit jeder menschlichen Handlung sicherzustellen, und zweitens die Vorstellung einer unmittelbaren Nähe Gottes zu seinem Geschöpf. Die recta ratio richtet sich natürlicherweise liebend auf Gott wie die Kompaßnadel auf den Pol. Überlegungen solcher Art sind nur möglich im Wissen um eine von Gott angenommene Welt.

An dieser Stelle möchte ich mit dem Leser auf die Gnadentheologie des hl. *Thomas* zurückblicken. Ich hatte sie zum Vergleich mit *Ockham, Wodeham* und *Chatton* schon vorgestellt.[428] Dabei ging es nicht um einen Vergleich der unterschiedlichen Wege zur Rechtfertigung

[424] S.o. S. 18, Anm. 5.
[425] S.o. S. 31.
[426] Ebd.
[427] S.o. S. 31.
[428] Vgl. o. S. 65ff.

und Heiligung, sondern um die Einsicht in die Verschiedenartigkeit von Wegen zu dem gleichen Ziel. Bei *Ockham* und den ihm nahestehenden Theologen ist das Ziel der Rechtfertigung die (endgültige) Annahme (acceptatio) des Geschöpfes durch Gott, bei *Thomas* die Verähnlichung mit Gott. In beiden theologischen Entwürfen wird der Mensch und mit ihm die Schöpfung in das von Gott gegebene Leben zurückgerufen. Beide Theologien setzen das Verständnis einer in ihrem Wesen und ihrer Natur guten Welt voraus. Der Vorwurf, *Thomas* benutze allzu frei die aristotelische Begrifflichkeit zur Erklärung theologischer Wahrheiten, bestätigt umgekehrt seine Überzeugung von der naturhaften Gutheit der Schöpfung, weil die in ihr gefundenen Erkenntnisse und Gesetzmäßigkeiten in analoger Weise auf theologischem Gebiet verwendet werden können.

Bei *Ockham* läßt sich eine im Wesen gleiche Fundamentierung der theologischen Aussagen in der natürlichen Ontologie feststellen, nur daß die Akzente anders gesetzt werden. Sie liegen u.a. durch die Rolle, die *Ockham* der recta ratio für die Moralität der menschlichen Handlungen zuweist, stärker auf dem Gebiet der Anthropologie. Darin ist *Ockham* Aristoteliker[429] und steht somit einer dualistischen Weltanschauung und Anthropologie noch kritischer gegenüber als Autoren, die vom Platonismus oder Neuplatonismus her urteilen. Der Aristotelismus fließt auch nach *Thomas von Aquin* in einem breiten Strom weiter.

4.2.2. *Wodeham*

Die Reihe der Zeugen läßt sich mit *Adam de Wodeham* fortsetzen. Dieser früheste und trotz mancher kritischen Urteile treueste Nachfolger *Ockhams* legt zwar den Grund für das Heil und die Annahme des Geschöpfes ganz und gar in die frei entscheidende Gottesliebe; diese verleiht jedoch den Gnadenhabitus in einer Weise, daß die natürlichen Gaben und Haltungen einbezogen und erhöht werden.[430] Der im Stand der Gnade vollzogene Akt der Gottesliebe unterscheidet sich seiner Natur nach nicht vom Akt der natürlichen Gottesliebe. Gott richtet seine Liebe uneingeschränkt auf seine Geschöpfe, so daß ihre Wirkung durch keine Macht des Bösen aufgehalten werden kann.[431] Die Gnade ist nicht der Grund der göttlichen Liebe zum Geschöpf, sondern umgekehrt: Weil Gott den Menschen liebt, schenkt

[429] Vgl. R. Wood, Göttliches Gebot (vgl. Anm. 5), 53.
[430] S.o. S. 48.
[431] S.o. S. 50.

er ihm seine Gnade.[432] Zwar geht diese Argumentation an der Tiefe der thomistischen Gnadentheorie vorbei. Vielleicht lag ein Grund dafür in der logisch-disputativen Methodik, die Ponens und Opponens auf die gleiche Ebene der Disputation verpflichtet; denn der Vorkämpfer für die thomistische Theologie in Oxford, *Walter Chatton*, streitet mit *Wodeham* auf diesem Boden. Sicher ist jedoch, daß *Wodeham* in den Ausführungen, die wir von ihm zitierten, ein klares Verständnis von Gottes absoluter Gutheit zeigt. Die Welt sieht er als ein von Natur aus gutes Schöpfungswerk. Das Böse in ihr wird durch Gottes gutes Handeln überwunden.

4.2.3 *Holcot*

Aus *Holcots* Theologie greife ich die Lehre von der Annahme des Geschöpfes durch Gott heraus. *Holcot* hat die Vorstellung einer gestuften acceptatio, deren unterste Stufe schlicht mit der Schöpfung identisch ist.[433] Diese Verbindung von acceptatio und Schöpfung hat zur Folge, daß jegliches Seiende außerhalb des göttlichen Seins nicht ohne das göttliche Sein oder sogar gegen dieses zu verstehen ist. Der gnostische Dualismus wird so auf zweifache Weise ausgeschlossen: Erstens gibt es außer Gott kein zweites absolutes oder gar gegengöttliches Sein, das einen in sich bestehenden Selbst-Stand hätte. Zweitens: Alles Seiende ist von Grund seines Bestehens aus von Gott her und auf Gott hin. Der letzte Gedanke scheint neuplatonische Geistesverwandtschaft (*Proklos, Ps. Dionysius*) zu verraten. Man vergesse aber nicht, daß er in der Konsequenz der Lehre von der acceptatio liegt, die seit *Duns Scotus* über *Ockham* zu einem Herzstück franziskanischer Theologie wurde. Die Akzeptationslehre ist ein Zeugnis füt Gottes Umgang mit seinem Geschöpf in der Weise einer unmittelbaren Hinwendung. Dabei werden alle Möglichkeiten ausgelotet, auch die Widersprüche bis hin zu der Versuchung zum Gotteshaß[434]. Aus einer anderen Bemerkung können wir jedoch folgern, daß Gott es zu dieser äußersten Erfahrung nie kommen läßt, da er sein Geschöpf liebt und vor der Verzweiflung bewahren will.[435] Gott kann zwar, wie *Holcot* es darstellt, dem Geschöpf etwas offenbaren, was dieses in die Versuchung zum Gotteshaß hineintreibt; doch seine Liebe zu dem Ge-

[432] Ebd.
[433] S.o. S. 86.
[434] S.o. S. 92f.
[435] Ebd. Auf Chatton und Crathorn blicken wir hier nicht mehr zurück, weil sie für die nun angesprochene Thematik nur bedingt oder kaum relevant sind.

schöpf, insbesondere zum Menschen, wird ihn bewegen, dies nicht zu tun. Wer so schreibt, sieht die Relation zwischen Gott und dem Menschen auf der Ebene personaler Begegnung.

4.2.4 Exkurs: ‚*Marcion*'

Das wachsende Interesse an der Philosophie (und Theologie) des Mittelalters ist sicher zu begrüßen.[436] Doch fordert es auch eine methodische Rückbesinnung heraus. Bei allem Fortschritt in den Forschungsmethoden sollte man auch darauf achten, der geistesgeschichtlich bedingten Eigenart einer anderen Epoche gerecht zu werden. Ich verweise hier nur auf ein Beispiel der Verfremdung durch die marxistische Mittelalterforschung.[437]

Von anderer Seite her – die freilich nicht mit der eben genannten ‚Forschung' in Vergleich zu setzen ist – wurde die theologische Reflexion, die den christlichen Glauben „von *Augustinus* bis zur Hochscholastik" (*Blumenberg*)[438] man sollte ergänzen: bis zur Gegenwart – begleitet, als Abwehrkampf gegen die Gnosis charakterisiert. *Adolf von Harnack* hat die abendländische Theologie als Anstrengung gewürdigt, die Welt als Schöpfung Gottes zu rechtfertigen und damit vor einer gnostischen Dämonisierung zu bewahren. Angesichts der Rolle, die der antiken und arabischen Philosophie in der scholastischen Theologie zufiel, ist eine solche Charakterisierung verständlich. *Harnack* geht aber noch einen entscheidenden Schritt weiter mit seiner These, daß „der Katholizismus gegen *Marcion* erbaut worden ist."[439] *Hans Blumenberg* hat diese These aufgenommen und hinzugefügt: „Die Welt als Schöpfung aus der Negativierung ihres demiurgischen Ursprungs zurückzuholen und ihre antike Kosmos-Dignität in das christliche System hinüberzuretten, war die zentrale Anstrengung, die von *Augustinus* bis zur Hochscholastik reicht."[440] Über diese Feststellung macht *Blumenberg* jedoch einen weiteren Schritt hinaus in Richtung einer

[436] Als Beispiel verweise ich auf den 10. Internationalen Kongreß für mittelalterliche Philosphie in Erfurt vom 25.–30. August 1997, durchgeführt von der Société Internationale pour L'Étude de la Philosophie Médiévale. Beteiligt waren daran über 500 Fachgelehrte aus aller Welt, darunter besonders auffallend die Teilnehmer aus der jüngeren Generation.

[437] Vgl. H. Ley, Zur Geschichte des Materialismus im Mittelalter. Es sei ausdrücklich betont, daß es nicht um Fragen des Inhaltes geht, sondern der methodischen Konvenienz, wobei allerdings mindestens für das genannte Beispiel eine Relation zwischen Methode und Inhalt zu berücksichtigen ist.

[438] Vgl. Anm. 440.

[439] Vgl. A. Harnack, Marcion, 7 (vgl. Anm. 233).

[440] Vgl. H. Blumenberg, Säkularisierung, 150 (vgl. Anm. 232).

einschneidenden, grundsätzlichen Kritik, indem er diesen Versuch, die Gnosis im allgemeinen und *Marcion* im besonderen zu überwinden, für die mittelalterliche Kirche und ihre Theologie als gescheitert erklärt.[441]

Diese Kritik fordert eine dreifache Antwort heraus, deren Argumente den Ausführungen der vorliegenden Studie entnommen werden können. (1) Erstens erhebt sich die Frage, ob die formal methodischen Voraussetzungen der *Harnack – Blumenberg* – These so stimmen. Zweitens und drittens ist ihre Anwendung (2) auf die Philosophie und (3) auf die Theologie jeweils vom Inhalt her problematisch.

(1.) Was den methodischen Ansatz betrifft, ist zu erinnern, daß *Harnack* wie *Blumenberg* das Phänomen ‚Gnosis und Frühchristentum' nur mit den Maßstäben des Historikers beurteilt. Gewiß sind die Regeln der Geschichtsforschung von durchgängiger Gültigkeit, ob diese sich auf dem Gebiet der Profangeschichte, der Kirchengeschichte oder der Heilsgeschichte bewegt. Doch haben darüber hinaus bestimmte Gebiete ihre eigene Dimension, der sich das Gewissen des Historikers zu stellen hat. Dies gilt hier für die Heilsgeschichte, in der es nicht nur um geistesgeschichtliche Entwicklungen geht, sondern um das lebendige Drama der Gottesbegegnung mit dem Menschen. Es gehört zum Fortschritt der Theologie in der Gegenwart, daß die heilsgeschichtliche Komponente einen festen Platz erhalten hat. Wie zugeschnitten für unser Problem ist sie in dem Lebenswerk des Theologen *Hans Urs von Balthasar* thematisiert, der das Wirken Gottes mit und um den Menschen in der Schöpfung und Erlösung unter dem Titel der Theodramatik zusammengefaßt hat.[442] Da es sich hier nicht nur um eine theoretische Erkenntnis handelt, selbst wenn wir diesen Begriff in der tiefen Bedeutung der antiken Theoria verstehen, sondern um lebendiges, zu verantwortendes Handeln, etwa im Sinne der aristotelischen Praxis, bedarf das ‚Erkennen' einer ständigen Begleitung in einer Rückbindung an das Handeln und Geschehen. Dies erfordert die Redlichkeit der Methode.

(2.) In dieser Weise kommt auch der Gegenstand sachgerecht in den Blick. Gut und Böse, diese beiden ‚Mächte' des göttlichen – menschlichen Dramas, sind nicht in den Dingen selbst, in deren ‚Natur', sondern treten erst im Umgang des geschaffenen Geistes mit Gott und mit Gottes Schöpfung auf. In dieser Überzeugung (vom privativen Charakter des Bösen) gibt es eine bemerkenswerte Konver-

[441] Vgl. ebd.

[442] Vgl. dazu das Werk des indischen Theologen James Naduvilekut, Soteria als Gottesdrama im Werk Hans Urs von Baltharsars. St. Ottilien 1987. Ferner mein Artikel: Soteria als Theodrama, ThLZ 114 (1989) 241–250.

genz zwischen Philosophie und Theologie. *Aristoteles* schrieb dem Bösen keine eigene ontische Realität zu[443], obwohl er dessen Existenz mit drastischen Worten ausgesagt hat: Es gibt „also nicht nur Ordnung und Schönes, sondern auch Unordnung und Häßliches, und mehr Schlechtes als Gutes, und mehr Häßliches als Schönes."[444] Die Wirkmacht des Bösen sieht *Aristoteles* im Bereich der Erkenntnis. In Buch V der Metaphysik argumentiert er in dieser Richtung, wo er über das ‚Quale' handelt. „Gut und schlecht bezeichnen vorzugsweise ‚Qualia' bei beseelten Wesen, und unter diesen am meisten bei jenen, denen Auswahl und Entschluß zu eigen ist."[445] Zu beachten ist, daß diese Aussagen zum privativen Charakter des Bösen (Schlechten) in der Metaphysik stehen, also in der Seinslehre. Noch eine markante Stelle aus dem VIII. Buch sei zitiert: „Andrerseits ist beim Schlechten Endziel und Verwirklichung schlechter als das Vermögen allein. Denn dasselbe Vermögende ist vermögend zu beiden Gegenteilen. Offenbar gibt es also kein Schlechtes bei den Sachen; denn der Natur nach ist das Schlechte später als das Vermögen."[446]

Zu diesen philosophischen Aussagen konvergiert jener biblische Text, der am Anfang der Heilsgeschichte auftaucht und in dem der Mensch gewarnt wird, vom ‚Baum der Erkenntnis' zu essen (Gen 2,17). Dem Philosophen wird durch dieses biblische Bildwort bestätigt, daß Gut und Böse dem Menschen erst in der Einsicht aufgehen. Zugleich nimmt dieses Wort im Kontext der ihm folgenden Schriftverse die Lösung der schicksalschweren Frage, warum denn die göttliche Weisheit den Menschen mit der Fähigkeit zu einer Einsicht ausstattete, die ihm zur tödlichen Gefahr wurde[447], dem Philosophen aus der Hand und verweist uns auf eine Reflexion darüber, was Gott nun mit diesem seinem Geschöpf anfing. Nun ist die Theologie gefordert. Der Genuß der verbotenen Frucht hat die ‚Theodramatik' auf den Plan gerufen, eine neue Art von Reflexion, die das Drama von menschlicher Schuld und göttlicher Erlösung zum Inhalt hat, dessen

[443] Vgl. o. S. 36, dort auch die Aristoteles-Stellen über die privative Natur des Bösen.

[444] Aristoteles, Met. I, c.4 (984 b 31–985 a 2).

[445] AO, V, c.14 (1020 b 23–25).

[446] AO, IX, c.9 (1051 a 15–18).

[447] Vgl. Gen 2,17 (in deutscher Übersetzung, Lutherbibel Ausg. Berlin 1977): „Aber vom Baum der Erkenntnis des Guten und Bösen sollst du nicht essen; denn an dem Tage, da du von ihm issest, mußt du des Todes sterben." (Übersetzung Rießler/Storr, Mainz 1934): „Nur von dem Baume, der Gutes und Böses kennen lehrt, darfst du nicht essen. Denn sobald du von ihm issest, bist du des Todes."

tiefster Sinn mit reiner Vernunftreflexion nicht zu erhellen ist. Dies gilt es kritisch zu bedenken angesichts einer Religionswissenschaft, die den Lauf der Geschichte allein immanent historisch aufzuarbeiten sucht. Sie kann den religiösen und damit verbunden ethischen Tiefendimensionen nicht gerecht werden; ihre Konstrukte, die allzu glatt aufgehen, entpuppen sich als Scheinlösungen. Die *Marcion* – Deutung von *Harnack* und *Blumenberg* dürfte dafür ein Beispiel sein, so wenig damit die exakte wissenschaftliche Leistung dieser Autoren in Frage gezogen wird. *Marcion* allein gab nicht den Impuls für die theologische Argumentation der Scholastik. Viel zu deutlich kam dieser aus einem biblisch-theologischen Gottesglauben und Weltverständnis. Dies gilt auch für die Spätscholastik. Im Blick auf die Quellen und ihre Auswertung ist uns gerade die Aussage über die Gutheit Gottes und die aus ihr hervorgehende Liebe zu den Geschöpfen oft begegnet[448], in einer Theologie, die sich ihrer Angewiesenheit auf die biblische Offenbarung bewußt ist und dies ständig zum Ausdruck bringt. Ein Zeugnis für die Überzeugung von der Gutheit der Schöpfung ist schließlich die scholastische Naturphilosophie, die nicht nur von den Magistern der Artistenfakultät gepflegt wurde; auch die Theologen benutzten sie für ihre Argumentation. Es ist ein indirektes Zeugnis, aber vielleicht gerade deshalb besonders eindrucksvoll. Eine ‚böse', von einem Demiurgen gezauberte Welt hätte bei den christlichen Theologen wohl kaum in solch großem Maße zum Objekt und Paradigma ihrer Forschung werden können. Erst recht hätte sie ihnen nicht als Arsenal ihrer theologischen Argumentation gedient, ein Zeugnis, das für ihre Überzeugung von der Gutheit der Schöpfung schwerer wiegt.[449] Dabei ist genau zu unterscheiden: Diese Gutheit wird von ihnen nicht erst bewiesen oder (gegen gnostische Leugner oder Zweifler) verteidigt, sondern schlicht vorausgesetzt und unbekümmert um ein ‚gnostisches Syndrom' theologisch eingesetzt.

Das mit dem Stichwort ‚Marcion' aufgeworfene Problem rührt letzten Endes an den Grundlagen der Ethik. Dies soll zum Abschluß dieses Abschnittes wenigstens kurz aufgezeigt werden. Differenzierung ist auf dem nun geforderten Beweisweg das wichtigste Instrument. *Thomas Aq.* zeigt sich hier als Meister. Auf dem Felde der philosophischen Ethik, die als eine Propädeutik für die Lehre von der Gutheit Gottes und seiner Schöpfung dienen kann, geht er genau differenzierend vor. Wer ihn wirklich verstehen will, muß diesen Differenzierungen treu folgen. *Wolfgang Kluxen* hat die Relationen zwischen dem erstreb-

[448] Vgl. o. S. 19, 26, 28, 69, 90, 110.
[449] Vgl. o. S. 33, 37, 86.

ten einzelnen Guten und dem transzendentalen Guten und schließlich dem höchsten Guten bei *Thomas Aq.* dargestellt.[450] Das Streben nach dem einzelnen Guten wird bei jedem Geschöpf davon motiviert, die ihm zukommende Verwirklichung des Seins zu erreichen. Im menschlichen Streben nach Seinsverwirklichung wird das höchste Gut zum Ziel. „Das höchste Gut geriet ins Blickfeld der Frage nach dem äußersten Seinkönnen, weil es höchster Gegenstand eines menschlichen Tuns, des höchsten menschlichen Tuns ist."[451] Doch das Wissen um dieses höchste Tun ist nicht Frucht der Erfahrung im einzelnen sittlichen Handeln, sondern wird in der metaphysischen Reflexion gewonnen. „Das Gut und Böse, das im jeweiligen Handeln erscheint und um das schon die allgemeine sittliche Erfahrung und Tradition weiß, trägt diesen Verweis nicht an sich selbst ..."[452] Der praktische Bereich des menschlichen Handelns unterliegt der Ethik; ihre Aufgabe ist es, die Normen und Regeln aufzustellen und zu begründen, nicht jedoch die Aufgabe der Metaphysik.

Diese von *Kluxen* aus der Summa Theologiae des hl. *Thomas* (I-II) erhobenen Grundsätze setzen Maßstäbe der Kritik von einer Seite her: von dem Verhältnis von Metaphysik und Ethik. Pseudospiritualistische, schwärmerische Lehren vom Sein der Schöpfung verfälschen die Regeln und Verhaltensweisen der Menschen. Umgekehrt sind falsche Verhaltensweisen ein Zeugnis für eine falsche Grundlehre. „Die metaphysische Betrachtungsweise hat das im praktischen Bereich Erscheinende gelten zu lassen, hat es zu interpretieren, wie es vorliegt; eine Metaphysik, die den praktischen Bereich nicht unverkürzt sein läßt, kann nicht wahr sein. ... Umgekehrt muß aber eine falsche und verkürzte Ethik als Indiz für einen metaphysischen Irrtum genommen werden ..."[453] Ein Denkentwurf, der notwendige Regeln solcher Differenzierung vernachlässigt, kann in Ideologieverdacht geraten.

Das Stichwort ‚Differenzierung' hat auch in anderer Richtung eine erschließende Funktion, nämlich für die geschichtliche Rückschau auf die Relationen zwischen Theologie und Philosophie, zwischen Glaube und Kultur. Diese waren, wie sich leicht zeigen läßt, von den Anfängen ihrer Geschichte bis zur Gegenwart ambivalent. *Klemens von Alexandrien* startete in der Patristik das Unternehmen, unter dem Begriff des Logos die antike Weisheit dem christlichen Offenbarungs-

[450] Wolfgang Kluxen, Philosophische Ethik bei Thomas von Aquin. Mainz 1964, bes. Abschnitt: Gut und Böse, 166–187.
[451] Ebd., 169.
[452] Ebd.
[453] Ebd., 170.

glauben nahezubringen.[454] Doch sah er dabei auch die Grenzen menschlichen Weisheitsstrebens. „Man muß durch Christus die Wahrheit erlernen, um gerettet zu werden."[455] Von der anderen Seite hat in der gleichen Epoche *Tertullian* seine Stimme erhoben, um vor einer Veruneigentlichung des christlichen Glaubens durch die ‚heidnische' Philosophie zu warnen.[456] Diese geistige Gegnerschaft hat bis in die Neuzeit immer wieder das Interesse der Gelehrten gefunden und zu heftigen Kontroversen geführt. Das Werk von *Johannes Bernard*[457], aus dem hier zitiert wurde, gibt uns eine zuverlässige Unterrichtung über die Quellen und ihre Beurteilung im Laufe der Geschichte. Zum Abschluß verweise ich nur noch auf ein Beispiel der Scholastik. Es war *Robert Holcot*, der in seinem Werk die Dialektik von Assimilation und Gegensätzlichkeit in der Glaubensreflexion zum Ausdruck brachte, und zwar sowohl in der Methode durch die Warnung, nimis logice loquendum, wie in der Sache durch sein Veto gegen die Lehre des *Averroes*[458]: ein Kontrast zu den kritisch-assimilierenden Magistern, die uns durchgängig in der Geschichte der Scholastik begegnen.

5. *Forschungsgeschichtliche Erinnerungen.*

Für die Beurteilung eines Abschnittes der Geschichte ist nicht nur das Bemühen um die sachgerechte Eruierung der Quellen entscheidend. Es ist auch erforderlich, den geistigen Horizont zu bedenken, in dem der Historiker steht und aus dem er seine Forschung betreibt. Besonders interessant sind solche Überlegungen, wenn ein Forschungsvorhaben über einen größeren Zeitraum ausgeführt wird und in diesem Fall einer geschichtsbedingten Wandlung unterliegt, also selbst zur Geschichte wird.

[454] Vgl. Johannes Bernard, Die apologetische Methode bei Klemens von Alexandrien. Leipzig 1968.

[455] Ebd., 45; Klemens von Alexandrien, Stromata V, 87,1.

[456] Vgl. Tertullian, De praescriptione haereticorum VII,17–18 (PL 2,20f.): „Was haben Athen und Jerusalem miteinander zu tun, die Akademie und die Kirche?"; vgl. Bernard, aO, 30.

[457] Vgl. Anm. 454.

[458] Vgl. F. Hoffmann, Die theologische Methode, 146: Grenzen der Logik. Zitiert wird Sent. IV, q.3 (Ink.fol.m VIII va 26f.): „Pro quo sciendum quod non est nimis logice loquendum in ista materia (sc. de praesentia Christi in eucharistia)." Holcot über Averroes vgl. Hoffmann, aO, 11; 104f.; 375f.; Anm. 226. Holcot, Quaestio quodl. „Utrum Theologia sit Scientia", ed. v. J. T.Muckle, C.S.B. MS 20 (1958) 127–153, 144–146.

5.1 Der Wandel in der Forschungsgeschichte

Meine eigene mediävistische Arbeit setzte vor etwa sechzig Jahren bei der *Ockham*-Kritik des Oxforder Kanzlers *Johannes Lutterell* ein. Sie vollzog sich im Horizont thomistischen Denkens. Dies gilt auch von meiner Dissertation, die diesem Thema gewidmet war.[459] Mein akademischer Lehrer war *Josef Koch*, der nach dem zweiten Weltkrieg das *Thomas*-Institut an der Universität zu Köln gründete, das er als erster Direktor viele Jahre leitete. *Koch* war überzeugter Thomist und hatte als solcher einen weiten und kritischen Blick über die Theologie und ihre je unterschiedliche Gestalt in der wechselhaften Geschichte. Den angesehenen[460] und kritischen Magistern[461] der Scholastik galt seine Forschung, darüber hinaus der Eruierung von Prozeßakten über Glaubensfragen[462], deren Bedeutung für die Geschichte des Glaubens und der Theologie er scharfsinnig differenzierend nachging. Ein Zeugnis für seine weitschauende und nach vorwärts drängende Theologie ist sein Artikel ‚Scholastik' im RGG[463], aus dem ich nur folgende Sätze zitiere: „Die Unterscheidung von Früh-, Hoch- und Spätscholastik ... ist ein Schema, das man nur mit aller Vorsicht verwenden sollte. Von den Anfängen scholastischer Wissenschaft führt ein kontinuierlicher Weg zu den großen Theologen des 13. Jahrhunderts. Wie es aber eine falsche Vereinfachung wäre, sie aus ihrer vielgestaltigen Umgebung herauszulösen, so ist es nicht minder unberechtigt, mit *Duns Scotus* oder *Ockham* die Spätscholastik zu beginnen und bei beiden nach Zeichen der Auflösung oder des Niedergangs zu suchen. Der kritische Geist, der sie und ihre Schüler beseelt, ist durchaus scholastisch."[464] Eine solche Aussage bedeutet mit anderen Worten

[459] Fritz Hoffmann, Die erste Kritik des Ockhamismus durch den Oxforder Kanzler Johannes Lutterell. Breslau 1941; vgl. o. Anm. 3.

[460] Unter den Editionen ragt hervor: Meister Eckhardt. Die deutschen und lateinischen Werke. Vor mir liegt der Band: Sermones, hg. v. Josef Koch, Ernst Benz und Bruno Decker. Stuttgart 1956.

[461] Genannt seien hier nur: Josef Koch, Durandus de S. Porciano O.P. Forschungen zum Streit um Thomas von Aquin zu Beginn des 14. Jahrhunderts. 1. Teil: Literargeschichtliche Grundlegung. BGPhMA Bd. 26. Münster 1927.

[462] Ders., Der Prozeß gegen die Postille Olivis zur Apokalypse. RThAM V (1933) 302–315; ders., Der Prozeß gegen den Magister Johannes de Polliaco und seine Vorgeschichte (1312–1321). Ebd. 391–422; ders., Neue Aktenstücke zu dem gegen Wilhelm von Ockham in Avignon geführten Prozeß. RThAM VII (1935) 353–380; VIII (1936) 79–93; 168–197.

[463] Vgl. ders., Scholastik, RGG V ([3]1961) 1494–1498.

[464] Ebd., 1497.

gesagt: *Josef Koch* öffnet von einer ungebrochenen (thomistischen) Tradition her das Tor zu weiterführenden Wegen scholastischer Theologie und scholastischer Methodik.

In dieser Art und Weise, die Probleme der geschichtlichen Entwicklung anzugehen, zeigt sich ein charakteristischer Zug der Forschung in der Zeit der sechziger Jahre. Auf ein weiteres Beispiel in den Reihen der franziskanischen Theologen sei noch hingewiesen. *Gedeon Gál*, O.F.M., der Mit-Herausgeber der Werke *Wilhelms von Ockham* ist, legte 1969 einen Artikel über *Johannes Reading* und dessen Lehre über die ‚species in medio' vor.[465] Der erste Teil[466] bringt eine Einführung in die Diskussion über das Für und Wider zu der species-Lehre, die *Gál* mit einer kurzen, präzisen Darstellung der Lösung einleitet, die *Thomas von Aquin*[467] bietet und die er ausdrücklich lobt.[468] Im weiteren Verlauf wird der Leser mit dem Problem der Quellen bekannt gemacht, das sich bei der Diskussion über die species in dem Dreieck *Scotus – Ockham – Reading* herausstellt, weil nach den Forschungen *Gáls* noch ein vierter, anonymer Magister im Hintergrund mitspielt[469], der vor *Ockham* die Fictum-Theorie vertrat. Festzustellen ist der Übergangscharakter dieser Diskussion damals.[470] In analoger Weise können wir in der mediävistischen Forschung der sechziger Jahre von einem Übergang sprechen. Nicht nur werden neue Themen dieser weitgefächerten Disziplin diskutiert. Auch das Urteil über die wissenschaftlichen Leistungen jener Epoche wandelt sich. Dank einer ausgedehnten Arbeit an den Quellen erscheinen die Sprachtheorie der Scholastik, ihre Logik und Semantik in einem neuen Licht. Dies gilt auch von der Philosophie und ihren damals zugeordneten Disziplinen wie Ethik, Naturphilosophie und Mathematik. Dazu kommt ein wachsendes, oft auch neues Verständnis für die legitime Verschiedenheit der einzelnen philosophischen und theologischen Schulen und Richtun-

[465] Gál, Quaestio Johannis de Reading de necessitate specierum intelligibilium. Defensio doctrinae Scoti. FrS 29 (1969) 66–156.

[466] Ebd., 66–77.

[467] Ebd., 68.

[468] Ebd., 67: „Doctrinam de speciebus, tam sensibilibus quam intelligibilibus, Thomas Aquinas, vestigia Aristotelis premens, plane atque accurate elaboravit."

[469] Vgl. ebd., 73; vgl. dazu die Bemerkung zur Datierung der Quellen, (ebd., 67): „Relatio inter Ockham et Reading novo sub aspectu apparet, postquam compertum est, scriptum Johannis de Reading Venerabili Inceptori prius notum fuisse quam vice versa. Reading igitur, sive Oxonii sive alibi, prius terminavit primam lectionem Sententiarum quam Ockham eam inciperet."

[470] Vgl. Tachau, aO, 439.

gen. Eingeschliffene Vorurteile weichen einer Umbesinnung im Urteil. In der Theologie können wir dies am Begriff des ‚Nominalismus' beobachten. In dem mit dieser Überschrift versehenen Artikel im LThK (^{2}1962)[471] übt *Johann Auer* zwar Kritik an gewissen negativen Auswirkungen des Nominalismus auf theologische Gebiete, gibt jedoch zu erwägen, „daß im Nominalismus eine tief fromme Theologie geschrieben wurde (*H. Totting von Oyta, Gabriel Biel* und viele vor allem deutsche Nominalisten), während zur selben Zeit die Theologie in der alten Schule zuweilen zu einer unfrommen Metaphysik zu werden drohte ..." Das Stichwort ‚Nominalismus' wurde hier als Ausgangspunkt gewählt, weil es eine übergreifende Bedeutung sowohl in der Philosophiegeschichte des Mittelalters wie in der Geschichte von Glaube und Frömmigkeit vom Frühmittelalter bis zur Reformation hat. Hier geht es mir nicht um eine Darstellung der gesamten Entwicklung, für die bereits zahlreiche Einzeldarstellungen vorliegen. Im Hintergrund dieser kritischen Auseinandersetzungen vollzog sich ein Wechsel der Urteilsschemata, worauf ich hier den Leser aufmerksam machen möchte, wobei ich stets in einer Rückbeziehung auf die Darlegung im Teil I („Die Quellen") stehe, auch wenn dies nicht jedesmal hervorgehoben wird.

5.2 Logik und Philosophie

Beginnen wir mit der Philosophie, und zwar mit der Logik und Sprachtheorie. Wie sehr sich die Einschätzung der scholastischen Logik gewandelt hat, zeigt ein Rückblick auf die lange Zeit als Standardwerk geltende ‚Geschichte der Logik im Abendlande' von *Carl Prantl*.[472] Den Leser stellt dieses Werk heute vor ein Dilemma: Die mit Fleiß und einem unglaublichen Umfang von Kenntnis vorgelegte Quellensammlung erfordert höchste Anerkennung. Die Beurteilung ihres Wertes und ihrer Bedeutung für die Geschichte der Logik durch *Prantl* ist jedoch nicht frei von einem Ressentiment gegenüber dem Mittelalter und manchmal (infolge davon?) auch sachlich falsch. Nur auf ein Fehlurteil sei hier hingewiesen: Die Herleitung der Summulae logicales des *Petrus Hispanus* und der darin enthaltenen Suppositionslehre aus der byzantinischen Logik. In der geschichtlichen Wirklichkeit verhält es sich genau umgekehrt: Das Werk von Papst *Johannes XXI.* diente als Vorlage für eine griechische Übersetzung.[473]

[471] Johann Auer, Nominalismus, LThK 7 (^{2}1962) 1020–1023.

[472] Mir liegt vor die Ausgabe Carl Prantl, Geschichte der Logik im Abendlande. Berlin 1955 (Photomechanischer ND der Ausgabe von 1855).

[473] Vgl. ebd., I, 658; II, 266f. Dazu Ueberweg/Geyer II, 456.

Wie groß der Wandel ist, der sich in der Forschung über die Logik des Mittelalters in unserem Jahrhundert vollzogen hat, soll wenigstens an einigen charakteristischen Merkmalen deutlich gemacht werden. Ich beginne mit einem ganz äußerlichen. Eine Vielzahl von Forschern widmet sich heute dieser Aufgabe. Schon eine solche Mannigfaltigkeit ist von Nutzen für die Lösung des Problems, das sich in vielfacher Gestalt stellt. Vor mir liegt das Werk von *Jan Pinborg* über „Logik und Semantik im Mittelalter.“ [474] *Pinborg* verweist gleich zu Beginn[475] auf die unterschiedliche Zielsetzung seines Werkes gegenüber der „formalen Logik“ von *Bochenski*[476], das der Darstellung der formallogischen Regeln dient, also auch jener, die dem Mittelalter bekannt waren. Er fügt aber sogleich hinzu, daß der Logiker des Mittelalters zugleich Semantiker war, dem es um Textanalyse ging. Wer dies nicht beachtet, vernachlässigt ein entscheidendes Merkmal der mittelalterlichen Logik. Zwei Motive trieben sie zur Semantik: ein philosophisches und ein geschichtliches. Die Philosophie ging im Mittelalter von Autoritäten und deren Werken aus, die genau zu analysieren waren. Zwar lag das logische Instrumentarium bei *Aristoteles* bereit, doch begnügten sich die Gelehrten des Mittelalters nicht mit dessen Übernahme, sondern unterwarfen es einer textkritischen Kontrolle und inhaltlichen Ptüfung. Dazu trat ein drittes, theologisches Motiv durch die Tatsache, daß christliche Theologie sowohl von ihrem Ursprung her, der Bibel als ‚Wort Gottes“, als auch für die Aufgaben der Glaubensreflexion einen sorgfältigen und kritischen Umgang mit Wort und Aussage forderte. Die gröbste Verkennung der Logik im Mittelalter bestünde darin, sie als spitzfindige Spielerei abzutun. Vielmehr hat die Aufgabe der genauen Analyse der Aussage den scholastischen Philosophen und Theologen immer wieder in den Bann gezogen. „Die Logik war ja für das Mittelalter die Lehre von der Wahrheit und Falschheit der Sprache. ...“[477] Aus diesem übergreifenden Interesse ist die Fülle des Materials zu erklären, das bis heute nur zum Teil ediert und auch in den vorliegenden Editionen noch nicht systematisch aufgearbeitet worden ist.[478]

Logische Rückbesinnungen begleiten ständig die theologische Reflexion, wie sich im ersten Teil („Die Quellen“) gezeigt hat. Daran sollte gedacht werden, wenn wir vor Texten stehen, in denen die

[474] Jan Pinborg, Logik und Semantik im Mittelalter. Stuttgart/Bad Cannstatt 1972.

[475] Ebd., 11.

[476] J. M. Bochenski, Formale Logik. Freiburg/München 1956.

[477] Pinborg, Logik, 12.

[478] Vgl. ebd.

Theologie von der Sprachtheorie jeder Art ständig begleitet wird und öfters sogar in deren Schatten steht. Ich erinnere an ein schon früher genanntes Motiv: die übergreifende Einwirkung der Theologie auf sachlich unterschiedene Objekte und Disziplinen. Theologen übernahmen im Mittelalter Aufgaben in Wissensgebieten, die über ihr Fachgebiet hinausführten.[479] Sie schufen sich das dafür erforderliche Rüstzeug mit erstaunlicher Sicherheit selbst. Andererseits hatten jene von der Theologie spezifisch unterschiedenen Sachgebiete, wenn sie mit ihr in Berührung kamen, ihre Rückwirkungen auf die Theologie, wie wir dies in methodischer Hinsicht bei den Calculationen kennenlernten.[480]

Die Beobachtung solcher gegenseitigem Wechselwirkungen von Methode und Sachverhalt ist nicht nur interessant, sondern einfach notwendig zur sachgerechten Beurteilung eines geschichtlichen Vorganges. Der Nominalismus möge uns hier als Beispiel dienen, nicht nur im Hinblick auf seinen Inhalt, der ja seit seinem Auftreten eine variable Geschichte aufweist, sondern auch im wechselhaften Gebrauch seines Begriffes.

Der Begriff ‚Nominalismus' ist bis in die Gegenwart hinein mit einem negativen Sinn belastet. Auf philosophischem Gebiet wirft man dem Nominalismus die Zerstörung der klassischen Metaphysik vor. Auf theologischem Gebiet habe er sich in der Scholastik negativ in den Hauptlehren des christlichen Glaubens ausgewirkt: „Glaube und Wissen, die im Thomismus fast bis an die Grenze der Entspanntheit harmonisiert erscheinen, werden im Nominalismus bis zum Zerreißen getrennt. ... Dabei werden viele ‚Beweise' der Hochscholastik aufgelöst (z.B. für das Dasein Gottes, die Unsterblichkeit der Seele, die Transsubstantiation u.a.), und die Autorität der Schrift wie der Kirche erhält ein neues Gewicht."[481] Unter den Theologen ist es *Wilhelm von Ockham*, der als Initiator dieser (Fehl-)Entwicklung bezeichnet wird. In der Mitte unseres Jahrhunderts war es vor allem *Philotheus Boehner*[482], der eine sachgerechte Beurteilung *Ockhams* anmahnte, nachdem bereits *Erich Hochstetter* in dieser Richtung plädiert hatte.[483] Bedenkenswert ist jedoch, daß *Boehner* bei seinem Eintreten für *Ock-*

[479] Vgl. o. S. 134ff.

[480] Vgl. o. S. 17.

[481] Auer, Nominalismus, 1022 (s. Anm. 471).

[482] Vgl. Philotheus Boehner, The realistic conceputalism of William Ockham. Traditio 4 (1946) 307–335.

[483] Vgl. Erich Hochstetter, Studien zur Metaphysik und Erkenntnislehre Wilhelms von Ockham. Berlin/Leipzig 1927. Zu dem Problem vgl. Fritz Hoffmann, Nominalismus, HWP 6, hg. v. Joachim Ritter/Karlfried Gründer (1984) 874–884, 875.

ham den Vorwurf des Nominalismus gegen dessen Erkenntnislehre zurückwies und durch den Begriff des ‚realistischen Konzeptualismus' ersetzte."[484] Ohne auf eine Sachanalyse einzugehen, soll dieser Hinweis nur noch einmal die negative Einschätzung des Nominalismus-Begriffes ins Gedächtnis rufen, selbst bei *Boehner*. Dennoch haben seine Arbeiten zu einer Umbesinnung entscheidend beigetragen.

Diese Umbesinnung setzt – etwas vereinfachend gesagt – im Methodischen ein. Schon in meiner Edition der Schriften *Lutterells*, des Anklägers *Ockhams* in Avignon, bin ich dafür eingetreten, ‚Nominalismus' als eine Art Arbeitsbegriff zur Kennzeichnung einer geistesgeschichtlichen Richtung zu verwenden, ohne damit eine Einschätzung zu verbinden.[485] Bereits *Hochstetter* trat in vorsichtiger Weise dafür ein, gestützt auf das Urteil von *M. Baumgartner* und *Ehrle*.[486] Das entscheidende Argument hat jedoch, wie mir scheint, *Jan Pinborg* vorgelegt, der die Begriffsbestimmung von Nominalismus sowohl von der Logik und Semantik wie von der Ontologie her anging. Sein Werk „Logik und Semantik im Mittelalter"[487] wird entgegen der bescheidenen Zurückhaltung des Autors[488] auch für die Zukunft als eine gediegene Einführung in die scholastische Logik, ihre Quellen und ihre Wirkungsgeschichte ihren Wert behalten.

Zu Beginn des 5. Kapitels: „Die Logik der Spätscholastik"[489], zeichnet *Pinborg* mit wenigen, markanten Strichen das Bild der nominalistischen Logik: Nominalismus ist nicht gleichzusetzen mit dem Gebrauch der formalen Logik.[490] Mit Beginn des 14. Jahrhunderts „kehrt

[484] Vgl. Anm. 482.

[485] Vgl. Hoffmann, Die Schriften ..., 204 (s. o. Anm. 3). Ich muß allerdings zugeben, daß ich in meiner Monographie über Robert Holcot (vgl. Anm. 3) den ‚Nominalismus' dieses Magisters allzu bereitwillig entschärft habe, worauf bereits Werner Dettloff in einer Rezension hingewiesen hat [ThLZ 5 (1973) 380]. Ich hatte das gleiche Motiv für Holcot wie Philotheus Boehner für Ockham.

[486] Vgl. Erich Hochstetter, Nominalismus? FrS 9 (1949) 370–403, bes. 370; Hoffmann, Nominalismus, HWP 6, 875; vgl. o. Anm. 483.

[487] Vgl. Anm. 474.

[488] Pinborg, Logik, 9 (Vorwort): „Dieses Buch geht auf Vorlesungen zurück, die ich im Frühling 1968 an der Universität Kopenhagen und im Wintersemester 1970/71 an der Christian-Albrechts-Universität zu Kiel gehalten habe. ... Ich hoffe, daß die neue Reihe ‚Grammatica speculativa', die in diesem Verlage erscheinen wird, bald dazu beiträgt, daß dieses Buch veraltet wird."

[489] Vgl. ebd., 127.

[490] In die Nähe einer solchen Gleichsetzung rückt der Titel des an sich verdienstvollen Werkes von G. White, Luther as Nominalist (vgl. Anm. 396).

man zur extensionellen Betrachtung der Logik zurück". *Wilhelm von Ockham* entwickelt mit Konsequenz ein nominalistisches System der Logik. Dieses entspricht adäquat der Ontologie *Ockhams*: „Außerhalb des Intellektes gibt es nur individuelle Gegenstände mit individuellen Eigenschaften."[491]

Die Kennzeichnung dieser Ontologie als „Metaphysik des Einzelnen" ist nicht neu.[492] *Pinborg* legt uns hier aber eine Zusammenschau der Philosophie *Ockhams* vor, in der die abwertende Einstufung des Nominalismus aufgehoben wird. Wo die extensionelle Betrachtung und die ihr entsprechende Satzlogik Instrument des wissenschaftlichen Beweises wird, verliert die intensionelle Logik, die Begriffslogik, ihre Bedeutung. Beide Logiken bewegen sich in einer je „anderen Welt". Die extensionelle Logik hat es mit einem „Kalkül der Begriffe" zu tun, „das für die sinnliche Welt anwendbar ist" – d.h. deren Realerkenntnis dient – „aber der intelligiblen Welt, in der intensionelle Züge entscheidend sind, nicht gerecht werden kann."[493] Nun finden wir in der neuplatonischen Logik einen Modus des Sagens und Denkens, in dem die Begriffe eine Einbuße ihrer Sinntiefe erfahren. *Eriugena* gibt davon in einem Wort über die Trinität Zeugnis: „Tiefer und wahrer wird sie gedacht als in der Rede ausgesprochen, tiefer und wahrer wird sie eingesehen als gedacht, tiefer und wahrer ist sie, als sie eingesehen wird."[494] *Augustinus* hat diesen Gedanken ähnlich formuliert: „Verius enim cogitatur Deus quam dicitur et verius est quam cogitatur."[495] Solche Aussagen einer feinfühligen Analyse weisen in zwei Richtungen. Sie offenbaren einerseits ein Gespür für die Sinntiefe menschlicher Rede und menschlicher Worte, signalisieren andererseits eine letzte Verborgenheit des in der Rede angezielten Sinnes, ein Stehenbleiben beim Wort, beim Namen. In dieser Sicht zeigt sich unerwartet die Legitimität von ‚Nominalismus' mitten im neuplatonischen Denken. So läßt sich, wie *Pinborg* sagt und dabei an *Lloyd* anknüpft, „von einer ‚nominalistischen' Logik der Neuplatoniker sprechen."[496]

[491] Pinborg, Logik, 127.

[492] So schon Robert Guelly, Philosophie et Théologie chez Guillaume d'Ockham. Louvain 1947, 358 (vgl. Anm. 522); vgl. Hoffmann, Schriften, 137.

[493] Pinborg, Logik, 37.

[494] Johanni Scotti (Eriugena) Periphyseon (De divisione naturae) II, 35; 200,24ff. (Scriptores Latini Hiberniae IX) Dublin 1972. Zitiert bei Beierwaltes, Eriugena, 220.

[495] Augustinus, De Trin. VII, 4,7; vgl. Beierwaltes, Eriugena, 220.

[496] Pinborg, Logik, 37.

Die in der Vergangenheit übliche Einteilung der Erkenntnisproblematik in Realismus und Nominalismus sollte heute von anderer Seite her kritisch ‚analysiert' werden. In der Scholastik haben diese beiden Richtungen ihren noetischen Ort in der Logik, die für den scholastischen Magister nie von der Semantik getrennt praktiziert wurde (*Pinborg*!). ‚Analyse' bedeutet etwa Entflechtung. Sie ist aber nicht so sehr an den genannten Begriffen vorzunehmen, sondern an den unter ihnen begriffenen Materialien.

5.3 Unterschiedliche Logiken

In der hier vorgelegten Studie habe ich versucht, diesen Weg in konkreten Beispielen (Teil I: Quellen) und deren Analyse (Teil II: Auswertung) einzuschlagen. Wenn ich jetzt vorschlage, die Fülle der anstehenden Materialien, aus der ich hier nur einen kleinen Ausschnitt gegeben habe, in einem groben Überblick übersichtlich einzuteilen, würde ich von drei Urteilsschemata in bezug auf die scholastische Logik sprechen: die in der aristotelischen Tradition stehende intensionelle Logik (Begriffslogik), die nominalistischem Denken entsprechende extensionelle Logik (Satzlogik) und die von *Crathorn*[497] vorgetragene und von *Gregor von Rimini*[498] aufgenommene Sonderlehre vom significatum propositionis als dem eigentlichen Objekt der wissenschaftlichen Aussage. Das letzte hebe ich hier als gleichbedeutend in der Reihe der genannten Richtungen hervor, weil darin ein eigener Bereich des Sagens und Bedeutens zur Geltung gebracht wird, worin sich gewisse Züge der modernen Sprachtheorie ankündigen.[499] Diese Einteilung ist jedoch nicht exklusiv zu verstehen. Jede Art von Logik hat es mit eben den Materialien zu tun, für die eine Logik zuständig ist: Begriff, Satz, Urteil, Schluß.

Die Unterscheidung verschiedener Logiken hebt also die übergreifende Bedeutung der allgemein gültigen formallogischen Regeln für die Erkenntnis nicht auf. Formale Logik mit einem strengen Durchexerzieren ihrer Regeln ist nicht gleichzusetzen mit ‚Nominalismus'. Ferner: Nominalistische Erkenntnistheorie spielt nicht schon als solche eine negative Rolle bei der Erschließung des Seins durch das Erkennen. ‚Nominalismus' kennzeichnet eine Art des Erkennens, die

[497] Vgl. o. S. 99.

[498] Vgl. dazu F. Hoffmann, Der Satz als Zeichen der theologischen Aussage bei Holcot, Crathorn und Gregor von Rimini. MM 8, Berlin/New York 1971, 296–313.

[499] Vgl. Schepers, Holkot contra dicta Crathorn, PhJ 77 (1970) 320–354; 79 (1972) 106–136, bes. 135f.

neben anderen Arten geistiger Erschließung des Seins steht. Wo *Pinborg* mit *Lloyd* von einer ‚nominalistischen' Logik der Neuplatoniker spricht, fügt er hizu: „Eine solche Logik ist aber auf *Aristoteles* kaum widerspruchsfrei aufzubauen."[500] Heute darf man in *Ockham* den Begründer eines vollentwickelten nominalistischen Systems der Logik[501] sehen, ohne sein Ansehen als Philosoph und Theologe herabzusetzen. Wenn man in der hier vorgetragenen Kennzeichnung des Nominalismus eine Art Grundsatzentscheidung sehen will, so möchte ich dazu bemerken, daß dies nicht das erste Ziel dieser Arbeit ist, sondern vielmehr die Analyse von Einzelphänomenen der scholastischen Aussagetechnik. In diesem Zusammenhang möchte ich den Blick des Lesers auf den breiten Strom von Editionen, Gesamtwerken und Monographien lenken, die dem Spätmittelalter gewidmet sind, nicht zuletzt auch auf dem Gebiet der Logik und der Sprachtheorie. Die von *Pinborg* geäußerte Erwartung[502] ist bereits in vielfältiger Weise verwirklicht worden, ohne daß dadurch sein Buch mit seinen bahnbrechenden Anregungen veraltet ist.[503] Die Veröffentlichungen laufen in dieser zweiten Jahrhunderthälfte parallel, ergänzen einander und arbeiten sich gegenseitig zu. Ein Wandel im Schema der Beurteilung hat sich nicht nur in der Philosophie und der Theologie vollzogen, sondern auch auf dem Gebiet der Spiritualität. Dies soll hier noch in einem besonderen Abschnitt zur Sprache gebracht werden.

6. Die Spiritualität der Theologie

Als wir dem Wandel in der Beurteilung des Nominalismus nachgingen, konnten wir an die Feststellung von *Johann Auer* anknüpfen, daß es gerade nominalistische Theologen waren, die eine tief fromme Theologie betrieben.[504] Was *Auer* von Theologen des späten 14. und des 15. Jahrhunderts sagt, finden wir bereits bei *Ockham*, *Wodeham* und *Holcot*, jene Rückbindung streng theologischer Aussagen an das Argument der Gnade und der Liebe Gottes, wo immer Gott dem Geschöpf, besonders dem Menschen, gegenübersteht.

[500] Vgl. Pinborg, Logik und Semantik, 37.

[501] Ebd., 127.

[502] Vgl. o. Anm. 488.

[503] Ich erinnere nur an die Edition der philosophischen Werke Ockhams, vor allem der Summa Logicae; doch auch die Opera theologica sind eine Fundgrube grammatischer, logischer und semantischer Erkenntnisse. Vgl. o. Anm. 1.

[504] Vgl. o. Anm. 471.

Zuerst sei auf einen Text verwiesen, in dem *Ockham* gerade die Aussage über die Freiheit Gottes im Heilshandeln mit seiner Gnade und Barmherzigkeit verbindet. Wir stoßen an dieser Stelle auf eine einzigartige Verbindung von göttlicher Allmacht und göttlicher Anordnung. Die verbindende Klammer ist Gottes Gnade und Barmherzigkeit, aus der heraus Gott die ‚Ordnung' der Annahme des Geschöpfes geschaffen hat.[505] Natürlich muß in diesem Zusammenhang an die in Teil I dieser Studie zitierten und analysierten Texte erinnert werden: Gott kann aus seiner Allmacht und Freiheit heraus alles wirken, außer es sei etwas in sich widerspruchsvoll oder böse.[506] Gewiß: In der Bestimmung über Gut-Sein und Böse-Sein einer Sache oder Handlung wird dem göttlichen Willen und dem positiven göttlichen Gebot eine entscheidende Rolle zugesprochen.[507]

Dem Vorwurf, daß mit dieser Exponierung des göttlichen Willens die Gutheit der Natur, des göttlichen Schöpfungswerkes, ja des Schöpfers selbst angetastet werde, begegnet *Ockham* mit sprachlogischen und theologischen Argumenten, wie oben gezeigt wurde.[508] Besonders zu erwähnen ist, daß *Ockham* in dieser Reihe der Beweise der recta ratio eine entscheidende Rolle beim sittlichen Handeln zuteilt.[509] Damit wird von zwei Seiten her die Gutheit der Schöpfung und des göttlichen Schöpfers geschützt: objektiv durch die in diesem Konzept behauptete Gutheit von Natur und Schöpfung, subjektiv durch die an der moralischen Entscheidung beteiligte und diese lenkende recta ratio. Doch die souveräne Rolle des göttlichen Gebotes für die sittliche Beurteilung einer (moralischen) Handlung ist einem Regulativ unterworfen, der Liebe Gottes zum Geschöpf und seinem Erbarmen mit ihm, was beides einer Auslegung des göttlichen Gebotes im Sinne einer Willkürherrschaft Gottes widerspricht. Gott würde zu sich selbst in Widerspruch treten. Dieser Gedanke wird nun nicht in abstrakt theologischen Formulierungen ausgesprochen, sondern in

[505] Ockham, Sent. I, d.17, q.1 (OT III, 454,20–26): „... quacumque <forma naturali> posita in anima potest Deus de potentia Dei absoluta illam non acceptare, ut sic semper contingenter Deus et libere et misericorditer et ex gratia sua beatificat quemcumque, ut ex puris naturalibus nemo possit mereri vitam aeternam nec etiam ex quibuscumque donis collatis a Deo, nisi quia Deus contingenter et libere et misercorditer ordinavit quod habens talia dona possit mereri vitam aeternam ..."; vgl. Holcot, Conferentiae (ed. Hoffmann, 55).

[506] Vgl. o. S. 18, Anm. 8.

[507] Vgl. o. S. 30, Anm. 40.

[508] Vgl. o. Anm. 32–40; ferner meine Ausführungen S. 34f. und die Texte in den Anmerkungen.

[509] Vgl. o. S. 31f., Anm. 42.

einer Wortwahl, die das Verhältnis Gottes zum Menschen in der ganzen Lebendigkeit dieser Relation zu erfassen sucht. Ich habe gewagt, dies (etwas anachronistisch) als personalistisches, auch anthropologisches Reden von Gott zu bezeichnen[510], weil hier Kategorien des Handelns statt solchen des Seins gebraucht werden.

Dieses Motiv des gnädigen, barmherzigen Handelns Gottes finden wir in gleicher Weise, vielleicht noch ausgeprägter bei *Wodeham* und *Holcot*. Für *Wodeham* verweise ich auf zwei markante Texte. In der durch die Autorität des *Petrus Lombardus* ausgelösten Frage, ob der Mensch durch die Innewohnung der dritten göttlichen Person selbst oder durch eine verliehene Gnade das Heil erlangt, antwortet *Wodeham*: Auf jeden Fall (also auch im zweiten) ist eigentlicher Grund der Annahme eines Geschöpfes durch Gott die göttliche Liebe, d.i. der göttliche Wille, der in größter Freiheit ein Geschöpf annimmt.[511] Eine solche Aussage sollte man nicht nur theologisch analysieren, indem man nach den möglichen Differenzierungen in der Weise des göttlichen Wirkens forscht; dies ist durchaus legitim und es hat seinen theologischen Sinn, nach der Mannigfaltigkeit göttlichen Wirkens im Heilshandeln mit dem begnadeten Geschöpf zu fragen. Doch zuerst sollte das Gewicht einer solchen Aussage über die Liebe Gottes als schlichte theologische Erfahrung einmal erwogen werden. Gleiches gilt von einem anderen Text *Wodehams*: Nicht die heiligmachende Gnade gewährt uns die Gottesliebe, sondern umgekehrt: weil Gott dem Geschöpf seine Liebe zuwendet, gewährt er diesem die (heiligmachende) Gnade.[512] Für die göttliche Liebe gibt es keine Grenze, kein Hindernis, mag ihr noch so große Schuld des Geschöpfes entgegenstehen.[513] Hier an dieser Stelle soll nur der ‚Faktor Gottesliebe' in der Theologie *Wodehams* aufgezeigt werden. Die theologisch erforderlichen Differenzierungen – etwa im Vergleich mit *Thomas von Aquin*[514], *Petrus Aureoli*[515], aber auch jener Magister untereinander – glaube ich nicht vernachläßigt zu haben.

Werfen wir noch einen Blick auf *Robert Holcot*! Er galt ja bisher als Vertreter eines radikalen Voluntarismus. Ich habe sowohl in meiner *Holcot*-Studie[516] wie in dieser Monographie für ein ausgewogenes Ur-

[510] Vgl. o. S. 20 (Ockham); S. 40 (Aureoli); S. 43; 45 (Wodeham); S. 69f. (Holcot).
[511] Vgl. o. S. 43f.
[512] Vgl. o. S. 50.
[513] Vgl. ebd.
[514] Vgl. o. S. 40; 41f.
[515] Vgl. o. S. 39ff.
[516] Vgl. o. Anm. 3.

teil plädiert. An einer Stelle hebt *Holcot* die Barmherzigkeit Gottes mit dem Geschöpf besonders hervor, und das, in einem Zusammenhang, wo von der absoluten Macht Gottes die Rede ist. *Holcot* sagt, daß Gott diese nie einsetzen werde, wenn er damit ein Geschöpf in die Verzweiflung stürzen würde.[517] Für die Zeitgenossen muß *Holcot* als ein Magister gegolten haben, der eine tröstliche Theologie lehrte. *Beryl Smalley* berichtet, daß sein Tod mit dem Verstummen einer Glocke verglichen wurde, deren süßer Klang weithin über das Meer schallte.[518]

Die spätmittelalterliche Theologie darf also trotz des starken Eindringens der Logik und naturphilosophischer Modelle nicht insgesamt als abstrakt und spröde angesehen werden. Über aller subtilen theologischen Reflexion stand das Motiv der Gottesliebe. Dies wird durch die heute immer weiter fortschreitende Erschließung der Quellen deutlich. Parallel zu dieser Erschließung der theologischen Quellen geht ein Interesse an den literarischen Zeugnissen der spätmittelalterlichen Frömmigkeit und Mystik. Für diese Entwicklung in der theologiegeschichtlichen Forschung werden hier nur einige Beispiele genannt. Besonders ragt auf diesem Gebiet die „Michigan Conference" hervor, die vom 20. bis 22. April 1972 an der Universität von Michigan (USA) gehalten wurde[519] und an der namhafte Forscher aus sechs akademischen Disziplinen beteiligt waren: Geschichte, Literatur, Philosophie, Religion (Theologie), Kunstgeschichte und Musikgeschichte.[520] Schon der Titel, unter dem die Akten dieses Kongresses veröffentlicht wurden, signalisiert das Interesse an der Entwicklung von Frömmigkeit und Spiritualität: „The Pursuit of Holiness..." (vgl. Anm. 519). Zudem ist der Band in einer Zeit erschienen, in der sich mehr und mehr ein differenzierteres Urteil über ‚Nominalismus' und ‚Ockhamismus' zu Wort meldete. Dies kam sehr deutlich in dem Vortrag von *Heiko A. Oberman* zum Ausdruck, der das Interesse der Nominalisten an der Welt der einzelnen Dinge und deren Erfassung durch Erfahrung und Experiment hervorhob. Ihnen gebühre eigentlich die Bezeichnung ‚Realisten' und nicht ihren Gegnern.[521] Doch

[517] Vgl. o. S. 93f.

[518] Vgl. Beryl Smalley, English Friars and Antiquity in the Early Fourtheenth Century. Oxford 1960, 202.

[519] Vgl. Charles Trinkaus/Heiko A. Oberman (ed.), The Pursuit of Holiness in Late Medieval and Renaissance Religion. Papers from the University of Michigan Conference. Leiden 1974.

[520] Ebd., 9.

[521] Heiko A. Oberman, The Shape of Medieval Thought: The Birthpangs in the Modern Era, in: Trinkaus/Oberman, Pursuit, 3–25, 13: „Against the

muß an dieser Stelle daran erinnert werden, daß auf diesen Einwand schon früher eine differenzierende Antwort gegeben wurde. *Robert Guelly* bezeichnet *Ockham* als Realist im modernen Sinne; er war es aber nicht für jene mittelalterlichen Denker, für die ein Erkennen der Wesenheiten das eigentliche Ziel der Erkenntnis überhaupt war.[522] *Ockhams* begriffliche Erkenntnis, seine Sprachtheorie, seine Suppositionslogik schließt eine Wesenserkenntnis aus. Das rief den Protest der Scholastiker seiner Zeit hervor. „Man begreift, daß *Lutterell* seine (nämlich *Ockhams*) Ideen über die Unmöglichkeit von den Dingen und vor allem von Gott etwas anderes als einen Begriff zu erreichen, zur Anzeige brachte."[523] Zu dem hier in Frage stehenden Problem verweise ich auf die zitierten Ausführungen *Pinborgs* über intensionelle und extensionelle Logik und deren metaphysische Hintergründe.[524] Der je verschiedenen Logik entspricht eine unterschiedliche Seinslehre. Eine Metaphysik, die nach dem Wesen der Dinge fragt, ist mit der extensionellen Logik nicht anzugehen.

7. *Schluß*

Doch mit dieser Gegenüberstellung ist das hier vorliegende ideengeschichtliche Problem nicht gelöst. Vielleicht sollte man von einer Verlagerung der Interessen sprechen. Eine Richtung gewinnt Raum und Einfluß, in der nicht mehr nur nach dem Wesen und dem Innersten der Weltendinge und Gottes gefragt wird, um so intensiver jedoch nach dem Inneren des geistigen Lebens. Wie das Sein der Welt der empirischen Forschung und das Sein Gottes der begrifflichen Annalyse überantwortet werden, so wächst das Streben, sich der geistigen Mitte des eigenen Selbst bewußt zu werden und dadurch das göttliche Erbarmen zu erfahren, eine mittelalterliche ‚Selbstfindung', deren Erfüllung die Gotteserfahrung ist. *Charles Trinkaus* hat die geistigen Verbindungslinien von *Ockham* über *Petrarca* und den italienischen Humanismus bis *Martin Luther* gezogen.[525] Er sieht diese Zeit

implication that our world is a mere reflection an shadow of higher levels of being, the nominalist insists on the full reality of our experienced world. Hunger for reality is so much the mark of nominalism, that is perhaps humorous but certainly a misleading tradition that bequeated upon its opponents the name ‚realist'."

[522] R. Guelly, Philosophie et Théologie ..., bes. 219; 363 (vgl. o. Anm. 492).

[523] Ebd., 375; vgl. auch Hoffmann, Die Schriften (s.o. Anm. 3) 137ff.

[524] Vgl. o. Anm. 154-157.

[525] Vgl. Charles Trinkaus, The religious thought of the italian humanists, and the reformers: Anticipation or Autonomy?, in: Trinkaus/Oberman, Pursuit (vgl. Anm. 519), 339–366, bes. 349.

unter dem Zeichen eines geistigen Prozesses, der das ganze Spätmittelalter durchzog und unter dem düsteren Schatten jener Angst stand, die *Luther* im Ringen um die Gewißheit der Rechtfertigung existentiell durchkämpft und durchlitten hat.

So interessant und sinnerschließend die Zusammenschau einer Epoche, wie eben zitiert, auch sein mag, es sollte doch bedacht werden, ob zur Kennzeichnung einer Zeit und deren Ideologie[526] ein Leitgedanke oder Leitbegriff genügt. *Manfred Gerwing* schreibt gleich am Anfang seines Werkes „Vom Ende der Zeit“[527] in dem er sich einem Phänomen zuwendet, dessen Darstellung geradezu eine Herausforderung zu scharfer Profilierung in sich trägt: „Zunächst gilt es, daran zu erinnern, daß es keine monovalente Epoche gibt, sondern daß stets diverse, mitunter scheinbar einander ausschließende, ja konträr zueinander stehende Ströme gleichzeitig fließen, sich teilend und vermischend, sich wiederum sondernd und verbindend.“[528] So stellt sich am Ende unserer Studie noch einmal der Begriff der Differenzierung als eine Art von methodischem Leitbegriff ein.[529] Historische Quellen sollten zuerst in ihrer Eigenart angenommen und analysiert werden, ohne Vorgabe eines geschlossenen Systems. Ihre Zusammenschau kann dann schon ein System erkennen lassen, daß der historischen Wirklichkeit nahekommt.

[526] Ich gebrauche diesen Ausdruck hier als Arbeitsbegriff in Analogie zu dem Worte „Zeitgeist“; vgl. Trinkaus/Oberman, Pursuit, 59: „Ockham and the Zeitgeist“ von Charles T. Davis.

[527] Manfred Gerwing, Vom Ende der Zeit. Der Traktat des Arnald von Villanova über die Ankunft des Antichrist. BGPhMA, N.F. Bd. 45. Münster 1996.

[528] Ebd., 2.

[529] Vgl. o. S. 137.

Namensverzeichnis

Sachverzeichnis